专利创造性分析原理

刘俊士　著

知识产权出版社

全国百佳图书出版单位

内容提要

　　本书从技术的概念入手，进一步探讨发明创造的科学实质，并在此基础上揭示了专利法上创造性判断的逻辑尺度应当是评价标的技术与评价依据技术之间不具有逻辑推理上的充分条件性因果关系。作者以此为主线，展开了对于专利审查、专利撰写、专利权利归属判断、专利侵权判断中的创造性分析，力求挖掘出专利创造性在专利法律各个领域中最一般的规定与规律。

责任编辑：李　琳　　　　　　　责任校对：董志英

文字编辑：王祝兰　　　　　　　责任出版：卢运霞

图书在版编目（CIP）数据

专利创造性分析原理/刘俊士著. —北京：知识产权出版社，2012.7

ISBN 978－7－5130－1412－0

Ⅰ.①专… Ⅱ.①刘… Ⅲ.①专利权法－研究 Ⅳ.①D913.04

中国版本图书馆 CIP 数据核字（2012）第 161565 号

专利创造性分析原理

刘俊士　著

出版发行：知识产权出版社

社　　址：北京市海淀区马甸南村 1 号　　　邮　　编：100088

网　　址：http：//www. ipph. cn　　　　　　邮　　箱：bjb@cnipr. com

发行电话：010-82000860 转 8101/8102　　传　　真：010-82005070/82000893

责编电话：010-82000860 转 8121　　　　　责编邮箱：lilin@cnipr. com

印　　刷：北京富生印刷厂　　　　　　　　经　　销：新华书店及相关销售网点

开　　本：880mm×1230mm 1/32　　　　　印　　张：9

版　　次：2012 年 9 月第 1 版　　　　　　印　　次：2012 年 9 月第 1 次印刷

字　　数：220 千字　　　　　　　　　　　定　　价：30.00 元

ISBN 978－7－5130－1412－0/D·1525（4281）

目　　录

目 录

第一章　专利创造性分析的理论基础

第一节　技术的概念

一、技术的基本概念

（一）问题的提出

"究竟什么是技术？"国家知识产权局专利局的一位高级审查员曾在一篇文章中不无感慨地发出了这样的质问。搞了一辈子技术也说不清楚什么是技术的大有人在，不少人只能对技术这个概念盲人摸象。其实，不只是我国的专利法实践促使我们注意到这个概念问题的重要性，技术经济发达的欧洲、美国、日本更是经历了几十年计算机程序发明可专利性主题争论、生物技术发明可专利性主题争论，这些争论背后的实质就是对于技术这个概念的认识存在分歧，这说明国际上也没有很好地认识清楚技术这个概念。美国联邦最高法院曾经因为以新颖性判断是否属于可专利主体范畴之提问而遭到位于下级的美国联邦巡回上诉法院的严厉批评（被认为将其专利法第 102 条和第 103 条凌驾到第 101 条之上而严重违背了专利法的基本法理）而选择了沉默（实际也确实犯了基本逻辑常识性的法律认识错误）。欧洲专利局以注重专利的技术性而稳妥地应对，但最后还是不置可否，实践中只好采取了直接承认上述研究对象属于可专利的客体，甚至是越过这个问题直接审查专利的新颖性与创造性，等于默认了计算机程序发明可专利性与生物技术发明可专利性。但技术的概念仍然只是一个含糊的经验性的概念。专利司法实践强烈地呼唤技术这个概念的确切内涵能够浮出水面。

当前关于技术的定义还没有令我们满意的答案。我们查遍了各种技术哲学教科书与权威的工具词典，还是没有找到理想的技术定义。

国家知识产权局《专利审查指南2010》对于技术的定义是："专利法第二条第三款所述的技术方案是对要解决的技术问题所采取的利用了自然规律的技术手段的集合。"这个概念使用技术这个词语定义技术，明显存在逻辑上的循环定义错误。

国家知识产权局专利复审委员会（下称专利复审委员会）第21961号专利复审审查决定要点指出："如果涉及计算机程序的发明专利申请的解决方案执行计算机程序的目的不是解决技术问题，或者在计算机上运行计算机程序从而对外部或内部对象进行控制或处理所反映的不是利用自然规律的技术手段，或者获得的不是受自然规律约束的效果，则这种解决方案不属于专利法实施细则第2条第1款所说的技术方案，不属于专利法保护的客体。"可见，实践中执行的仍然是上述《专利审查指南2010》中的定义。

德国最高法院提出利用"可控的自然力"实现技术效果的概念，其实什么是"可控的自然力"与"自然力的可控性"都是模糊的概念。

美国专利法与美国法院喜欢从技术的外延角度对技术下定义，如在该国第5139056号专利无效案中使用的技术定义，这在目前技术概念不够明确的条件下是一种比较稳妥的方法，只是适用范围有限。

有学者用语言发生的词源分析方法探求TECHNOLOGY的含义。这种方法只能是一种有限的演绎。

目前所见到的比较好的概念是《哲学大辞典》对技术的定义："技术一般指人类为满足自己的物质生产、精神生产以及其

他非生产活动的需要，运用自然和社会规律所创造的一切物质手段和方法的总和。"❶

上述种种现象，促使我们重新审视技术的概念。

（二）技术的本质含义

认识技术的内涵即本质属性，首先应当从马克思主义之社会结构学说角度认识到技术本身是人类上层建筑中的一种意识形态。知识产权学术界认为包括技术在内的各种知识产权在本质上是信息、形式、抽象物、非物质性财产等种种观点，都只是对包括技术在内的各种知识产权在意识形态层面上的不同角度的认识。需要指出的是，技术本身不是生产力（只有与物质生产劳动相结合才能转化为现实的生产力），因为生产力在马克思主义之社会结构学说中处于经济基础中的最基本位置，不属于上层建筑，更不属于上层建筑中的意识形态。

技术作为一种意识形态，其本质层面上的联系与发生发展的根源应当在社会基本矛盾运动即人类的社会实践中寻找。以充分发展了的马克思主义哲学为理论基础，我们现在可以辩证地、深入地认识技术的本质含义。

作为自然物质世界进化产物的人类，为了自身发展及其生存环境条件的改善，在接触自然物质世界的过程中，认识自然物质世界，并试图按照自己的愿望改造自然物质世界，让那些大脑之外的事物逐渐成为人类可自由驾驭的对象。在这个过程中产生了科学与技术，正是凭着科学与技术，人类才可以自豪地宣称人类是这个自然物质世界的主人。可见，技术是在人类与自然物质世界的相互关系、相互作用过程中产生并发展的。借用马克思那充满思辨、高度凝练的哲学语言，技术是人的本质力量对象化的一种表现形式。

---

❶ 冯契.哲学大辞典［M］.上海：上海辞书出版社，1992：779.

关于人的本质力量的对象化，马克思在《1844年经济学哲学手稿》"私有财产和共产主义"部分指出：

> 对象对他来说如何成为他的对象，这取决于对象的性质以及与之相适应的本质力量的性质；因为正是这种关系的规定性形成一种特殊的、现实的肯定方式。

也就是说，是"对象的性质以及与之相适应的本质力量的性质"共同造就了对象化的现实（举例来说，是高楼大厦这种事物的性质与人类对于高楼大厦这种事物内在联系与外在联系的科学认识与创造性构思设计，共同发明了建设高楼大厦的技术；又如新一代可自行增高与降低式塔吊技术就凝聚了技术人员的心血和创造性劳动，为人类建筑高楼大厦提供了重要工具）。在这里，马克思从客体与主体两个方面进行了进一步分析：

> 一方面，随着对象性的现实在社会中对人来说到处成为人的本质力量的现实，成为人的现实，因而成为人自己的本质力量的现实，一切对象对他来说也就成为他自身的对象化，成为确证和实现他的个性的对象，成为他的对象，这就是说对象成为他自身。……眼睛对对象的感觉不同于耳朵，眼睛的对象是不同于耳朵的对象的。每一种本质力量的独特性，恰好就是这种本质力量的独特的本质，因而也是对象化的独特方式，它是对象性的、现实的、活生生的存在的独特方式。因此，人不仅通过思维，而且以全部感觉在对象世界中肯定自己。另一方面，即从主体方面来看：只有音乐才激起人的音乐感；对于没有音乐感的耳朵来说，最美的音乐毫无意义，不是对象，因为我的对象只能是我的一种本质力量的确证，就是说，它只能像我的本质力量作为一种主体能力自为地存在着那样才对我而存在，因为任何一个对象对我的意义恰好都以我的感觉所及的程度为限。……

人的感觉、感觉的人性，都是由于他的对象的存在，由于人化的自然界，才产生出来。

该文中直接体现技术运用的陈述是：

> 我们看到，工业的历史和工业的已经生成的对象性的存在，是一本打开了的关于人的本质力量的书，……在通常的物质的工业中，人的对象化的本质力量以感性的、异己的、有用的对象的形式，以异化的形式呈现在我们面前。……如果把工业看成是人的本质力量的公开的展示，那么自然界的人的本质，或者人的自然的本质，也就可以理解了。❶

然而，人的本质力量对象化的表现形式是多方面的。在这些众多的形式中，技术应当有自己的特点与规定性。

首先从目的角度，技术应当是用于满足人类的物质需要的。用于满足人类的精神需要的意识形态都各有自己的表现形式与表达领域，如文学艺术、外观设计、宗教、资本主义、社会主义等。

其次从手段角度，技术应当是直接利用和改造自然物质世界的手段。间接利用和改造自然物质世界的手段如经济手段中的交换、分配等不属于技术的范畴。虽然与技术密切相关但是属于对自然物质世界的发现与认识的自然科学知识，由于不是对自然物质世界利用和改造，因而也不属于技术。

以上两个方面，可以分别称为技术目的的物质性与技术手段的物质性。

尽管技术这个词语在当今世界有了更加广泛的用途，但是它的最基本的用途还是在专利法律实践中继续得到巩固与加强。应

---

❶　马克思.1844 年经济学哲学手稿［M］.中共中央马克思恩格斯列宁斯大林著作编译局，译.北京：人民出版社，2000 年第 1 版，2006 年重印本：86－89.

当说，国际专利分类体系（IPC）反映和代表了全世界公认的关于技术概念的外延认识范围，这应当成为我们认识和提炼技术的本质含义的最为重要的外延事实依据。IPC分类体系也证明了上述对于技术目的的物质性与技术手段的物质性分析的正确性。

以上述分析为基础，在对技术所应当具有的基本规定性作了全面的抽象与概括分析之后，笔者对技术所给出的定义是：在本质意义上，技术是直接利用和改造自然物质世界以满足人类物质需要的方式方法。

对上述技术定义进行分解：

（1）技术是方式方法，包括构思设计出产品的技术（概念上的）也是一种制造过程中应当遵循的方式方法。而方式方法都是主观观念形态的，即属于人类意识形态的一种形式。

（2）技术是直接利用和改造自然物质世界的方式方法。这里的"直接"是区别于那些间接地利用和改造自然物质世界的方式方法。

（3）技术的直接目的是用于满足人类的物质需要。认识到这一点非常重要。这不仅仅是因为物质需要与精神需要相比较是人类的基本需要。技术本身是人类的精神产品，但是在精神产品中技术是唯一专门用于满足人类物质需要的（创造性技术既有专利法律保护也有其他法律保护如植物新品种保护法律、集成电路布图设计保护法律等）。其他如工业品外观设计则侧重于精神功能，是属于物质产品生产中用于满足人类精神需要的人类活动，因此，工业品外观设计不属于技术。技术这一特点也是已有观点中强调不够的，所以，非常有必要在这里加以强调。科学发现不能直接满足人类的物质需要，所以，从目前已经形成的实践与理论认识基础上看不应当将科学发现列入专利保护范围。有人认为技术具有满足人类生存需要、安全需要、文化需要等很多需要的功能，这是将技术所制造的产品的功能也并入了技术的功能，应当从技术的直接功能看待技术的基本内涵。

（4）既然技术是用于满足人类物质需要的，那么，技术中所使用的手段应当是对自然物质原有结构与原有运动形式进行改变的方式方法。只要工作对象是自然物质原有结构与原有运动形式，工作方式是使自然物质原有结构与原有运动形式进行改变，工作结果是自然物质原有结构与原有运动形式发生改变，那么，所使用的手段就属于技术手段。

（5）技术的开发设计应当符合自然规律。人类在研究自然物质世界的过程中形成的对于自然物质世界的认识是多方面的，由于马克思主义哲学是以"自然规律"为最高意义上的概念来看待人类与自然物质世界的关系，所以，这里就没有做具体区分，只用"自然规律"代表人类对全部自然物质世界的认识成果。利用自然和改造自然都必须以尊重自然规律为基础，构思设计出来的技术不得违背自然规律。违背自然规律的技术难以很好地满足人类的物质需要。也就是说，技术的直接手段必须是利用自然规律的手段。因此，技术手段必然是运用并符合自然规律的，或者说是受自然规律约束的，当然技术效果也是受自然规律约束的。既然是建立在自然规律的基础上并以自然规律为依托，技术就不应当脱离自然规律，不能凭空想象。同时，对自然物质原有结构与原有运动形式进行改变的方式方法，应当具有可行性。这里所谓"具有可行性"就是既要符合自然规律，又要考虑人类生存的全部客观条件以及社会发展的可接受能力、所能够提供的行为能力。基于技术可行性的考虑，技术的开发设计也应当符合自然规律。

（6）技术是人类构思设计出来的。人类的大脑是新技术的加工厂，是生产制造新技术的物质基础。不仅学习理解已有技术需要有相关基础与预备性知识的大脑支持，研究开发新技术更是离不开大脑的思维功能，尤其是能够排除任何干扰的保持无限自由的创造性思维能力。

二、技术的基本要素

技术包括技术方案、技术问题、技术效果三个基本要素。其中技术方案包括技术名称及该名称下的技术特征的组合或技术手段的集合，技术特征的组合或技术手段的集合以技术手段之间的技术功能相容为前提，并围绕技术要解决的问题对技术手段及其技术功能进行定向选择与有机组合形成技术方案。所以，要完整地理解技术的概念，可以将技术的基本要素划分为两层结构即内层结构与外层结构，技术是内层结构与外层结构的有机统一。

技术的基本要素通常是在外层结构上讲的，技术的内层结构在具体分析技术时也有不可忽视的重要意义。后面各章我们将分别看到技术内层结构在专利创造性分析中的重要作用。所以，此处的分析在技术要素的广义角度上进行，既分析外层结构，也分析内层结构。

（一）技术的外层结构

通常意义上的技术结构，包括技术的三大基本要素，是技术方案、技术问题、技术效果的有机统一。

1. 技术方案

专利技术方案通常采用属加种差的方式定义，所以，广义的技术方案包括技术名称及该名称下的技术特征的组合或技术手段的集合。技术名称属于属概念，技术名称下的技术特征的组合或技术手段的集合属于种差。

技术名称：任何事物都有名称，对于没有名称的事物为了指称与表达的需要也可以创造出一个名称。技术也不例外。专利法上将申请专利的技术的名称称为技术主题名称，技术名称是技术主题名称的简称。由于技术主题名称代表了全部在先已有技术，能够反映出新开发技术在全部已有技术中的地位，因此技术名称是技术方案不可忽略的一个重要组成部分。

技术名称表现在技术体系中的位置被称为技术领域。技术领域只是人类为了区分、归类、传播、检索、使用等便利而抽象出来的关于一项技术在技术体系中的位置表达。所以，技术名称通常是先确定最上位的技术名称，然后可以从与在先已有技术相同的技术特征中抽象出技术特征作为最上位的技术名称的限定词。

技术特征的组合或技术手段的集合是（专利）技术方案中最核心的部分。通常由最能体现发明人智力劳动的技术手段有机结合在一起，也可以包括部分必要的在先技术手段，共同组合而成。

技术特征的组合或技术手段的集合应当与技术名称有机结合在一起，相互协调，相互制约。

2. 技术问题

技术问题是解决特定的希望满足人类物质需要的问题，具体涉及在某个技术领域中的需要进一步改进的问题。作为技术开发的起点与终点，技术问题体现的是人类在技术领域进行开发研究的最初目的与直接动机。《专利审查指南2010》将技术方案定义为解决技术问题的技术手段的集合。说明技术方案是与技术要解决的问题（下称技术解决问题）密切相关的，实际上技术也都是由解决技术问题的需要产生出来的。

3. 技术效果

技术效果在专利司法实践中一般是指是技术方案可为人类物质生产与物质生活带来的新的利益，具体体现为在某个技术领域中进行技术改进后对人类产生的物质利益。

技术效果与技术问题的区别：

技术效果与技术问题之间有一定的对应性。技术问题是针对在先技术（的不足）而言的，技术效果则是由技术方案中的技术特征带来的。从技术开发过程角度看，技术问题存在在先，技术效果的产生在后。技术问题通常只有一个，技术效果则可以除了与技术问题对应的效果之外，还可以有发明人新发现的效果，即技术效果可以多样。

（二）技术的内层结构

外层结构各要素之间的关系不容易直接得到理解（尤其是第一次接触该领域技术的人），真正理解技术需要深入技术方案的内部，分析理解技术方案内部的各个技术要素及其相互之间的关系以及其与外部要素之间的关系。

技术的内层结构包括围绕技术解决问题对技术手段及其技术功能进行的定向选择与有机组合，具体包括技术方案内部的各个技术手段之间的联系，例如机械部件、电子元件、化学成分等及其相互之间的结构关系与功能关系。

1. 技术手段

技术手段在实际的技术中多表现为技术部件（机械部件、电子元件、化学成分等）及其结构关系，如技术手段之间的位置关系、连接关系、成分比例关系等。

2. 技术功能

技术手段都是有一定功能的。在技术领域，技术功能与技术性能、技术效果常常混用，不加区分，几乎成为同义词。从严格科学的角度有必要对这些概念加以区分，在专利法律分析意义上更有必要加以区分。事实上，各国专利审查指南通行规则都是允许将技术特征——技术手段在专利意义上的称谓——的功能写进权利要求中，但不允许将技术效果写进权利要求中；司法判决都注意到将技术功能与技术效果分开使用，如著名的表达等同原则的三个"基本相同"。虽然至今专利司法机关也没有对此从定义角度区分开来。

　　借助于我国著名的惰钳式门专利无效案❶，我们注意到技术功能与技术效果在法律文书行文中使用位置上的区分。关于这个案例，有许多不同的认识，这里从技术功能与技术效果角度进行分析。该案中，专利技术是将同样一个 H 形衬套安置在同类产品惰钳式门的多个同类位置上，在技术功能上应当没有区别，但由于数量增多，使该产品在整体上产生了新的技术效果（量变引起了质变），令人出乎预料，因而具有创造性。最后，北京法院推翻了专利复审委员会的宣告该专利无效的审查决定，维持了该专利的有效性。这个案件影响很大，进入了当年最高人民法院院长向全国人民代表大会所作报告的内容。

　　根据技术教科书和技术人员对于"技术功能"、"技术效果"的使用频率观察结果，以及上述专利案件判决，笔者在这里提出技术功能的定义。

　　本书中使用的"技术功能"定义为技术手段所承担的指向整体技术解决问题与技术效果的作用。因而技术功能是内在的、局部性的概念，而技术效果、技术问题都是外在的、整体性的概念。技术手段的技术功能具体体现为技术手段所具有的自然物质作用，包括机械作用、电子作用、化学作用、生物作用等。

　　专利法上根据分析需要将技术功能区分为基本功能与从属功能。基本功能是技术手段在整个技术方案中为解决技术问题所分担的作用，此外则属于从属功能。如对于常见的防盗门锁中的圆锥形的触发舌技术手段而言，触发舌的触发作用是基本功能，触发舌的圆锥形形状所带来的功能属于从属功能。

　　相应地，技术效果也可以区分为基本技术效果与从属技术效果。基本技术效果是由于技术的基本功能主导的，体现为整体技

---

　　❶　参见：北京市中级人民法院（1991）中经初字第 324 号行政判决书、北京市中级人民法院（1992）高经终字第 9 号行政判决书。

术方案的技术效果，从属技术效果则主要是由个别技术手段的从属功能形成的。基本技术效果反向对应于技术解决问题，而从属技术效果与技术解决问题无关，只与单一技术手段的属性有关。一项技术中的技术效果之所以常常多于技术解决问题，原因就在于此。

技术功能是技术手段的直接作用方式的体现，是技术手段作用于技术效果的中介。技术效果是技术方案所具有的，表现为用于满足人类的某种物质需要的属性，常常不是单个技术手段所能够完成的，所以，技术功能与技术效果有明显区别。

（三）技术的内层结构与外层结构之间的关系

1. 内层结构与外层结构之间的区别

以技术功能与技术效果之间的区别为例，技术功能之间的有机联系最终体现为外在的技术效果。但技术功能是内在的，技术效果则是外在的；前者体现为技术手段及其相互之间的关系，后者体现为整个技术方案与人类物质需求之间的关系。简单地说，前者体现的是物与物之间的关系，后者体现的是物与人之间的关系。技术功能是某一个或几个技术手段所具有的，技术效果通常是多个技术手段共同作用的产物，当然在这个过程中有些独具特点的技术手段的功能起到了特别重要的作用，有的则可能起次要的辅助作用。

外层结构更多地体现出技术的社会属性。指出这一点的重要性在于，在实践中应当注意从技术的社会属性角度去表达与描述技术问题、技术方案、技术效果。如技术问题与技术效果不应当写成改变技术手段的内部结构之类的内容，技术方案中的技术名称一般不应当只是一种机械结构、电路结构、化学结构等。

内层结构体现的主要是技术的自然属性。指出这一点的重要性在于，在实践中应当注意从技术的自然属性角度去表达与描述技术手段、技术手段的功能。

2. 内层结构与外层结构的特定的有机统一

内层结构与外层结构之间的联系就像两个相互啮合的齿轮一样有机联系在一起。以技术功能与技术效果之间的联系为例，技术功能就是技术手段与技术效果之间的中介，不同的技术特征及其组合产生不同的技术功能，进而产生不同的技术效果，解决不同的技术问题；反之，相同的技术特征及其组合产生相同的技术功能，进而产生相同的技术效果，解决相同的技术问题。技术方案、技术问题、技术效果三要素的对应关系在实质意义上就是技术的内层结构与外层结构的特定的有机统一的体现。

具体到专利申请中，无论多么复杂的技术内容，如不同层次的技术的集合，上述各种技术要素之间体现上述联系那种一一对应性关系都是不能违背的。否则应当修改，或者即使得到授权也会被宣告无效。在侵权诉讼分析中也应当充分注意上述各种对应性联系，否则将造成分析错误。

三、技术的基本属性

（一）技术既具有自然属性，又具有社会属性，是自然属性与社会属性的统一

1. 从与自然界的关系上看技术的自然属性

人类是自然生态系统的组成部分，需要与自然生态系统的其他部分之间进行物质与能量交换才能正常生存与发展。为了满足人类的物质需求，人类就必须以自然的和具有自然属性的各种物质世界为利用与改造对象。无论是产品结构类技术，还是方法类技术，都是以具有自然属性的各种物质世界为对象，都是对具有自然属性的各种物质世界的利用与改造。当利用与改造的目标是为了满足人类的物质需求时，这样的方式方法就是技术（满足精神需求的如外观设计等不包括在技术范畴之内）。

要改造世界让世界满足人类的物质需求，首先要认识自然规

律，尊重自然规律，才能有效地利用自然规律，即人的本质力量的对象化是有条件的，不是无条件的，不是可以滥用的，否则是不可能成功的。利用与改造具有自然属性的各种物质世界首先需要尊重自然规律，技术的自然属性也就从中体现出来了。

物质产品生产对自然物质世界将产生直接的实质性影响，精神产品生产对自然物质世界不产生直接的实质性影响（只是主观见之于客观的反映，主观思想感情认识的表达）。在物质产品生产过程中，按照自然物质世界相互之间的作用原理和人类的物质需求设计出来的改造自然物质世界的方式方法是观念上的技术的范畴，是对技术的应用；而按照自然物质世界相互之间的作用原理和人类的精神需求设计出来的改造自然物质世界的方式方法属于工业品外观设计（能够进行标准化工业生产）或实用工艺品（能够进行标准化工业生产）的范畴。在精神产品生产之中，按照人类的精神需求设计出来的思想感情认识的各种符合公众公认表达形式的表达为作品。在作品中，自然物质世界只是表达的对象物之一，主要还是借以表达人的思想感情认识，其更多的是以自然物质世界外观形式以及人类社会为对象物，以影响人类的思想感情认识为目的。作品是人类意识形态，自然物质世界不受作品的直接影响。

技术具有自然属性，所以，不具有自然属性的一切社会科学方法如纯粹的商业方法、法律方法等不应当纳入以保护新发明技术为己任的专利法的专利保护范围。

2. 从与人类社会的关系上看技术的社会属性

技术活动的出发点与终点都是为了满足人类的物质需要，构思设计技术的活动是人的有意识有目的的活动，是意志力在起作用，即人的本质力量在起作用，活动成果体现为人在技术领域里的智力劳动成果。体现在具体的技术构成要素上，技术问题与技术效果都直接指向人类的物质需要。技术方案内部也是在不违背客观规律基础上进行的人为的组合：以计算机程序为例，编写不符合计算机语言规则的程序是不能实际运行的。

中国在解放后并不充裕的国力支持下的"两弹"很快就吐出了蘑菇云、"一星"也很早地就响亮地升上了太空。

核能的和平开发利用在成为人类能源的一颗新星的同时，也为全世界带来了难以磨去的创伤（如震惊世界、影响全世界的前苏联的切尔诺贝利核电站事故、日本福岛核电站事故）。

工业技术的发展已经造成了全球性污染，地球村的人们已经有些苦不堪言。

看来，理性发展、科学发展才是技术发展的人间正道。

从技术的开发到技术的利用，无不落上了人类的烙印。专利技术开发出来之后如何利用受各种社会因素的影响，现在我国专利的实际利用率并不高，这主要是由于社会因素的制约。

马克思关于技术活动的社会属性的论述可以帮助我们很好地理解技术的社会属性。

马克思在《1844 年经济学哲学手稿》"私有财产和共产主义"部分指出：

> 甚至当我从事科学之类的活动，即从事一种我只是很少情况下才能同别人直接联系的活动的时候，我也是社会的，因为我是作为人活动的。不仅我的活动所需的材料——甚至思想家用来进行活动的语言——是作为社会的产品给予我的，而且我本身的存在是社会的活动；因此，我从自身所做出的东西，是我从自身为社会做出的，并且意识到我自己是社会存在物。❶

马克思从两个方面分析指出了技术活动具有社会属性的原

---

❶　马克思.1844 年经济学哲学手稿［M］. 中共中央马克思恩格斯列宁斯大林著作编译局，译. 北京：人民出版社，2000 年第 1 版，2006 年重印本：83.

因：技术活动所需要的材料来自社会（特别是专业性的科学技术知识与成果），技术活动的成果也是用于社会，为社会服务。在这两个过程中，从事技术活动的人自然也就能够感觉到自己"是作为人活动的"，"是社会存在物"。

3. 技术自然属性与社会属性的结合与统一关系

以上两个方面同时体现在技术上，实际上是不可分割的有机结合与统一。

技术是合规律性与合目的性的统一，是真与善的统一（当然在技术开发过程中也有自我价值实现而产生的美感），符合自然规律又能够为人类带来物质利益。

人类对于火的开发利用的历史最为悠久，至今还在开发利用涉及火的技术，人类对于电的开发利用的历史也已经有几百年时间，人类对遗传基因的开发利用正方兴未艾，围绕着自然物质世界里的火、电、遗传基因等这些对人类影响基础又重大的技术，无不时时刻刻、实实在在地证明了技术是自然属性与社会属性的统一。

基于以上分析，只是对自然物质世界的原始的认识成果，不是技术。因此，不应当允许自然物质产品申请专利保护。不涉及自然物质世界的纯粹的人类智力劳动成果内容，也不是技术。因此，也不应当将单纯的不涉及自然物质世界的智力劳动成果作为专利保护的客体。

计算机程序虽然目前主要是以版权法律方式进行保护，但保护方式是人类从法律角度为处理问题方便所作的权衡与选择，不能代表计算机程序自身所具有的天然的技术性质。即不能因为许多国家都选择用版权法律保护而推理出计算机程序不具有技术性质。计算机程序所以能够发挥实际效用，是因为它是建立在硬件技术基础上，是以电子技术为基础的，是在电子技术基础上延伸出来的技术，当然属于技术，当然具有技术性。

（二）技术既具有精神产品生产活动属性，又具有物质产品生产活动属性，是精神产品生产活动属性与物质产品生产活动属性的统一

1. 技术属于精神产品，具有精神产品生产活动属性

技术等知识财产是一种精神世界意识形态里的事物，不同的学者对此认识有一定差别。有的认为是信息，有的认为是形式，有的认为是抽象物，有的认为是非物质产品。笔者认为，描述和表达包括技术在内的知识财产的最本质、最上位、最贴切的概念应当是精神产品。

从本章第二节将要进行的分析，我们不难理解，技术属于人类精神活动产生的精神产品，是关于物质产品生产的方式方法。从技术问题的发现与提出，到技术问题的实验、验证、分析，再到技术问题的解决，都需要一种高智力的精神活动参与其中。

在唯物史观关于宏观的社会结构层面上，技术本身属于意识形态里的抽象事物，是人类进行精神活动产生的精神产品。技术不是物质产品，不具有物质性。

大至获得诺贝尔奖的人类最重要的技术，如促使人类进入信息时代的晶体管技术，解救人类生命的青霉素技术、链霉素技术，诊断疾病的核磁共振技术等，小至企业对已经相当成熟的技术进行局部改进的普通技术等，都是人类进行精神活动即智力劳动获得的精神产品。这些神秘的精神产品是怎样产生的，即人类具体是怎样进行精神活动即智力劳动获得的技术这种精神产品的一般原理，我们将在本章第二节中详细探讨。

既然技术是一种精神产品，就必须表达出来，才能为他人所知晓，才有可能获得国家法律的保护。这就是专利法要求向专利审查机关提交专利申请文件尤其是权利要求书与说明书文件的由来。

正是由于技术属于精神产品，技术也就具有可复制性，并容

易传播，从而很容易被他人无偿使用，所以，新开发研究出来的技术需要进行保护，包括（现在也主要是）通过专利法律获得保护。

在精神产品层面上，技术与其他精神产品相比有自己的特点。正是这些特点，决定了新开发出来的技术需要特别的法律保护即专利法律保护。传统的民法有许多并不适用于作为新的发明创造的技术的保护。

2. 技术具有物质产品生产活动属性

技术的开发过程都是关于人类物质产品的生产活动与消费活动，技术也产生于人类物质产品的生产活动与消费活动。物质产品的消费、物质产品的生产资料获取、物质产品的生产工具的改进都需要以技术作为依托，都需要开发新技术。

技术开发出来以后，其价值的体现主要是应用于人类物质产品的生产活动与消费活动。技术是为物质产品的生产活动服务的，其最终目的是为满足物质产品生产的需求，即可以转化为物质产品生产的生产力。技术可以转化为生产力，尤其是高新技术领域的新的发明创造在华丽转身之后就是第一生产力，对社会经济的发展具有重要意义。在发达国家，技术在国民经济发展中的作用已经达到了50％以上，已经成为名副其实的"第一生产力"。部分发展中国家之所以能够在短时间内迎头赶上发达国家，靠的也是技术。

正是由于可以转化为物质产品生产的生产力，在物质产品生产的重要意义上，重大技术的开发与利用才显得格外引人注目，诺贝尔奖也首先是瞩目于新的推动人类技术进步的重要科学贡献与发明创造。

从技术的组成要素上看，技术开发研究与利用的对象、目的与方法手段无不体现出物质性。技术开发的目的是解决满足人类物质需要的问题，为此，必须以具有自然属性或者具有自然属性物质与物质的结构作为开发研究对象，作为开发研究结果的技术方案无不是以物质性手段、物质性的方式方法为组成部分。

技术开发就是直接利用物质的自然属性或者在不能直接利用物质的自然属性时改变物质的自然属性或者间接改变物质的结构（包括物质内在结构与外在的组合结构）进而改变物质的自然属性以便能够为人类所利用。当然为使这种改造落到实处，这种利用与改造必须以自然规律为基础。对于直接利用具有自然属性的物质的技术，就直接体现出技术的物质性。对于通过间接改变物质的结构（包括物质内在结构与外在的组合结构）进而改变物质的技术，以其深刻的物质结构特征体现出更深刻意义上的物质性。构成技术方案的技术手段本身就是对自然物质的利用的方式方法或者直接作用于自然物质与人工制造的具有自然属性的物质并且能够使其属性与结构发生改变。无论产品技术还是方法技术莫不如此。

在法律层面上，物质生产领域中用于满足人类物质需要的新的具有创造性的方式方法才是专利法所要保护的对象；物质生产领域中用于满足人类的精神需要的方式方法属于工业品外观设计或者实用工艺品，精神生产领域中用于满足人类的精神需要的方式方法如文学艺术等作品则由版权法律保护。我国目前用专利法保护工业品外观设计，随着法律的发展，迟早要将工业品外观设计单独作为一个法律门类保护。

3. 技术是精神产品生产活动属性与物质产品生产活动属性的统一

技术与其他精神产品不同的是，技术不仅具有精神产品生产活动属性，还具有物质产品生产活动属性，技术是精神产品生产活动属性与物质产品生产活动属性的特定有机统一。

（1）技术的开发是精神产品生产活动属性与物质产品生产活

动属性的统一

技术开发过程中的精神活动面对的内容都是关于人类物质产品的生产活动与消费活动。从本章第二节的分析将可以看出，新的具有创造性的发明创造技术的形成都是精神产品生产活动与物质产品生产活动紧密结合形成的。技术开发的每一个环节都体现着精神产品生产活动，也都需要物质产品生产活动的有力配合。无论缺少哪一个方面，都将影响技术开发成败与程度。

（2）技术的利用也是精神产品生产活动属性与物质产品生产活动属性的统一

技术的应用就是精神产品的利用，是精神产品与物质产品生产活动在现实中的又一次有机结合。

技术的利用就是物质产品生产活动，但是技术并不能当然地转化为物质产品的生产力。能否转化为现实的生产力还受到许多因素的影响，比如市场导向、法律条件等都制约和影响着技术的利用。经济发展方向，指引着技术的利用方向。法律保护程度不够，可能严重打击专利发明人开发专利技术与许可转让专利技术的积极性。另外，法律并非对各种新开发的技术都要提供保护，专利法可以有自己的符合社会整体利益与愿望的选择，专利法成为早期发达国家、现在全世界关注的法律制度，甚至成为国家之间政治交往乃至发达国家政治霸权的重要工具，而且大有方兴未艾之势。

第二节　发明创造的科学实质

探索发明创造行为及其过程的科学实质，可以为科学地揭示专利创造性的内涵奠定一个良好的科学基础。以下分两个大的层面展开分析。

一、发明创造的基本过程

发明创造对极少数人来说是幸运的，然而对绝大多数人来说则是神秘的。揭开发明创造的神秘面纱成为绝大多数人特别是学术研究工作者们的向往。于是，研究诺贝尔奖与世界著名发明创造的过程成为显学。尽管发明创造充满神秘色彩，然而，从辩证唯物主义角度看，世界上的任何事物都有其产生发展变化的客观依据与客观规律。人的正确思想都不是从天上掉下来的。发明创造也不例外，发明创造也有自己运行的基本过程。

（一）发明创造的过程通常表现为一个由发明人发现技术问题、提出技术问题、分析技术问题、解决技术问题的过程

与人类最一般问题的提出与解决一样，发明创造神秘过程的背后也都是围绕问题转——当然这些问题都是技术问题。发明创造的过程通常表现为一个由发明人发现技术问题、提出技术问题、分析技术问题、解决技术问题的过程，但是具体情况会有千差万别，比如技术问题最初可能是概括的，比如也可能是具体的。因而技术开发的起点也可能不是技术问题，比如也可以是一个科学发现，后来应用于技术领域。但是作为技术开发要解决的问题一定应当是技术性问题，即是为了满足人类的某种物质需要的问题。

整个科学研究工作可以看作是为开发新技术而进行的准备工作，一旦发现了新的科学规律，将其与人类的某种物质需要联系起来，就是发明创造。这种现象，从局部看是先研究探索新的科学规律，然后将其应用于满足人类物质需要，所以，给人的感觉是一种先探索新规律后发明新技术的特殊的发明创造过程。可以将这种现象理解为人类最初探索新的自然规律的动机与目的是概括性的，起初所期待解决的技术问题是一种概括性的技术问题。

（二）发明创造工作的基本内容与基本过程通常表现为一个发现常人难以解决的技术问题，或者提出常人难以解决的技术问题，或者分析常人难以解决的技术问题，或者解决常人难以解决的技术问题的过程

与普通的发现技术问题、提出技术问题、分析技术问题、解决技术问题不同的是，创造性技术智力劳动成果的形成一般都表现为一个发现常人难以解决的技术问题，或者提出常人难以解决的技术问题，或者分析常人难以解决的技术问题，或者解决常人难以解决的技术问题的过程。当然，常人难以解决的技术问题也一定是前人未能解决的问题，但比前人未能解决的问题要求高，因为前人未能解决的问题也可能是经过常规努力能够解决的问题。

1. 创造性技术智力劳动成果的形成最初要面对一个发现常人难以解决或者尚未解决的技术问题、提出常人难以解决的或者尚未解决技术问题

人类需求的特定化与逐步扩展和提高，人与自然的矛盾、主观世界与客观的物质世界之间的矛盾也产生了新的内容，新的需求产生了，新的技术问题也就产生了。对长于发明创造的人来说及早发现这些问题，意味着抢先占领这些机会。

有时，为了发现这样的问题，还需要技术人员进行各种相关调查（如专利检索等），包括调查这个问题是否前人已经研究开发解决了，因为如果世界某个国家的发明人已经解决了这个问题，即使重新研究出来，也不再被认为是发明创造，换句话说，盲目的新的研发成果将因为前期调查不周而导致前功尽弃。

2. 创造性技术智力劳动成果的形成需要分析常人难以解决的技术问题或者尚未解决的技术问题、解决常人难以解决的技术问题或者尚未解决的技术问题

列入开发目标的技术问题，如果当初发现与提出的技术问题

也是前人已经发现与提出的，对于这种尚未解决的技术问题，如果前人也容易解决，只是因为种种原因没有引起重视，那么这样开发出来的技术一般不具有创造性。只有那些需要付出常人难以付出的劳动而开发出来的技术才有可能是具有创造性的。如果分析与解决面对的就是一个常人难以解决的技术问题，分析解决之后获得的新技术，一般也应当是具有创造性的。

因此，利用前人已有知识与能力解决不了的问题，都是一些困难性问题。因此发明创造要求发明人具备不同于普通人的素质：能够克服各种困难，克服各种技术偏见，排除任何干扰，保持高度自由的思维空间。因为他所面对的是已有的知识与能力解决不了问题，所以普通人不适合搞发明创造，就在于普通人只知道因循已有的知识，为已有的知识所束缚，思维已经被限定在前人思维的篱笆墙之内。许多搞发明的人经常让普通人感觉有点不太正常。这种不正常其实才是正常的，正是发明创造这种特殊工作所需要的，所以，对于真正痴迷于发明创造的人，普通人要多给他们一份尊重，因为他们所从事的是有利于全人类利益的崇高事业。

二、发明创造的形成机理

以下从发明创造基本过程的动力与因素角度分析发明创造的形成机理。为理想化分析起见，这里所说的发明创造在结果方面全部作为具有创造性的技术智力劳动成果看待。

（一）创造性技术智力劳动成果是在人类的物质需要与自然物质世界之间相互矛盾、相互斗争、相互作用、相互协调的过程中形成的

从最宏观层面上看发明创造的根本性原因，发明创造作为创造性技术智力劳动成果，是在人类的物质需要与自然物质世界的运动规律之间相互矛盾、相互斗争、相互作用、相互协调的过程

中的产物。

人的行为都是有目的的。在最上位的概括意义上，发明创造都是为了满足人类的物质需要。这种需要只能通过利用和改造自然物质世界获得。而且随着科学技术的发展，人类利用和改造自然物质世界的能力越来越高，新的更高的需求也在不断产生，对技术开发也在不断提出新的更高的要求。比如，温饱满足之后，是质量要满足；第一次工业革命之后，还要第二次、第三次；征服地球之后，还要征服宇宙。

当然征服自然物质世界也并非可以完全一相情愿，不尊重自然规律引发的灾难问题已经使我们人类尝到苦头，例如环境污染就已经成为需要全球力量联合起来解决的问题，当然由此也发展出技术开发的一个新的重要领域，如环境保护技术的开发。

人与自然之间的关系，在马克思主义哲学中已经有很好的论述。我们人类的技术开发与技术使用行为既要合目的性又要合乎自然规律。

（二）创造性技术智力劳动成果是在主观因素与客观因素或理论与实践之间相互矛盾、相互斗争、相互作用、相互协调的过程中形成的

本层次是在前一层次根本性原因分析基础上进一步扩展分析发明创造产生的其他因素。

在第一层次基本原因的推动下，发明人的各种主观条件与客观条件将被调动起来，全身心参与发明创造活动，以便发现常人难以解决的技术问题、提出常人难以解决的技术问题、分析常人难以解决的技术问题、解决常人难以解决的技术问题。

这里的"客观"是指自然物质世界，也包括社会现实。不应当排除社会因素对发明创造活动的影响，如社会认识、资金、技术等社会条件的支持会影响到有关发明创造的进行与完成程度。

发现常人难以解决的技术问题、提出常人难以解决的技术问

题、分析常人难以解决的技术问题、解决常人难以解决的技术问题，其中每一步每一环节都似乎是从大脑里冒出来的，但发明创造的全过程又不只是在大脑里进行的。发明创造不完全是闭门造车的产物。从社会角度看探索者与发明者有动力也有来自现实的各种压力甚至是阻力，作为发明人需要有敢于挑战的素质。

人的正确思想不是从天上掉下来的，也不是拍脑袋拍出来的。而是从社会实践中来的，发明创造是从科学研究、科学实验中来的。主观上的无限自由要与客观上的实事求是结合起来，才能作出发明创造。这里的"实事求是"需要发明人"实事"到自然物质世界与社会现实中去"求是"。爱迪生作为家喻户晓的发明之王，其名字在人类历史上已经成为发明者与发明活动的代名词。而其最著名的发明——给人类带来光明的电灯的发明是在一千多次试验之后获得的。只有坚持不懈地试验，才能开拓出通向发明家的道路。在成功的道路上，无数次失败的试验，无一不与对客观物质世界的认识不到位有关。对于普通人来说，客观物质世界的规律简直就是一部无字天书，令他们望而生畏、望而却步。飞机的发明人赖特兄弟也是经历了无数次失败之后才成功的。"只有沿着崎岖不平的小路努力攀登的人，才有希望到达光辉的顶点。"

所以，创造性技术智力劳动成果是主观世界与客观世界相互作用在意识形态领域里的产物。

在欣赏无数创造性技术智力劳动成果形成的过程中，我们既要注意到客观世界给人类造成的限制，还要看到主观努力对于克服这些限制的重要意义。在与自然物质世界作斗争，与社会不利因素作斗争中，可以说，只有人类才是自然物质世界的主人。

（三）创造性技术智力劳动成果是在从事发明活动的主体的理性思维与非理性思维（抽象思维与具象思维；逻辑思维与非逻辑思维）协同作用中产生的

本层次是在上一层次基础上深入发明人的主观思维世界即人

的大脑内部进一步分析发明创造产生的原因。

人类是有创造力的。这个创造能力是从哪里来的？人人都有创造力吗？带着这些问题，我们研究了与创造力有关的脑生理学、脑心理学，以及发明创造人自己所讲述的关于脑创意运动的许多饶有兴味的故事，以便作为我们真正搞清楚专利创造性的哲学实质这个顶级问题的坚实基础。

从自然科学的角度认识技术创新，人脑具有创造能力的客观基础主要有生理学素质与心理学素质基础以及科学技术知识基础。

1. 创造性智力劳动的生理学基础——左脑与右脑之间的分工与协作

人体是创造性智力劳动的物质载体与实际支撑者，人体机能的各个方面与发明创造都有这样那样的联系。其中，作为创造能力的生理基础最直接的根源在于人的左脑与右脑的分工与协作，实质是逻辑思维能力与形象思维能力的分工与协作，也是理性与非理性的协同作用。

（1）左脑与右脑的分工

从 20 世纪 60 年代历史性的裂脑实验研究开始发展起来的以左右脑分工理论为基础的脑分工理论发现：人的大脑两半球思维方式根本不同，左脑利用语言符号进行抽象思维，右脑利用感觉表象进行形象思维。可见，人的大脑两半球对客观现实、知识的接受、理解、加工方式是有所不同的。最后直接形成发明创造的是右脑，灵感、直觉、顿悟都是右脑运动的方式。

儿童不识字之前，话为什么也可以说得很流利？这个看似平常的问题，如果我们较真地思考下去，应当发现我们人类的大脑有可以不看语言文字就能够记忆使用语音与语言使用环境进而传达思想的能力，科学实验已经证明这种能力就来自我们人类的大脑右半部分——右脑（只有极少数人相反）。这说明右脑具有处理非思维工具语言之外的信息、图像的能力。而且这种加工能力（在信息处理效率上）远远超出了左脑对语言文字信息的加工能力。在我们周围，每个人都有对于感性形象的思维能力，但对于语言文字、数字乃至于概念等抽象思维对象具有很强的思维能力的人总是少数。

高级的科学研究与发明创造更需要右脑发挥作用，如磁场的运动、光速条件下的物质运动、苯环与遗传基因双螺旋等重要的化学分子结构等肉眼看不见的事物，都需要也只能利用富有想象力的右脑才能"看到、想到"。而第一个看到者与想到者都成了世界上最伟大的科学家。

《右脑与创造》一书为我们详细刻画了人类思维机器——大脑如何进行活动的物质基础形象。健康的人通常并不能感觉到自己的左右脑有分工，但对于中风患者、裂脑人而言是可以通过测试发现这种区别的。渴望通过训练人的右脑提高人类创造力的托马斯·R.布莱克斯利在该书中译本序言里这样说：

> 在我撰著《右脑与创造》一书后的这些年里，关于人的实验和研究更加增强了我的信念：人类的大量潜能被耗费掉了，原因就是把人的头脑只看成是单侧性的。人们的非言语的思维、知识和情感是极其有效的，但却很少得到珍视。语言的力量原起于非言语思维，而非言语思维却长久地被忽视了。❶

右脑运动同时也是创造力的最直接性的物质基础。20世纪最伟大的科学家爱因斯坦看重非逻辑思维对科学研究的重要意义，其拉小提琴的爱好启发美国政府鼓励国民的艺术爱好以提升国民创造力。艺术与科学技术研究确实有相通之处，其共同点就在于

---

❶ 托马斯·R.布莱克斯利.右脑与创造[M].傅世侠，夏佩玉，译.北京：北京大学出版社，1992.

都是最需要创造力的，注重右脑思维的艺术学习与训练能够最直接地提高人们的创造能力。

（2）左脑与右脑的协作

左脑与右脑的分工发展的同时也造成了各自运动方式的局限性，在发明创造过程中，没有左脑的指挥、安排以及必要的配合，右脑也难以发挥期待性的作用。所以，左脑与右脑之间应当相互配合、相互合作。

近代史学家王国维在其著名的《人间词话》中说："古今之成大事业、大学问者，必经过三种之境界：'昨夜西风凋碧树，独上高楼，望尽天涯路'，此第一境也。'衣带渐宽终不悔，为伊消得人憔悴'，此第二境也。'众里寻他千百度，蓦然回首，那人却在灯火阑珊处，此第三境也"。这就是左脑与右脑的协作在创新过程中的形象化、过程化的描述。可以说，很好地证明了发明创造都是在无数次左脑与右脑的分工运动之后，在左脑的推动下，终于在右脑的无限种形象中完成了跨越性对接——后面将论证这种对接实质是形象相似性的对接——实现、满足和达成了左脑所寻找的符合自己愿望的客观联系。

在这个创造性构思过程中，左脑指引方向，相当于探测器与选择器，与右脑中在先储存的形象资料发生广泛而自由的筛选与结合作用，并在右脑中具体开展加工制造即对接工作。

发明构思经常光顾专注的人，光顾经验丰富的人，就是很好的说明。因为专注的人整个大脑运动的方向性强，经验丰富的人右脑中可利用与可加工的形象性资源对象丰富而多彩，任由发明人的大脑自由挑选（以下将证明有意识挑选的是左脑，无意识与组合挑选的是右脑）与使用。

实践证明，右脑对创造更有直接而重要的意义。更重要，就应当强化，所以，相对于现在教育科学文化活动的现实而言，"右脑革命"的口号的确有其必要性；但要是没有左脑的深刻思想认识与大方向性的追求，也产生不了伟大作品，也难以形成重大发明创造。如果说李白"疑似银河落九天"的超凡想象力主要是右脑的功劳，那么，曹雪芹的"无可奈何花落去，拼将留驻红楼梦"则是形成伟大文学巨著的根本性原因，这其中就表现了左脑的孜孜不倦，因此，左脑的功劳同样不可磨灭。

即使写出《右脑与创造》一书的托马斯·R. 布莱克斯利也在其书中谨慎地指出："重要的事情是要学会使两种类型的特有思维都能够得到充分的利用。所有的变革都会有一种矫枉过正的倾向；而我们所希望的正是这种右脑的革命，尤其能够以对右脑的过分强调来弥补我们当前对左脑的过分强调。"并承认："人类曾经在数十万年里尝试过只用右脑的方法，但却未能带来真正的进步。而只是在几千年前，当人们开始使用书写的语言而使他的直觉得到增强时，人类才开始真正的脱颖而出。人类的最高成就，都是由于共同使用了人脑两个半球的完备的能力。"❶

因此，笔者认为，从事发明创造，左脑也很重要，也应当强化，而且在笔者的经验中，左脑的训练高度意味着发明创造的高度。

2. 创造性智力劳动的心理学基础

心理学是研究人的内心世界的基础性运动及其与外部行为之间关系的学问。感性认识和理性认识的一般性过程的具体化研究揭示的就是心理学现象。心理学注重从现象与实验条件下描述发明创造的心理过程与心理特点，从而建立起了人类创造能力的心理学基础。

目前，心理学对创造过程的研究已经揭示出很多规律。首先是认识到哪些因素有利于创造，需要发扬；哪些不利于发明创

---

❶　托马斯·R. 布莱克斯利. 右脑与创造［M］. 傅世侠，夏佩玉，译. 北京：北京大学出版社，1992：60—61.

造，需要警惕。其次，对于创造性思维方式的研究成果是最多的，甚至形成了专业化的发明创造理论性学科，如 TRIZ 理论。毕竟，心理作为大脑的机能，上述左脑和右脑的具体运动都是心理现象，都影响和制约着发明创造的具体进程。

人类创造能力的一般心理影响因素对发明创造的影响其实是最大的，但也最容易被忽视，所以这里将目前的各种研究成果汇总如下。

（1）不利于发明创造的心理素质因素。有学者总结提出了不利于发明创造的四种心理障碍，包括自我意识障碍、情感障碍、认知障碍、动机障碍等。就自我意识障碍而言，已有知识经验、理论知识、理性思维的惯性通常对已有知识形成一种信赖，这种信赖不会轻易放弃、更不肯轻易改变已经定型的知识形式，从而成为在困难情况下难以逾越的认识障碍。其实，任何知识都是有局限性的，任何具体的真理都是相对的，绝对真理只是一种理想化状态，就像我们每个人的认识之所以能够向前发展一样，实质就是后来认识到原有认识的局限性与不足，因此，只要打破其中一个认识上的障碍就是认识的发展与进步，就意味着创造力的萌发、创新的开始。所以对于已有知识经验应当保持适当的弹性：在没有新认识修正、没有遇到新的认识、没有遇到新的困难时，可以坚持已有的认识成果；但新的实践证明已有的认识成果不适合于当时当地当事的实际情况时，就应当考虑修改充实发展原有的认识。

（2）有利于发明创造的心理素质因素。根据目前的许多研究经验，这些因素可以归纳为：对事物属性、发生发展变化规律保持好奇心；对已有知识理论可能具有的局限性与不足保持必要的谨慎与警惕甚至合理的怀疑；坚持实践是检验真理的唯一标准；按照研究对象的内在与外在联系不断扩充知识、扩大经验研究范围；百折不挠，坚韧不拔，勇于克服各种影响研究目标的困难；

及时捕捉灵感直觉顿悟等非理性思维成果等。

以上两方面内容可以概括为：既要解放思想，又要实事求是。大胆假设，小心求证，已经成为中外发明创造的通行准则。既要有"可上九天揽月"、"可下五洋捉鳖"的大胆自由的想象能力，又要有谨慎严格的科学论证作为依托和后盾。只知道大胆假设是狂妄的，只知道小心求证将成为已有知识的守财奴。发明创造难就难在需要这两个方面素质恰到好处的有机结合上。

3. 创造性智力劳动的其他相关学科知识能力基础

学习继承与发明创造相关其他学科知识至少可以了解前人对与自己感兴趣的领域研究到了什么程度，技术开发已经进展到了什么程度。不至于重复劳动，造成各种浪费。

与发明创造相关的基础知识主要是指自然科学技术知识。这些知识学习之后一般储存于左脑中。

应当提醒和注意的是，科学技术知识对于发明创造的作用具有两面性：一方面形成思维惯性认识的局限性，形成发明创造的障碍；另一方面可以作为进一步研究的一个基础与铺垫，知道巨人的肩膀在哪里。没有电子学知识一般难以进行电子技术领域的发明创新，即使有了创新性构思也只好请专业电子技术人员设计出具体可实施的技术。没有遗传工程知识一般难以进行遗传工程技术领域的发明创造，有了创新性构思也只好请遗传工程专业技术人员设计出具体可实施的技术。当然，高科技行业最好还是组成研究团队共同攻关。

科学技术知识对于发明创造的作用具有两面性要求发明创造工作者谨慎处理好继承与发展、继承与创新的关系。既不能忽视继承，又不能因为继承而为新的发明创造创新设置障碍，要将继承与发展、继承与创新恰当地结合起来。

其实，学习继承与发明创造相关其他学科知识如自然科学技术知识还有一项更加重要的好处，就是能够更好地训练我们的大脑，尤其是训练左脑思维能力。当然，如果右脑思维能力能够同时得到训练，对于立志从事发明创造的人来说同样难得。

（四）创造性技术智力劳动成果是从事发明活动的主体对解决技术问题有用的客观事物之间新联系的发现与利用

本层次分析形成发明创造结果的最直接的原因与最直接的来源。

发明创造最为核心的实质性的内涵就是对解决技术问题有用的客观事物之间新联系的发现与利用。当然这里的新联系之"新"必须是对于全人类而言的。

在发明创造过程中，创造性通过最后发现了解决技术问题的事物之间的联系与利用为标志。所以，发明创造的实质就是对解决技术问题有用的客观事物之间新联系的发现。

面对那个未知世界，面对那个来自灵魂的神秘灵感不知未来将光顾谁人的世界，发明创造可能是风险一生、一生风险性的投资。试想，除了大发明家之外，普通发明人一生真正的大幸运能够有几次？

历史上的许多重大发明为什么幸运地落在了那些幸运者头上，面对常人难以克服的困难总是不乏成功之例，其中必定有原因、有根据。

发明创造的最重要的关口常常是最神秘的，也是最令人羡慕和最令人向往的。一般的学者都已经注意到潜意识的作用——弗洛伊德所称的那个"本我"所起的作用。在笔者看来，发明创造实质是显意识与潜意识之间相互作用，只是潜意识的作用在这个阶段作用更为突出。潜意识的作用方式有多种：如模糊各种事物之间的界限，自由地按照某种相似性重新组合，进而形成与显意识所追求目标的对接。具体机制、机理可以有下列一些主要形式。

1. 灵感是知觉的自组织运动形成的

由于大多数真正意义上的发明创造都伴随有灵感的发生，鉴于尚未有人解释灵感的发生，所以，笔者以下尝试用格式塔心理学理论对潜意识下的创造性思维即灵感的形成机制进行解释。

格式塔心理学主要是研究人类的知觉的，或者说是以研究知觉为中心的心理学。考虑到灵感主要是发生在知觉层面上，所以，格式塔心理学引起了研究发明创造科学实质的笔者的重视。

知觉的自组织运动理论（笔者在此用作格式塔心理学代用名称）即格式塔心理学理论是目前发现的对发明创造过程中最珍贵的灵感现象的最好的理论解释。它能够帮助我们解开"蓦然回首，那人却在，灯火阑珊处"那一刻到来时的神奇与神秘。

格式塔心理学理论认为，人是与其所认识到的行为环境（该环境通常只是地理环境一部分，而且不一定是对地理环境真实的认识）发生相互作用的，由此在人的大脑与行为环境之间形成一种心物场。同时，人的大脑是一个电场，该电场在心物场的影响下作有规律的同类型运动，如在一个问题情景中，心物场的张力在脑中表现为电场张力；顿悟解除脑电场张力，导向问题的解决。脑电场与心物场之间相互影响共同作有规律的同类型运动，常见的一些有规律的同类型运动有：

（1）图形与背景的相互转化。在具有一定配置的场内，事物在人的不同注意力影响下并由于其与背景的对比衬托关系而成为更加突出的知觉对象。

（2）接近性和连续性运动。某些距离较短或互相接近的部分，容易组成整体。连续延伸的线条即使处于局部被隔断的视觉对象环境之中仍然被认为是具有连续性的。

（3）完整和闭合倾向。知觉对象中虽然彼此分离但观念上彼此相属的部分，容易组合成整体，形成完整的知觉图形。

（4）相似性。具有相似性特征的视觉对象容易组合成整体。

如并行排列的点画线，由于各排颜色的不同，各自自成整体。

（5）共同方向运动。一个整体中的部分，如果作共同方向的移动，则这些作共同方向移动的部分容易组成新的整体。

（6）转换律。受到干扰或者被变形的知觉对象，仍然可以被感觉者知觉到其原有的内容与形式。

上述的这些有规律的同类型运动能够推动大脑中的信息作有规律的重新选择重新组合运动，形成了在主体似乎并无意识条件下大脑自发的有组织有规律运动（显意识时受到显在的感觉思维运动的一定抑制，主要表现在潜意识条件下），正是大脑这种自发的有组织有规律的运动在人的大脑中产生了新的形象、新的事物、新的概念。❶

格式塔心理学理论对潜意识下的创造性思维的形成机制中所指出的相似性与运动倾向性组合并符合主体期待（在上述第一条运动规律中，能否成为知觉对象受到主体注意力的影响）的选择理论，表现在发明创造过程中就是差距很大形态各异看上去各不相关的技术要素之间依其形态、功能等方面的相似性与运动倾向性被左脑的方向性思维选择、结合并捕捉为发明创造的手段，由此产生了灵感。而且根据以上理论分析，灵感多发生在潜意识与显意识交互作用的意识比较模糊的状态下，如浅睡眠状态时以及工作转换状态时或者由工作状态开始转向休息状态时。

灵感可以区分为自发型与外来因素触发型。直觉与顿悟属于外来因素触发型灵感。因此，潜意识下的创造性思维的形成机制可以区分为自发型与外来因素触发型两种类型。经过一个长久的思维过程之后，以问题特征（对于发明创造通常需要转化为对未来物质属性的需求即体现为需求属性）作为场中心的场的作用下

---

❶　此处关于格式塔心理学的基本内容引自李维先生翻译的库尔特·考夫卡著《格式塔心理学原理》中的中文版译序，北京大学出版社2010年12月出版，由笔者摘其要点并重新组织文字。

的知觉对大脑内储存的各种信息（主要是图像信息）进行简化即过滤（对于发明创造就是只保留某些与需求属性相关联的物质属性特征），并按照信息外观特征的相似性进行自由组合（对于发明创造就是物质属性的相容性组合），按照主体期待（按照物质属性的相容性组合而成的技术方案要符合需求属性）进行选择。由此，知觉将在自发运动过程中（最有利的状态是浅睡眠状态与休闲时间）某个不确定的时间自发地流淌出新奇的组合思想。外来因素触发型需要外来因素触发，无论是经过长久的思考还是迅速的思考，立即通过信息外观特征的相似性组合、按照主体期待进行选择而产生新的思想。这种相似性表现在发明创造过程中就是技术要素之间形态、功能等方面的相似性。知觉的这种自组织功能就是笔者目前所理解的灵感产生的本质机理。

著名的法国社会学家埃米尔·迪尔凯姆在《自杀论》（商务印书馆 2010 年 11 月出版）中分析"仿效"概念时，附带指出了这种具有广泛性的发明构思的过程："通过智力活动，两种或两种以上相似的意识形态由于他们的相似之处而互相需要，然后融合和混合为一种既吸收了这些状态而又与之所不同的结果……这种力量的结合产生出某种新的东西。这种过程甚至是使头脑具有创造力的唯一过程。"

埃米尔·迪尔凯姆在这里解释的大脑发明构思形成过程与格式塔心理学理论是相吻合的，印证了格式塔心理学理论的正确性。许多脍炙人口的发明基本上都属于这种情况，如蒸汽机、纺纱机、听诊器等。应当说，在纯粹的理性思维看来，完全不同的意识形态是不相似的意识形态，难以在大脑中结合到一起，恰恰是它们之间的某些平常看来不起眼的相似之处，虽然也有部分不相同之处，在发明人无拘无束的思维世界里却竟然能够偶然以"物以类聚"的方式结合到一起，成为令发明人自己与他人都感到新奇的发明构思。

2. 从对自然原理的新发现到应用形成新的发明构思

经典的案例如著名的阿基米德称金冠之间接衡量金冠方法的获得，拯救无数生命的青霉素药物发明，为有机化学工业技术带来了革命性进步的苯环结构的发现。再如，诺贝尔自然科学奖公开后，新技术总是如雨后春笋般涌现。

3. 在对已有技术缺陷的分析中发现常人难以发现的原因并将其应用形成新的发明创造

著名的微波加热技术的发明就是这方面的经典范例。

第 03214985.9 号、名称为"无压给料三产品重介旋流器"的实用新型专利，其专利权人是李智先生。要知道这是一项克服最初由前苏联科学家发明、国内上市公司引进并加以改进的用于解决洗煤核心设备之弊端的重要技术，在国内权威专家现场办公会解决不了严重磨损问题的情况下，李智先生潜心研究，终于发现了造成该设备严重磨损的原因，并由此发明了该专利技术。在笔者分析该专利并谈出了这个看法之后，李智先生立即给予了肯定性认可。

4. 在经验性发明思维指导下对新的联系的发现与运用

前苏联学者总结提炼出的 TRIZ 理论一般属于在经验性发明思维指导下对新的联系的发现与运用（该理论曾经作为前苏联机密予以保护多年，直到前苏联解体才公开），对于发明创造新思路的实现也具有重要的指导性意义。当然前提是研究者独创性地意识到了技术问题所揭示的联系的性质。否则，如果有证据证明所属领域普通技术人员也能够理解技术问题所揭示的联系的性质，那么，TRIZ 理论可能成为证明新开发技术不具有创造性的依据。

应当说，上述各种形式的新发明构思的形成都是发现并抓住了从事发明活动的主体对解决技术问题有用的客观事物之间的新联系，并有效地用于解决技术问题，从而形成了新的发明创造。

第三节　专利法上的创造性概念

专利法上的创造性概念有广义与狭义之分。狭义的专利创造性概念就是评价一项专利申请技术的创造性时所使用的概念。广义的专利创造性概念是对狭义的专利创造性概念的推广应用，如应用于专利侵权判断、专利申请是否公开充分的判断、专利文件修改的判断（本书第二章第二节提出的新的修改标准也可以使用这个概念）甚至未申请专利技术的创造性判断等。

一项新的技术开发出来之后，是否具有创造性的判断主要是依托专利法律理论认识的发展而发展，所以专利创造性的概念也就是人类至今关于技术创造性概念的最高认识成果。而专利创造性概念最初和后来的发展主要是在专利审查领域建立并发展起来的，所以，本节主要以在专利审查领域建立并发展起来的专利创造性概念为代表，探讨专利法上的创造性概念。

一、专利法上的创造性概念的历史发展及其局限性

（一）专利法上的创造性概念的历史发展

狭义的专利创造性概念即在专利法律领域建立并发展起来的专利创造性概念，最初只有新颖性的要求。那时的新颖性概念仅仅是将新技术与在先已有技术一一进行对比，用新技术与老技术之间的差异代表创新。这应当与五百多年前比较落后的技术有关，技术不发达使得技术与技术之间的联系并不是十分密切，技术之间相对比较独立，对一项新开发技术的创造性判断通常只需通过与在先已有技术一一对比的方式基本上就可以确定，就能够确认是否具有创造性。因此，在技术发展的早期，专利申请技术的创造性只需要达到新颖性的水平就能够满足要求。另一方面，笔者相信，即使是在专利法的萌芽时期，国家与社会不会为简单

改头换面的技术授予专利权，所以，应当有充分的理由将"新颖性"理解为创造性整体含义的代名词。只是后来的执法中人们发现了这个用语的局限性及其所造成的认识与实践中的偏差，特别是随着后来以三次技术革命为代表的技术发展的突飞猛进，人们需要仔细地辨别技术之间的差异，原来的新颖性概念越来越难以满足实际要求，在司法实践中逐渐诞生出"非显而易见性"的概念。在世界第一部专利法发展了四百年之后，1952 年美国专利法开始补充完善专利创造性的概念，率先增加了"非显而易见性"的概念。

因此，传统观念层面上的专利创造性的概念从最初的新颖性发展为新颖性与非显而易见性两层含义。最初的"新颖性"在字面含义上讲的就是不相同、有差异。后来发展了的"非显而易见性"概念（国内称为"创造性"）在字面含义上讲的也是不相同，但含义与新颖性已经有差别，其具体含义需要我们仔细推敲。这种区别在世界专利法发展的早期并不容易辨别清楚，所以将创造性简单地用"新颖性"替代。后来增加的"非显而易见性"的概念并非是要取消新颖性的法律要求，而是要在新颖性的基础上补充完善创造性的概念。

应当说，从世界上诞生第一部专利法到现在，人类一直都在寻找专利申请技术与在先已有技术的差别，这种理念始终没有改变，所以在最高理念层面上，可以说，专利创造性的实质追求就是寻找评价标的技术与评价依据技术之间的差别。

现在，人们已经认识到，没有新颖性就没有创造性，但是具有新颖性不等于具有创造性。这说明，新颖性已经成为创造性概念的组成部分（虽然许多人还是不想承认这个事实），笔者在本书中就是要将新颖性作为创造性概念的组成部分看待，在一个更高的概念层面上定义专利创造性。

新颖性实际已经退化为判断创造性的一个中间性条件。当然，这并非说新颖性概念就没有意义。上面我们已经从历史发展角度看出新颖性与创造性两者的关联性，从理论上讲，新颖性仍然能够以部分质的含义表达创造性，如果一项专利技术不具有新颖性，当然就无须做进一步的创造性判断，就可以直接判断出该技术不具有创造性。这样能够为实际判断创造性工作节省大量的时间，避免无谓的检索与分析工作与劳动损耗，因而新颖性也是一个有实际经济意义的概念。这也就是保留新颖性概念的价值之所在。但即使如此，我们始终不要忘记，新颖性分析毕竟不是最终分析目标，新颖性只不过是专利创造性分析的一个中间环节。

（二）现有专利创造性的一些概念与观念的局限性与错误

"非显而易见性"标准目前仍然只是一个发展中的概念，还不是一个理想化的科学概念，因为目前尚处于感性认识层面向理性认识层面转化过程之中。用世界知识产权组织专家的话说，就是在技术人员向前看的路上能够看到的技术是显而易见性的，看不到的技术才是非显而易见性的。可见，"非显而易见性"标准虽然直观，但还不是一个完全理性认识意义上的概念，人类尚未揭示其期望意义上的科学内涵。

有人根据国外学者的著作，认为最早的威尼斯共和国专利法中有"灵感"条件，相当于现在的创造性概念。笔者认为这不是原始证据，对于传来证据尚待考证。更重要的是，规定灵感条件在实践中无法确认。灵感是发明人头脑中一闪而过、转瞬即逝的东西，发明人无法证明曾经有过灵感，国家机关更无从确认。严格执行法律规定的条件，将导致没有一项专利产生，所以以"灵感"条件作为创造性标准令人感到很滑稽。后来的英国专利法及至今所有国家的专利法都没有采用这个条件，就说明这个条件在实践中是不妥当的或者说是行不通的。实际上，由于有灵感的发明也可能是已经有的技术，之前他人也可能已经有了这种灵感，因此，即使灵感可以通过先进的技术手段能够查明，作为发明创造的条件在理论上也是不正确的。

关于所属领域普通技术人员水平标准，从评价主体角度上看，已经公认可以将评价专利创造性的标准表达为所属领域普通技术人员水平标准。但所属领域普通技术人员水平标准本身就是一个不容易确定的概念，因为对于任何一项作为评价标的的专利技术而言，所属领域普通技术人员水平标准都是不相同的。看来，仅有所属领域普通技术人员水平这个主体标准是不够的，需要从客体层面上进一步挖掘专利创造性标准的内涵。

二、专利法上的创造性概念的科学化

（一）专利法上的创造性概念所应当承载的价值

虽然人类赋予发明创造评价标准的价值是多方面的，从世界第一部专利法诞生之前的仅限于对区别于在先技术所包含的智力劳动成果的特有智力劳动成果的保护，虽然这种保护只是社会层面上的肯定与国家的肯定，并由国家提升为国家管理、提升国力的手段，乃至现在成为国家之间竞争的工具，但是其所具有的基本价值功能是没有改变的，那就是对区别于在先技术所包含的智力劳动成果的特有智力劳动成果的保护。这就是专利创造性概念所承载的基本价值功能。

现代法律层面上的专利创造性概念的价值依托从立法宗旨角度可以说是以保护创造性技术成果与保护社会公共利益为共同要求考虑的，因而在一定程度上有别于单纯特有智力劳动成果保护意义上创造性的概念。法律层面上的专利创造性的概念通常应当是以特有智力劳动成果保护意义上创造性的概念为基础，适当兼顾保护社会公共利益的要求确定。但基于保护社会公共利益的特殊要求只能在个别方面、个别领域对专利创造性的评价产生特别影响，在需要保护价值时不应当脱离对区别于在先技术所包含的智力劳动成果的特有智力劳动成果的保护这个基本要求。

（二）法律意义层面上的专利创造性的概念分析

基于对特有智力劳动成果保护意义的基本要求，专利法上的创造性评价则应当只关注创造性有与无的评价。专利法上的创造性评价通常不涉及在具有创造性的前提下继续进行创造性高度的评价。

世界最初的专利法只要求新颖性是与当时科学技术水平比较低的状况相适应的。那时在比较零散的科学技术条件下，只要是新的，通常就是具有创造性的。世界专利法诞生与发展的早期只要求新颖性，也就是说新颖性承担了专利创造性审查的全部任务。的确，在新开发技术刚刚成为工业经济发展的稀有资源的时代，在文艺复兴前的科学与技术尚处于分离状态条件下，在关于人类思维方式的研究尚不具有基础性科技专业成果的时代，发明创造技巧成为少数奇思妙想者的独有秘诀（诺贝尔奖获得者、美国科学家罗杰·斯佩利博士及其学生关于揭示左右脑功能分工的历史性的裂脑实验工作是 20 世纪 50 年代，而由此获得诺贝尔奖是 1981 年以后的事）。

专利法上划时代的创造性概念的诞生是"非显而易见性"要求的提出。将"非显而易见性"要求写进美国专利法是 1952 年，此前已经在美国专利司法中实践了一百年。从此，世界上诞生出了与新颖性并列的评价专利创造性的新概念，而且是更加高级的新概念，这个高级新概念就是"非显而易见性"标准。遗憾的是这个新概念是一个主观色彩浓厚的专业名词，至今对全世界来说仍然是一个谜一样的概念。

新颖性只是从专利技术与在先已有的单项技术差异的角度分析专利创造性，没有考虑到在先已有技术内在的联系。而从在先已有技术内在联系的角度看，有相当一部分专利申请将是不应当授予专利权的，因为那样的技术是所属领域的普通技术人员也能够构思设计出来的。因此，需要一个新的角度新的概念来完善丰富创造性评价的内涵，这就是后来发展出来的"非显而易见性"的概念。一般认为，"非显而易见性"的概念萌芽于1851年美国联邦最高法院对 Hotchkiss v. Greenwood 案的审理。该案涉及一用瓷或陶土替代门把手上的木或者金属专利。美国联邦最高法院认为该专利没有达到应有的高度，宣告了该专利无效。经过一百年的司法实践，美国终于在1952年修改了其专利法，增加了非显而易见性的要求。所以我们说，1952年的美国专利法是划时代的创造性概念的大发展，也是人类理性的一次重大进步，是人类无论早晚都应该走过来的必然道路。

新颖性与非显而易见性存在本质区别。目前各国通行与公认的评价新颖性的一比一的单独对比方式只能反映一项技术内容与另一项技术内容之间是否存在质的差别。这种对比只是注意到专利技术与在先已有技术之间的外在联系与差别（有联系是无差别，没有联系就是有差别），没有将在先已有技术之间的内在联系作为分析依据，因而尚不能最后确定专利申请技术或者专利技术与在先已有技术之间的根本性、本质性的差别。而只有将在先已有技术之间的内在联系也考虑进来，才能确定专利申请技术或者专利技术与全部在先已有技术之间的根本性、本质性的差别。因此，新颖性与非显而易见性之间的实质分界线首先是技术上的而不是法律上的（法律只是给予确认新颖性分析的价值），尽管新颖性在形式上也是一个重要的法律概念。新颖性作为一个法律概念的意义在于其可以在审查过程中作为一个中间性环节，如果不具有新颖性，也就不必要继续审查创造性，从而节省大量的劳动。

只要在技术上存在质的差别就是具有新颖性，但由于在技术上存在质的差别不等于在法律上存在质的差别，所以还需要从法律角度进一步分析判断创造性。这后一步就是非显而易见性分析。实践中许多人根据技术上存在质的差别就认为法律上也存在质的差别显然是错误的。

对立之中也有统一。没有新颖性也必定不具有非显而易见性，当然也就不需要进一步分析非显而易见性。注意到新颖性与非显而易见性之间的联系，将两者统一起来认识，也便于适应各种各样的分析对象。尤其是部分技术要素在分析尺度上不具有新颖性，从而该部分技术要素在分析尺度上不具有非显而易见性即创造性时，更具有灵活性。实际上在分析非显而易见性时，我们也在具体技术要素上经常使用新颖性的具体尺度，只有在具体技术要素上不能使用新颖性的具体尺度时，才考虑使用评价非显而易见性的具体要素尺度。

过去有一个妨碍将新颖性与非显而易见性结合在一起对待的因素，就是抵触申请。笔者认为应当将抵触申请从评价新颖性的技术中排除出去，这样，用以评价新颖性与创造性的技术就是相同的，都是在先已有技术。

笔者不赞成 KSR 案判决中美国联邦最高法院的普通技术人员具有普通创造力的观点，这实质上还是没有明确创造性的本质规定。这种观点将会造成认识上的混乱。

尽管各国对于非显而易见性的理解有所不同，但目前的"非显而易见性"概念本身毕竟是一个相当主观的而非客观的概念，无论在理论上还是实践上其本身都有客观化的必要。相比之下，我国法律理解的"实质性特点"更具有理性色彩。当然"实质性特点"一词仍然过于抽象，不便于实际操作，也有待深化与细化。

从专利创造性概念的历史发展，我们不难看出新颖性与非显而易见性是评价专利技术创造性的两级台阶。尤其是具有新颖性不等于创造性分析的完成。不要将新颖性分析作为最终分析目标，新颖性只是创造性分析的中间环节。对于具有新颖性的专利申请技术，只有进一步完成了非显而易见性分析，才是完成了专利创造性分析的任务。

（三）专利创造性概念的本质属性

狭义的专利创造性概念以及后来推广使用的专利创造性概念，在本质上都是要界定后来的技术与在先技术在根本性质上的差别，借以确认后来发明者是否具有独特的贡献。

从形成因素与来源因素角度分析专利创造性概念的实质，无论是起源于洛克的劳动创造财富学说，还是发端于康德和黑格尔的人格对象化学说，现有的学说都不能直接揭示专利创造性概念的本质属性。

有网友网上留言直率地认为，新颖性是量变，创造性是质变。这个观点看似进了一步，但是，按照马克思辩证唯物主义的观点看，发明创造在本质上都是主观和客观相互作用的过程，这个过程必须是提出新的技术问题、分析新的技术问题、解决新的技术问题的过程，是从一种技术状态到另一种技术状态的质变，而且这不是一种普通的质变（指部分质变），而是从一种技术状态到另一种技术状态的飞跃（属于整体性质变），是一种需要用"度"来衡量的质变。

上述所谓从一种技术状态到另一种技术状态，对于不同的分析目的有不同的起点与终点。对于专利申请技术的创造性评价，它们分别是在先已有技术与专利申请技术；对于等同侵权判断，它们分别是专利技术与在先已有技术之和与被控技术；对于专利侵权诉讼中的公知技术抗辩，它们分别是在先已有技术与被控技术。至于需要用什么样的"度"来衡量，是下一节与以后各章节要进一步分析的问题。

1. 从技术差异到法律差异

从专利创造性概念所承载的基本价值功能即对区别于在先技术所包含的智力劳动成果的特有智力劳动成果的保护功能出发，专利创造性概念虽然包含技术角度的差别；但已经不再是技术差别，而是社会意义上的差别；上升为国家意志之后，就成为法律差别。

正是由于专利创造性概念所具有的涉及标的技术与在先技术差别的法律差别概念，我们需要将在先技术作为一个整体看待。这个概念最初体现在美国司法判决中，后来写进了美国专利审查指南中。

技术差异是一个对于自然物质运动规律的探索利用所获得的进步性方面的概念。法律差异则是一个社会评价意义上的概念。这个概念要求判断者将自己的视角超然于发明创造过程之上，从社会技术发展的宏观上分析专利创造性。将技术差异与法律差异混为一谈，或者将技术差异代替法律差异的做法显然都是错误的。

正是法律差异的要求，在分析专利创造性时不应当将发明创造形成过程的内在因素作为主要依据，不论发明途径如何复杂、如何简单，法律标准应当区别于发明创造那样令许多人感到神秘的发明过程与发明技巧问题。影响发明创造过程的直接的内在的因素像令人惊奇的故事一样，虽然吸引人，但不是法律所需要考虑的评价因素。目前只有解决技术问题的长期渴望、克服主导性技术偏见等对所属领域普通技术人员构成障碍的重要因素，在分析专利创造性时才适当予以考虑。

2. 从个别技术差异到整体技术差异

技术与技术之间的关系，作为人类认识的客体，可以有相同与不同之差别。当出现差别时，这种差别对于在后技术来说，就是我们所说的新颖性。新颖性本来就是表达差别的，也只是特别用于表达在后出现者对于在先者相互之间的差别。但这种差别难免失之于浮浅与表面化。

目前各国专利法律规定的不具有新颖性的情形，包括与在先已有技术内容相同或者包含（覆盖）在先已有技术内容两类情形。与在先已有技术内容相同往往文字上也相同，即使使用的文字不同，也只是使用的语言种类不同或者同义不同名。包含（覆盖）在先已有技术内容则涉及不同的上下位关系即属于在先已有技术的上位概念等各种包含（覆盖）在先已有技术的表达。这种情况也只是部分内容不同导致表达形式不相同，但还是存在相同内容部分的。总之，两种情形都是涉及在表达内容上有差异但覆盖在先已有技术内容的情况。

非显而易见性则是在具有新颖性的基础上，更多地关注在先已有技术相互之间的内在联系中是否存在指向专利技术的联系，这种联系显然是更加深刻意义上的，是一种内在联系层面上的分析判断，能够反映出一种更加深刻意义上的本质性差别。

通过下一节的分析论证，我们将清楚地看到，新颖性差异对应于标的技术对于在先技术的外在联系上的差别，非显而易见性差异则对应于标的技术对于在先技术的内在联系上的差别。从而在哲学层面的实质意义上将新颖性差异与非显而易见性差异作出区分。由此，将使我们在更深刻的意义上即在法哲学层面上理解新颖性与非显而易见性概念之间的差别。

如何界定非显而易见性差异是一个最重要的问题，考虑到这个问题的复杂性及其世界性难度，将在下一节中作专门讨论。

3. 从形式性差异到实质性差异

自然物质世界的外在联系与内在联系，反映到人类的思维中形成了形而上学（黑格尔与马克思所归类的哲学概念）与辩证法两种不同的认识方法哲学体系。前者仅仅从外在联系即形式上认识事物与事物之间的差别，看到的只是事物与事物之间外在的相同与不同之差别；后者则不仅注意到事物与事物之间的外在联系，更要从事物与事物之间内在联系上认识事物与事物之间的关系，看到的是根本意义上的有联系与无联系（无联系就是有差别），所认识到的事物与事物之间的差别也就是本质性的差别即实质性差别。

人类对于发明创造这类事物也同样存在形式性差别与实质性差别的不同认识。只是在使用这两个概念时需要区分比较分析的前提。

对于一项技术与另一项技术之间的差别，可以有形式性差异与实质性差异之区分。对于一项发明创造与在先已有技术的整体之间也可以有形式性差异与实质性差异之区分。所以，在具体到专利法上认识新开发技术与在先已有技术之间的差别时，也需要区分上述两种不同的认识前提。对于一项发明创造与一项在先已有技术的个体与个体之间比较，只具有形式性差别时不具有新颖性，具有实质性差别才具有新颖性。对于一项发明创造与全部在先已有技术的整体之间，只具有形式性差别时具有新颖性但不具有非显而易见性，具有实质性差别才有非显而易见性。

（四）专利创造性概念的形式属性

本质属性是内在的，一些专利创造性概念外在属性在实际分析过程中也是有意义的。这些外在的属性即形式属性包括：

1. 评价专利创造性的客观性与主观性

这本来是一个客观见之于主观、主观见之于客观的问题，不应当简单地区分开来。由于一直没有正确认识，创造性判断被认为是主观感觉上的是否"显而易见"，没有客观性可言，其实在实践中许多案件在严格准确地适用法律条件下可以作出非常客观的判断。当然，不同的判断者结论有差别的现象有时也在所难免。这种现象主要是由于判断者在适用法律上出现的主观认识上的差别造成的，不是说在特定条件下一定可以得出多个不同的结论。

虽然保护价值趋向上的政策导向可能影响专利创造性的判断（如专利复审委员会在有争议而拿不准的情况下多数维持专利有

效；至于法院有不同意见可以在发回重审后重新作出审查决定），但对于专利创造性判断，因为是要判断一个差别的有与无的问题，并且是以使用在先已有技术为客观依据（本书主张将抵触申请从评价新颖性的依据中删除，以恢复新颖性分析标准的本来面目）的，所以结论也应当是客观的。

为了不冤枉专利权人，也为了不冤枉社会公众，专利检索与审查分析的各个环节都应当在力所能及的条件下适当加大工作力度，以保证评价专利创造性的客观性，减少主观性。

2. 评价专利创造性的相对性与绝对性

由于种种原因，包括业内专家学者在内的许多人都认为评价专利创造性的工作主观性太强，难以作出准确判断。这些原因中就包含不同的检索条件与分析条件的影响。由于不同的检索条件与分析条件的影响，过去认为应当具有创造性的技术，现在可能认为不具有创造性；过去认为不具有创造性的技术，现在则可能认为具有创造性。于是出现了对于专利创造性认识上的相对性问题。

在具体的检索与分析条件下判断专利创造性结论的相对正确性与绝对正确性是真理的相对性与绝对性在专利创造性分析过程中的表现形式。

专利效力的相对有效与绝对有效也是一样。推定专利有效都是有条件的，都是在特定条件下的结论。在一定条件下可以推定专利有效，在另一一定条件下也可以推定专利无效。

所以，有经验的专利法律工作者在实际工作中如发现线索时，应当多下检索与调查研究工夫，在发现不具有创造性的多项证据时，应经常自觉地多准备一些分析论证方案，尽可能将分析结论从相对逼近绝对。

第四节　专利法上创造性的判断标准

科学合理地确定是否属于前人所未能及的纯粹属于发明创造者特有的智力劳动成果，即判断专利是否具有创造性，需要我们对于相关方面之间的关系进行科学合理的分析。

一、专利法上已有的创造性判断标准及其局限性

（一）专利法上已有的创造性判断主体标准及其局限性

专利法上已有的创造性判断标准就是本领域普通技术人员概念。

本领域普通技术人员作为一个主体概念，是法律拟制的判断专利创造性的主体。为了判断的客观化，以民法上的理性人为基础，专利法学发展出了一个观念化、具体化的判断主体——现有技术与人类普通知识能力的集大成者（绝对理想化的最高水平的专家，现实中的专家一般都达不到这个水平），是一个通晓已有技术整体及其内在联系的理想人即理性人。因此，本领域普通技术人员是一个掌握现有技术全部知识与具有全部能力的概念。现在，本领域普通技术人员概念在专利法中已经获得了广泛的应用，如用于专利创造性判断、等同判断、公知技术抗辩、专利审查中的公开充分判断等。

我国《专利审查指南 2010》第二部分第四章第 2.4 节对"所属技术领域的技术人员"下了一个定义：

> 发明是否具备创造性，应当基于所属技术领域的技术人员的知识和能力进行评价。所属技术领域的技术人员，也可称为本领域的技术人员，是指一种假设的"人"，假定他知晓申请日或者优先权日之前发明所属技术领域所有的普通技术知识，能够获知该领域中所有的

现有技术，并且具有应用该日期之前常规实验手段的能力，但他不具有创造能力。如果所要解决的技术问题能够促使本领域的技术人员在其他技术领域寻找技术手段，他也应具有从该其他技术领域中获知该申请日或优先权日之前的相关现有技术、普通技术知识和常规实验手段的能力。

应当说，这个定义已经达到了相当完善的程度，体现出了对"本领域普通技术人员"概念应当具有的知识与能力的全部概括，只是其中不应当使用"创造能力"限定，造成循环定义的逻辑错误。另外，由于众所周知的原因特别是判断专利创造性的客体标准还远远不够完善，"事后诸葛亮"的情况也时有发生甚至经常发生，表明仅仅依靠"本领域普通技术人员"概念作为专利创造性的判断标准是远远不够的。

（二）专利法上已有的创造性判断客体标准及其局限性

世界上最早的专利法已有的创造性判断客体标准就是新颖性，经过几百年后发展出了非显而易见性。

非显而易见性标准中比较流行的是由欧洲专利局提出的"问题—方案"解决方法，作为该方法核心的技术启示环节常常难以实际确定。

在技术启示的确定上，美国联邦巡回上诉法院提出的 TSM（教导、建议或动机）标准在著名的 KSR 案中被美国联邦最高法院批评。TSM 标准在理论上属于概括程度不够的问题，导致实践上的使用过于机械。

其他标准中比较有影响的是美国联邦贸易委员会提出的"如其不然"标准。该标准认为，即使该专利申请没有获得专利保护的前景，这种技术也将自然地产生出来。而问题就在于何谓"自然地产生出来"。因此，这种标准不仅在实践上难以实施，在理论上也是存在严重问题的。

二、专利法上创造性分析应有的逻辑尺度

关于人类创造性的理论的各种见解只是为我们提供了认识创造性的一般基础，仍然未能在人类已有技术与可能具有创造性的技术之间划出一个科学的界限，也就是说仍然不能实际解决专利技术创造性的判断标准问题。

在上一节中我们已经指出了专利创造性在哲学角度是一个质变的度的概念。在质、量、度的关系中，度是事物保持自身质的数量界限，但是这个度如何衡量，作为辩证法大师的黑格尔并没有为我们揭示，后来的哲学家也没有研究出来，所以，令人颇费思量。

在众里寻他千百度之后，我们终于找到了描述这个"度"的方法。此处"度"的背后实质是事物与事物之间的联系程度问题。具体到专利创造性评价上，具有专利创造性就是指在先技术与标的技术两个整体之间在逻辑推理上不具有充分条件性因果关系。

（一）在先技术与标的技术两个整体之间的关系

根据第二节的分析，创造性在本质上应当描述与表达的是新联系的发现与建立的过程。这是我们提炼评价创造性标准的基础与关节点，也是具有哲学意义的基础与关节点。有效提炼评价创造性标准应当聚焦在此基础与关节点上。

专利创造性的实质是在不违反其他法律规定条件下界定可否予以保护的发明创造技术的实际范围。应当保护的具有创造性的技术在其本来意义上应当是不依赖于已有技术的独立创造、具有独创性的智力劳动成果。单纯在发明过程中寻找应当予以保护的依据是不全面的，因为他人也可能在不知道在先已有技术成果的情况下进行具有创造性思维活动特征的活动。最为客观的标准应当是在新发明技术与已有技术之间的关系上进行分析。在这里，

我们首先注意到了描述新技术创造性的对象实质涉及一种关系，这种关系就是新技术与已有技术之间的关系。而新技术与已有技术分别是两个整体意义上的概念，所以，在第一层次，我们首先将专利创造性理解为新技术与已有技术"两个整体"之间的关系。

"两个整体"的概念最早见于美国专利司法判决中。我国《专利审查指南2010》也使用了现有技术与专利申请技术这两个整体的概念，只是没有集中在一处描述，也没有集中在一起分析讨论。

我国《专利审查指南2010》第二部分第四章关于创造性评价中还提到了"有限的试验"，这个"有限的试验"由于是在已有技术指导下完成的，因此实质是人类现有技术的自然延伸，属于现有技术的组成部分。这样，我国《专利审查指南2010》等于说也确定了现有技术与专利申请技术这两个整体之间的关系。

两个整体之间的关系之"两个整体"在不同情况下的不同含义：

在对专利申请技术进行审查的创造性评价时，在先技术是指申请日之前的全部已有技术，标的技术是指专利申请技术。

在对专利侵权诉讼中的等同判断时，在先技术是指专利技术及其可与之结合的已有技术的总和，标的技术是指被控技术。

在对专利侵权诉讼中的公知技术抗辩时，在先技术是指被控侵权日之前的全部已有技术，标的技术是指被控技术。

其他广义使用方式见于判断权利要求是否清楚、说明书公开是否充分等，如权利要求是否清楚是以申请技术文件的全部内容与在先技术的总和为依据判断申请保护的技术方案是否清楚，说明书公开是否充分是以申请技术文件的全部内容与在先技术的总和为依据判断申请保护技术方案所在的全部技术内容是否清楚。

（二）在先技术与标的技术两个整体之间的逻辑推理关系

通过第二节内容的分析，在判断专利创造性时在先技术与标的技术两个整体之间的非逻辑关系显然是不应当考虑的，因为它们属于创造思维能力运用的结果与体现。《专利审查指南 2010》规定所属领域普通技术人员通过逻辑推理能够联想到的则不具有创造性，就是从反面肯定了这个意思。《专利审查指南 2010》关于创造性判断中提到的"有限的试验"在延长认识内容之后的分析判断仍然是一个逻辑推理的问题。

另一方面，人类能够理性推理出来的技术仍然应当属于人类的共同财富，属于公有财富。对应于判断专利创造性的主体即所属领域普通技术人员的能力概念，通过逻辑推理能够获得的知识与技术仍然属于在先已有技术。判断专利创造性时也不应当将所属领域普通技术人员通过逻辑推理能够获得的知识与技术作为判断依据。

世界知识产权组织专家在解释"非显而易见性"概念时所指出的前面的路上能够看到的技术，是指通过逻辑分析可以分析推理出来、推想得到的技术。我国《专利审查指南 2010》也确定了现有技术与专利申请技术这两个整体之间的逻辑分析、推理关系，即逻辑推理意义上的关系，即逻辑推理关系。

判断专利创造性时应当强调两个整体之间的逻辑推理关系。这是以客观存在的在先技术事实与法律规则（可以依照法律推定专利申请人或者被控侵权人是了解在先技术的，专利申请人在申请时或者被控侵权人在实施行为时负有了解在先技术的法律义务）为依据的，并在此基础上分析专利申请技术与在先已有技术（其中难免包含声称的新发明技术而实际上是时间在后的发明构思）之间的逻辑关系。因此，这种逻辑推理关系既是事实性的，也是法律性的。

在实际的发明创造过程中并不一定发生如上所述的两个整体

之间的理想化的逻辑关系，因为有些在先已有技术对于实际的发明人而言，其并不一定了解，就进入了发明创造的过程，也产生了难得的灵感，但这种灵感完全有可能实际地发生在他人的同样发明构思之后。所以，在法律所追求的公平公正意义上，我们不能因为声称的发明人以其声称的灵感而确认其是人类第一位发明者。法律应当是站在全人类技术发展客观历史进程的高度上，以严谨的逻辑关系审视现实、审视现实的发明行为（其中难免包含实际上在后的发明行为）。为统一尺度，人类只能也只应选择最理性的尺度来把握声称的新发明技术与在先已有技术之间的逻辑关系，这样的逻辑关系就是逻辑推理关系。

爱因斯坦说过："逻辑思维并不能做出发明，它们只是用来捆束最后产品的包装。"❶

王国维在《人间词话》里对创新构思的描述也说明，仅靠逻辑推理是不能够实现和产生新思想、新构思的。因为逻辑推理是人类已知的共有的能力。

从逻辑学上看，人类已有的知识与能力都是概念、判断与推理在具体学科中的具体体现形式，其中逻辑推理是普通人类的思维形式，因此，用逻辑推理能力来划分现有技术与专利技术之间的界限是合理的。在人类正常的逻辑推理条件下，如果发现在现有技术与专利技术之间存在可以推理出的逻辑推理关系，则不应当具有创造性；否则，就是创造性的证明。因此，逻辑推理不出来就证明了创造性。可见，在特定时间（对于专利申请日）的全部已有技术条件下，逻辑推理能力实质也就是所属领域普通技术人员的正常思维能力（包括在已有知识技术指导下对所要解决的问题所能够设计出来的试验与试验结果知识）所能够触及的

---

❶ 史莱茵《艺术与物理学》第 503 页，陈大柔著《美的张力》。转引自商务印书馆，2009 年 7 月出版。

极限。

判断专利创造性时的逻辑推理关系存在两个理想化的假定：一是假定申请人知晓全部在先技术（使其未进行任何检索）；二是假定判断者即所属领域普通技术人员具有逻辑推理能力。

在这两个假定条件下分析判断专利创造性就是在逻辑分析意义上分析在先技术与标的技术之间的关系。这种关系体现在判断主体与判断客体两个方面，由此产生了判断专利创造性的主体标准与客体标准。当然在实际判断时，应当将判断专利创造性的主体标准与客体标准有机结合起来。

列一个通俗的公式就是，当"评价依据技术整体＋本领域普通技术人员❶的逻辑推理能力≠评价标的技术整体"时，标的技术才是具有创造性的。

（三）在先技术与标的技术两个整体之间的逻辑推理上的因果关系

根据第一章第二节的分析，发明创造应当是发现了前人尚未发现的新的有价值的联系，这种联系体现为标的技术与在先技术之间的因果联系。发现了前人尚未发现的新的有价值的联系，换个角度，就是说发明创造是不依赖于已有技术的独立创造。所谓"不依赖于已有技术的独立创造"所表达的关于新发明技术与已有技术之间的关系，是指在已有技术中找不到新技术形成发展的客观依据。从哲学角度看这无疑是一种特殊因果关系的逻辑表达，即对于新技术与已有技术之间的无因果关系的事实状态的描述。考虑到专利技术都是在已有技术的基础上（包括开拓性技术）继承和发展而来的，所以，它们之间有一个继承与发展的关系，即在时间先后顺序上表现为一个因果关系，因此，我们完全

---

❶ 这里的"本领域普通技术人员的逻辑推理能力"大致对应于美国联邦最高法院在经典的 KSR 案判决中所说的普通技术人员是具有普通创造能力的人，但笔者不赞成美国联邦最高法院这种说法。

有理由从因果关系的角度认识和把握专利技术与现有技术之间的关系。

人的行为具有合目的性与合规律性。合规律性包括合乎社会发展规律与自然规律，而规律的哲学定义是事物内在的本质的必然的联系，也就是关于已知世界因果关系的知识，因此，在相当大程度上可以说人类已有的知识就是这些已经认识的因果关系。对于尚未认识的客观世界的因果关系在科学角度看是新的发现，从解决人类对自然物质世界需要的角度（即技术角度）设计出来的可以满足人类物质需求的新的方式方法就是新发明新创造，因此，我们可以从因果关系角度认识与看待技术的创造性。人类已有的全部科学与技术以及以此为基础的逻辑因果关系的延伸是我们认识人类技术现有水平的依据，因此，当某种技术超过了这种认识与水平时，也就是超出了人类科学技术已有因果关系的认识水平时，就给我们一种创造性的感觉与水平上的跨越感，创造性的肯定评价就随之产生。这样，新技术、新发明是否在与人类已有的全部科学与技术以及以此为基础的逻辑因果关系延伸范围之内，就成为评价技术创造性的哲学标准。

从哲学角度看专利技术的创造性，分析技术发展不同阶段上技术与技术之间的质的分界线，就是要考察分析专利申请技术或者专利技术与在先已有技术整体之间的关系，这种关系所体现出来的差别不应当只是量的差别，而应当是质的差别，即我国专利法所要求的实质性特点。因此，专利申请技术或者专利技术应当具有自己的特定的质，即具有自己的内在规定性，这种内在规定性在在先已有技术中是找不到的，即不存在技术发展上的由此及彼的关系，亦即不存在技术发展历程上的因果联系和因果关系。

真正具有创造性的技术必定具有不依赖于在先已有技术的成分，或者独特之处。所谓"不依赖于在先已有技术的成分"或者是意味着有一个新的因素加入进来，或者意味着从已有技术的角度是看不到专利技术的，也就是说从已有技术的角度不能推理出专利技术。这种关系从哲学上因果关系范畴的角度看，就是在已有技术与专利申请技术之间不存在、不具有逻辑发展上的因果关系。

研究因果关系的有与无，即分析专利申请技术是否来源于在先已有技术，即分析在在先已有技术中是否存在产生新技术的合理依据，因此科学化的专利创造性分析就是要分析在先已有技术与专利技术之间在逻辑推理上的因果关系。

（四）在先技术与标的技术两个整体之间不具有逻辑推理上的充分条件性因果关系

从辩证法角度看，在先技术与标的技术两个整体之间的实质性差别，体现的是一种本质联系上的中断、断裂与鸿沟。

哲学上从事物与事物之间的联系上认识一事物与另一事物之间的差别，从这个角度认识差别，即从事物与事物之间的联系上找差距。如果这种差距是事物与事物之间的联系的自然延伸，仍然不能认为是差别；只有事物与事物之间的联系延伸不到时，才开始认为是有差别的，只有这种程度的差别才被认为是一种本质性的差别。

黑格尔认为"根据被设定为总体的本质"，"根据是在自身中存在的本质，这个本质实际上是根据，而根据之所以为根据，仅仅是由于根据是某物的根据，是一个他物的根据"。在这里，作为辩证法大师的黑格尔将事物的本质与事物存在的根据联系起来，而事物的根据是相对他物而言的。黑格尔又进一步指出："根据律说，一切都有其充分的根据。"黑格尔所称的"根据律"最早是由莱布尼兹提出的。莱布尼兹最初这样表述："决定性理由的原则讲的是，从来都没有任何一个事物是在它没有一个原因，或至少没有一个决定性理由时发生的，也就是说，某个可以当作理由的东西能够不以任何其他方式说明它❶为什么存在。这

---

❶　这里的"它"字应当指"该事物"。——笔者注

个伟大的原则在一切发生的事情中都是有效的。"莱布尼兹后来又这样表述："充足理由的原则讲的是，凭着这个原则，我们认为，任何一件事如果是真实的或实在的，任何一个陈述如果是真的，就必须有一个为什么这样而不那样的充足理由，虽然这些理由常常是不能为我们所知道的"（以上内容转引自梁志学译黑格尔《逻辑学》第二篇第 121 节及其译者注释，人民出版社 2002 年 12 月出版）。

根据上述黑格尔关于本质与根据关系的论述以及黑格尔与莱布尼兹关于"根据律"的论述，笔者认为，相对于在先技术而言，标的技术如果能够在在先技术中找到其存在的充分根据，那么这样的标的技术与在先技术之间应当是不具有实质性差别的。反之，如果标的技术在在先技术中找不到其存在的充分根据，也就是说，标的技术在自己存在的充分根据中有自己独立于在先技术存在的根据时，那么这样的标的技术与在先技术之间应当是具有实质性差别的。由此，从逆向认识角度，可以将标的技术与在先技术两个整体之间的实质性差别理解为标的技术在在先技术中不具有存在的充分根据。

应当说，将在先技术与标的技术两个整体之间的这种实质性差别理解为标的技术在在先技术中不具有存在的充分根据，已经非常辩证、非常深刻地逼近了其内在含义。但是这种"不具有存在的充分根据"虽然可以用于界定在先技术与标的技术两个整体之间的实质性差别，但实践中应用起来仍然会感到比较抽象与概括。为了实践操作方便，有必要进一步从严谨的形式逻辑角度进行更加明晰的界定。

从哲学角度看，真正的发明创造是技术发展过程中的一种跨越性质变，跨越性的质变与飞跃，一定是有新的因素参与进来，新因素的介入导致原有技术常规发展过程中技术发展因果关系的中断。至于是什么因素，那是研究发明创造具体规律的人所关心的问题，不是研究评价专利创造性所关注的。研究评价专利创造性所关注的是一项新的被称为"发明创造"的技术与已有技术之间的关系，从在先已有技术中检查与寻找是否存在产生、形成新技术的依据。如果能够找到，新技术就没有创造性；但如果找不到依据，就证明新技术具有创造性。因此，从这个角度看，这个问题又是一个因果关系之关系判断的问题。

关于因果关系之关系判断，在形式逻辑中，通常是使用穆勒总结的五种判断因果关系的方法进行。但仔细分析可以发现，利用穆勒总结的五种判断因果关系的方法获得的只是某一个影响因素，而实际的在后作为评价标的的技术都是包含部分在先技术的因素的，所以，使用穆勒总结的判断因果关系方法并不适合于判断专利技术的创造性。

在这里，有一个很关键的问题，就是标的技术与在先技术两个整体之间的因果关系究竟属于什么性质的因果关系或者说属于什么程度的因果关系。

关于因果关系之关系的程度判断，在形式逻辑中，是使用假言判断与假言推理表达与区分的。假言判断与假言推理中的概念表达了原因与结果之间的不同联系程度，正是这种不同的联系程度在其内在规定性上体现出了事物之间性质上的不同差别，因此，假言判断与假言推理中的概念表达了原因与结果之间的不同联系程度，也可以说表达了原因与结果之间的不同联系性质。假言判断与假言推理又区分为必要条件假言判断与假言推理、充分条件假言判断与假言推理。必要条件假言判断与假言推理仅仅表达了所发现的事物存在的因素中的必要条件即必要因素，并不全面。比如在评价标的技术过程中总是要使用在先技术中的某些技术手段，这些在先技术中的某些技术手段也是评价标的技术之所以形成与存在的必要条件，必要条件只是表达个别条件与结果之间的因果关系，不够完整和全面，因此仅靠必要条件并不能确定新开发的技术与在先技术之间是否存在实质性差别。充分条件假言判断与假言推理中的充分条件则包含了所有标的技术中全部形成因素，对于两个整体之间具有充分条件性的单一因果关系，就是专利不具有形式性的差异即不具有新颖性；对于复杂因果关系充分条件由多个必要条件组成，对于两个整体之间不具有充分条件性的单一因果关系，但具有多个条件的充分条件性的因果关系是为显而易见性。两个整体之间既不具有单一充分条件性因果关系又不具有多个条件组成的充分条件性的因果关系，体现的是实质性差异即非显而易见性。但只要有一个充分条件性的因果关系存在（无论单一的还是有机结合式的，包括技术之间的联系与组合已经达到充分条件联系的程度），就否定了创造性。因此，充分条件性因果关系这个概念同时覆盖了传统的新颖性与非显而易见性概念。新颖性是不具有单一条件的充分条件性因果关系，非显而易见性是在不具有单一充分条件性因果关系的基础上又不具有多条件即复杂条件下的充分条件性因果关系。

　　以上分析可见，必要条件性因果关系不能体现技术之间的本质差别。只有充分条件性因果关系才能体现出标的技术与在先技术两个整体之间的本质性差别。因此，笔者将评价标的技术与评价依据技术两个整体之间的本质性差别即实质性差别界定为评价标的技术与评价依据技术（对于专利创造性评价是在先已知技术）两个整体之间在逻辑推理上不具有充分条件性因果关系。

　　这是贯穿本书的一条红线。

　　两个整体之间是否能够通过逻辑推理发现存在充分条件性因果关系，是一个极其重要的逻辑分界线。这个分界线的意义在于，不具有创造能力的所属领域的技术人员不可能实现这个跨越，正是这个区别使我们感受到了发明人的创造性；反之，如果不存在这样一条分界线，则并不能认为发明人的劳动是前人难以企及的，也就是说，不能认为发明人付出了创造性劳动。

这里使用了形式逻辑的"充分条件"概念，但在两个整体的特定条件下分析其相互之间的联系实际表达的仍然是一种辩证联系，是辩证因果关系的充分性。所以，所谓"充分条件性因果关系"应当被理解为建立在客观联系基础上的指向并引导所属领域普通技术人员能够设计出和推理出专利技术的已有技术内在联系的充分性。鞭长可及即"前面的路上能够看到"的实质含义也就在于此。任何形式逻辑的充分条件实质都是客观的实际的联系与规律性在思维领域中的一种体现形式。

美国联邦最高法院对于 KSR 案判决可以作为上述论点的一个经典证明。

注意到描述与表达创造性的充分条件性因果关系，注意到充分条件性因果关系可以作为表达事物与事物之间在历史发展上的质的分界线，注意到其他创造类型的诸如作品、商业标识、外观设计等创造性智力劳动成果与专利技术在创造性本质规定上的一致性，这里的研究结果即用两个整体之间不具有充分条件性因果关系表达在后智力劳动成果与在先智力劳动成果相比具有创造性的标准可以推广适用于其他知识产权法律部门。

三、专利法上创造性分析的基本类型

（一）分析标准的法律分类

在哲学上，在没有考虑到在先技术内部的技术相互之间的联系即在先技术内在联系的条件下，我们在分析标的技术对于在先技术之间关系时，认识到的只能是局部的、个别的联系。不难理解，如果我们能够发现标的技术对于在先技术之间存在局部的、个别的涉及标的技术形成、发展的依据或者根据时，这样的标的技术只能是在先技术的一种局部的、个别的联系，在这种情况下的标的技术与在先技术之间的差别也只能是一种局部的、个别的差别。整体上是否具有实质性差别则需要进一步具体分析。

进一步的分析应当将注意力转向在先技术的内部联系方面的依据的分析上。这样的分析要求将在先技术作为一个整体看待。在先技术的整体性体现在在先技术内部的技术相互之间的联系即在先技术内在联系，当我们将在先技术作为一个整体，以在先技术内部的技术相互之间的联系即在先技术内在联系为依据或者根据分析发现存在标的技术形成、发展的依据或者根据时，标的技术相对于在先技术虽然具有差别，但仍然不能认为存在实质性差别，因为这种情况反映出的是标的技术实质是在先技术内在联系中的一种发展形式，其发展仍然处于在先技术的范围之内。当我们将在先技术作为一个整体，以在先技术内部的技术相互之间的联系即在先技术内在联系为依据或者根据分析，没有发现存在标的技术形成、发展的依据或者根据时，标的技术相对于在先技术应当认为存在实质性差别，因为这种情况反映出的是标的技术已经不再是在先技术内在联系中的一种发展形式，其发展已经超出了在先技术的范围。

通过以上分析不难看到，传统的专利新颖性分析恰好对应于标的技术对于在先已有技术之间的局部的、个别的联系与差别，而不是与在先已有技术之间的整体联系与差别；非显而易见性则对应于标的技术对于在先技术整体上的联系即主要是以在先技术的内在联系为依据的分析。因此，专利创造性分析标准的法律分类可以依据其不同的哲学基础区分为新颖性与非显而易见性。或者说，新颖性与非显而易见性的法律分类实质上都是有各自不同的哲学基础的。

（二）分析标准的技术分类

根据以上标准，在具体分析创造性时存在如下一些基本类型。

1. 基于标的技术在内容上的规定性

标的技术的内容提供了一个判断创造性的基本依据。这个依据有两个方面的意义：

（1）技术特征数量上的规定性

标的技术与在先技术之间相比较可以出现缺少技术特征或者增加技术特征的情况，这种情况称为技术特征数量上的规定性。

与在先技术相比较，标的技术缺少相应的技术特征时，证明标的技术与在先技术两个整体之间不具有充分条件性因果关系，这种差别属于非显而易见性差异。与在先技术相比较，标的技术增加技术特征时，则需要依据标的技术与在先技术两个整体之间是否具有充分条件性因果关系，具体分析差异的性质。

（2）技术特征在质量上的规定性

标的技术与在先技术之间相比较可以出现对应性技术特征相同、相似、不同等各种情况，这类情况称为技术特征在质量上的规定性。因为在后技术的变形程度，从专利创造性分析角度看，直接反映了技术特征在质量上的规定性。

与在先技术相比较，标的技术可能出现各种变形，分析创造性时需要视具体情况分类具体分析。从与在先技术联系的角度，基于技术特征在质量上的规定性；对于技术特征的各种变形所具有的创造性与否，以下从形式规定性与实质规定性两方面予以分析。

2. 基于标的技术在形式上的规定性

与在先技术相比较，标的技术并不缺少相应的技术特征，只是相应的技术特征发生了属于在先技术提供的已知的对应性联系的技术特征上的变形即形式上的变形时，证明标的技术与在先技术两个整体之间具有充分条件性因果关系，这种差别属于不具有新颖性差异。

与在先技术相比较，标的技术并不缺少相应的技术特征，只是相应的技术特征发生了属于在先技术提供的未知的对应性联系的技术特征上的变形时，证明标的技术与在先技术两个整体之间不具有单一技术特征意义上的充分条件性因果关系，这种差别属于新颖性差异。

具有新颖性差异尚需要进一步分析创造性，因为其只是反映了标的技术与在先技术两个整体之间不具有单一技术特征意义上的充分条件性因果关系。

3. 基于标的技术在实质上的规定性

与在先技术相比较，标的技术并不缺少相应的技术特征，只是相应的技术特征发生了属于在先技术提供的已知的内在联系上的变形时，证明标的技术与在先技术两个整体之间也具有充分条件性因果关系，这种差别虽然属于新颖性差异，但不属于非显而易见性差异。

与在先技术相比较，标的技术并不缺少相应的技术特征，只是相应的技术特征发生了在先技术提供的未知的内在联系上的变形时，证明标的技术与在先技术两个整体之间不具有充分条件性因果关系，这种差别属于非显而易见性差异。

第二章　专利审查中的专利创造性分析

第一节　专利创造性分析的先行审查条件（一）
——客体范围制度审查

一、申请专利的主题首先应当属于技术

新修改的《专利法》将专利法律对于发明创造的定义从原《专利法实施细则》中提升位阶移到了《专利法》中作为该法第二条，其基本含义应当是强调了申请专利的主题首先应当属于技术。

根据本书第一章第一节的分析，技术是直接利用和改造自然物质世界以满足人类物质需要的方式方法。因此，判断一项申请是否属于技术，一是看作为方式方法所使用的手段是不是物质性的手段，二是看作为方式方法的目的即该手段是不是用于满足人类的物质需要。

关于手段的物质性，即该手段的直接作用对象应当是指向自然物质世界，并且应当是对自然物质世界直接进行利用与改造的方式方法。

关于目的的物质性，即所使用的手段应当是用于满足人类的物质需要。用于满足人类的物质需要又称为技术有用性。换个角度看，技术有用性是以物质性手段对人类物质生产劳动的替代作用。能够以物质性手段替代人类物质生产劳动的在技术上就是有

用的，就具有技术有用性。这也是从劳动创造财富的理论角度作出的推理。专利技术从对人类意义的角度看大致有三种类型：节省制造成本的；增加功能的；制造新产品的❶。三种类型都是与为了获得新技术效果之目的而全部使用传统劳动方式相比较的，所以，如果一项物质性手段能够替代人类物质生产劳动，就是有技术效果的，就是有用的，就是具有技术性的。

对于包含非技术性目的效果与非技术性手段的方式方法，应当首先在观念上将非技术性目的效果与非技术性手段分离出去之后再判断技术性。但只要其中包含一项或者一项以上的技术性目的效果与一项或者一项以上的技术性手段，就应当按照技术对待。

在是否属于技术的问题上，实践中争议比较大的情形有：

1. 纯粹从自然界中分离出来的天然形态的物质的可专利性

纯粹从自然界中分离出来的天然形态的物质，就该物质本身而言，属于人类的一种新发现。所申请专利保护的物质本身如果在自然界中本来就是以天然形态存在的，不是人工改造后的结构，该物质本身不属于技术，不属于专利法所保护的客体。只有当所分离出的物质具有某种特殊的用途（人类已经知道的共同用途如最普通的物质与能量用途除外）时，与该特殊用途结合起来的内容才构成技术。《专利审查指南2010》对从自然界中分离出来的物质授予专利权的规定应当要求申请人在专利申请的技术方案即权利要求中增加用途限定的技术特征，否则不应当授予专利权。

2. 涉及计算机程序的发明专利申请的可专利性

过去，西方发达国家专利审查机关曾经不认为计算机程序是技术，后来改变了看法。对于这个问题，我们应当从运行状态角

---

❶　杨延超. 知识产权资本化［M］. 北京：法律出版社，2008.

度、整体技术构成的角度认识，任何一种计算机程序最终都是要与硬件结合在一起之后才能运行，也就是说，计算机程序是为将来的实际运行而设计出来的。从将来实际运行角度看，计算机程序只是机器的一个组成部分，明显属于技术或者技术的一个组成部分。由于计算机程序是以电子计算机硬件技术为基础与技术支撑的，其运行时必须在电子计算机硬件上运行才能发挥作用，因而毫无疑问是一种技术。

作为专利申请的计算机程序也像其他专利申请一样，都是人类在技术领域的智力劳动成果，但这种技术类智力劳动成果实质是一种机械设计方案，属于技术。

最初的计算机语言是根据数字电路的特点设计的二进制编码系列以指示计算机运行的指令，后来改进的较高级与更高级语言都是在二进制编码语言技术基础上设计出来的，所以，目前的计算机语言无论多么高级，其背后的技术基础都是二进制编码语言。高级语言只是更加节约与更加方便的人机对话与交流工具。作为人机对话的工具，计算机高级语言实质上是在计算机二进制数字信号基础上研制出的用语言（目前主要使用了英语）简化词汇和符号表达的符号化指令。因此，计算机程序是一种特殊的机器语言。计算机软件实质是一种机械设计，属于技术，可以使用专利法保护。计算机程序能够提高计算机处理数据信息的能力，或者说提供了一种数据信息处理能力或者提高数据信息处理能力的计算机，解决了技术问题，具有技术效果。从另一个角度看，由于计算机程序需要与计算机硬件结合才能工作，而其与计算机硬件的结合必然使计算机呈现出新的功能，所以，计算机程序无论含有多少纯粹智力活动规则与方法，都属于技术手段的范畴。因此，应当认为计算机程序具有技术意义上的有用性，具有技术效果，并且是由技术手段依照数字电路技术原理设计出来的技术方案。当然这里所说的技术效果仅仅是指由真正意义上的技术所体现出的使计算机具有的功能被改变了的技术效果。因此，只有涉及计算机程序的发明专利申请的解决方案才可能具有技术属性。

同时我们也注意到，计算机语言作为人类表达的产物，具有语言表达的基本属性。因此，作为语言作品，计算机程序也可以取得著作权法保护，因为其创造性主要体现在类似"语言"的表达之中。当然，从属性上选择保护手段并不能否认计算机程序的技术属性。

但是，对于那些与其他机器相联系从而体现出更加具体的技术用途即具有具体的可列入 IPC 分类体系中的明晰的技术应用属性时，仅仅依靠著作权法则不足以保护其全部的智力创造成果，此时应当以专利法保护，专利法应当出面对这种计算机程序发明创造实施保护。

我国目前就采取上述保护方式。这种体制在目前条件下是科学的，也是适合当前的实际条件的。

3. 涉及商业方法等非技术性要素的专利申请方案的可专利性

涉及商业方法等非技术性要素的专利申请方案是否应当作为专利法的客体，在全世界争议极大。

笔者认为：纯粹的商业方法属于人类智力活动的规则与方法，本身不属于技术，不应当获得专利法保护。只有那些包含技术要素的商业方法，如含有使用计算机程序的商业方法，才可以成为专利法的客体，而且也只应当限于对其中所包含的技术部分的授权审查。因为只有那些包含技术要素的部分才符合技术的条件。

商业方法专利申请具有技术属性时也是技术，也可以授予专利权。目前所见到的商业方法专利申请争议多是使用电子技术的商业方法专利申请。这类申请借助其对于数据信息的处理能力以机器替代和节省人类生产经营活动中的某些劳动，具有技术效果，所使用的手段是将需要思考分析与计算的问题转化为技术数据信号进行机器分析与运算，属于技术手段。

涉及计算机程序的商业方法专利，即"商业方法电子技术专利"，在定性分析时需要还技术以本来面目：在计算机编程工作人员眼里，涉及计算机程序的商业方法电子技术的实质是，为了人类生产经营活动中的某些劳动通过机器变得更快捷、更有效率、更节省费用，也就是解决人类生产经营活动中的某些劳动中存在的问题，可以通过将人类的活动要素数字化、信号化，而在机器上进行的信号识别—信号获取—信号加工—信号输出等技术工作与技术活动。在这个过程中，我们看到了技术的各个组成要素的体现形式。而信号的社会经济意义不是技术的范畴，属于技术可以辅助完成的其他社会经济功能与任务。

过去关于涉及计算机程序的商业方法是否可专利的争议主要是由于没有将技术部分与非技术部分区分开。如在美国第5193056号专利无效案即SSB案中，美国联邦巡回上诉法院将不属于技术意义的商业有用性混进了技术之中，混淆了商业有用性与技术有用性这两个有联系但也有区别的概念。在理解涉及计算机程序的商业方法专利时，应当将非技术特征转化为技术特征即特定的数据信息看待，具体就是将涉及计算机程序的商业方法专利所处理的具体数据的属性从分析对象中除去（被加工的具体数字信息的商业意义不属于技术范畴，不具有技术意义），对剩下的纯粹技术性内容按照上述关于计算机程序的分析方法对待。

4. 药品的剂型、剂量也属于技术的组成部分

药品的剂型、剂量属于满足人类治疗疾病需要的方式方法的组成部分（后面将论证人类治疗疾病需要的方式方法也属于技术），是物质性手段，可用于满足人类的物质需要，当然属于技术。

北京市高级人民法院（2008）高行终字第378号行政判决书

对用药特征对制药方法发明专利的限定作用在现有法律条件下作出了判断。该判决书基本内容如下（也供后述论证疾病的诊断与治疗方法应当纳入专利保护范围观点之参考）：

在默克公司诉专利复审委员会及第三人河南天方药业股份有限公司（简称天方药业公司）发明专利权无效行政纠纷一案中，默克公司系名称为"用 5-α 还原酶抑制剂治疗雄激素引起的脱发的方法"的发明专利的权利人，天方药业公司以本专利不符合专利法第二十二条第二款、第三款有关新颖性和创造性的规定为由，向专利复审委员会提出无效宣告请求，并提交了一份在先欧洲专利。本专利与在先专利区别在于：（1）本专利限定该药物的使用剂量为约 0.05～3.0mg；（2）本专利限定了给药方式为口服，在先专利没有限定给药方式。专利复审委员会认为，上述区别（1）为用药特征，对于制药方法的技术方案不起限定作用，在新颖性、创造性的评价中视为不存在。区别（2）虽然也涉及药物产品的使用方法，但是其一般隐含一定的产品技术特征，如口服给药要求其辅料必须适于口服，这就对辅料的选择起到了限定作用，即上述区别（2）在一定程度上对药物产品起限定作用。本专利权利要求1也因此具有新颖性。默克公司主张物质的制药用途与药品的制备方法不同。但由于本专利所有权利要求相对于现有技术不具备创造性，专利复审委员会决定宣告本专利权无效。一审法院维持了专利复审委员会的决定，并认为制药用途权利要求的保护范围并不包括医生以何种剂量给予患者该药物对其进行治疗的行为，否则会限制医生在诊断和治疗过程中选择各种方法和条件的自由，从而损害公众利益，也有违我国专利法的立法宗旨。

　　北京市高级人民法院认为，专利复审委员会、默克公司或原审法院的上述三种观点都不能成立。首先，化合物的医药用途发明专利通常采用的权利要求撰写方式为"化合物 X 作为制备治疗 Y 病药物的应用"这种典型的医药用途权利要求。这种方式是为了解决"化合物 X 用于治疗 Y 病"为疾病治疗方法不能授予专利权这一专利法的困境，其真正保护的是化合物 X 的医药用途。如果化合物 X 的医药用途落实到药品的制备上，则可以视为药品的制备方法，效果与"治疗 Y 病的药物的制备方法，其特征在于应用化合物 X"等同。因此，默克公司的上述主张不能成立。其次，医药用途发明本质上是药物的使用方法发明，如何使用药物的技术特征，即使用剂型和剂量等所谓的"给药特征"，应当属于化合物的使用方法的技术特征而纳入其权利要求之中。实践中还有在使用剂型和剂量等所谓"给药特征"方面进行改进以获得意想不到的技术效果的需要。此外，药品的制备并非活性成分或原料药的制备，应当包括药品出厂包装前的所有工序，当然也包括所谓使用剂型和剂量等"给药特征"。当专利权人在所使用的剂型和剂量等方面作出改进的情况下，不考虑这些所谓"给药特征"不利于医药工业的发展及人民群众的健康需要，也不符合专利法的宗旨。所以，专利复审委员会的上述观点也是难以令人信服的。再次，医药用途发明权利要求通常包括药品物质特征、药品制备特征及疾病适应症特征，而医生的治疗行为仅仅涉及如何使用药物的技术特征，不涉及药品制备特征，且医生的治疗行为并非以经营为目的，不会侵犯专利权。将剂型、使用剂量等技术特征纳入医药用途发明权利要求不会限制医生治疗行为自由，原审法院的担心也是不必要的。但由于本专利不具有创造性，北京市高级人民法院维持了原审判决。

二、申请专利的主题应当符合专利法律类型的要求

《专利法》第二条对于发明与实用新型的客体范围分别作出了不同的规定。申请专利不得违背这些规定。

其中，适合申请实用新型专利的也一定适合申请发明专利。能够申请实用新型专利的也能够申请发明专利，因此，两者之间存在权利竞合的问题。所以，实践中有许多将实用新型专利转化为发明专利的做法，但笔者不赞成转化。从法律上反对这种转化，具体理由见本章第二节关于禁止重复授权的分析。

三、申请的专利不得违反基本法律秩序

《专利法》第五条是任何一个国家的法律对于专利保护的基本原则性要求。该条的核心在于适用的直接结果不应当危害基本的法律秩序与社会安全。作为法律底线，在具体执行第五条时，当然是不得危害最基本的法律秩序与最基本的道德秩序，不得侵害社会公共利益。可供参照的理解是 TRIPS 第 27 条第 2 款："各成员为了保护公共秩序或道德，包括保护人、动物或植物的生命或健康，或者为了避免对环境造成严重损害，有必要制止某些发明在其领土内进行商业实施的，可以将这些发明排除在可专利性以外，但是以这种除外并非仅仅因为法律禁止实施为限。"

应当注意的是，从法律规范角度看，《专利法》第五条适用的直接结果所要求的不得违反的是法律的禁止性规范，不应当包括法律的限制性规范。因为在限制性规范之外还有可以利用的价值与领域，也因为可能的滥用属于间接使用性质。法律对于制造、销售与间接使用的禁止与限制不属于专利法所排除的范围。这样规定，符合基本法律秩序对专利保护的基本要求，同时也保

留了专利技术可带来的正常使用的利益。

同时，该条也将《专利法》与其他实体法律联系到一起，因此，即使在实体法律上也不能孤立地认识、把握和执行《专利法》第五条。

目前司法实践中存在的《专利法》尚未明确规范到的主要法律问题有：

1. 剽窃他人技术申请专利问题

剽窃他人技术申请专利问题（日本与国内部分学者将此现象称为冒认专利，规范与学说多样，这里不再一一评述）需要具体区分剽窃他人技术申请行为的不同程度与性质加以处理。剽窃时尚未公开的，由于发生了法条竞合，实质发明人可以主张专利权利归自己所有，这种情况下实质发明人应当承担侵权人的专利申请费与维护费，如天津市第一中级人民法院（1995）中知初字第18号对天津海水淡化与综合利用研究所诉牛自得发明创造专利权归属案判决；也可以依照《反不正当竞争法》对商业秘密保护的法律规定要求获得赔偿。但这两类请求权应当只能选择其中之一。国内有学者采信日本主流观点主张宣告专利无效。但笔者不赞成请求宣告该专利无效。笔者认为，对于这种情况应当视为只是申请人的资格不合法，并非整个专利不合法，因而也无须考虑侵权申请人申请日与实质申请人申请日之间的第三人申请的利益问题，因而不应当宣告专利无效。何况宣告专利无效后实质申请人的利益也将因此而受到一定的不利影响。对于剽窃已经公开的技术申请专利的，属于民法规定的侵害社会公共利益的欺诈行为，依照《民法通则》第五十八条规定，应当拒绝授权，授权之后发现的也应当和只能宣告无效。

2. 侵犯共同发明人的权利问题

与上述类似的理由，共同发明人之一违反默契保密义务申请专利之后，违反默契保密义务或者明示保密义务一般不构成该专利无效的理由。受害人可以通过权利归属诉讼解决。

四、申请专利的主题不得属于专利法特别予以排除的范围

应当排除在专利保护范围之外的类型一般包括三类：不属于技术的科学发现；智力活动的规则与方法；影响国家安全的用原子核变换方式获得产品技术。可以由其他特别法律保护的技术如动植物品种、以保密方式保护的技术秘密也应当排除在专利保护范围之外。

目前，我国《专利法》第二十五条除上述三种类型外还包括疾病的诊断与治疗方法。从《专利审查指南2010》看主要有两种理由：一是违反人道精神；二是不属于产业。我们知道，人道主义作为的一种思想体系，提倡关怀人、爱护人、尊重人，主张以人为本、以人为中心的这样一种世界观。笔者认为，不通过专利保护鼓励公开医学技术恰恰是不人道的，对于发明者是这样，对于需要利用或者获得利用新技术机会的疾病患者更是这样。病人希望利用一切先进的技术包括专利技术治疗自己的病情，医生可以通过与专利权人协商等方式使用专利技术。具体法律关系可以由医生所在单位与专利权人依法协商专利使用事宜，确实构成严重妨碍时国家还可以考虑强制许可。否则由于发明技术一直处于保密状态，患者与医生连可能获得使用的机会都没有。另外，不能以工业生产为标准限制技术的运用，技术本来就是为人类服务的，具体的服务方式并非只有通过工业化生产方式进行，可以有无限多样的使用方式，目前的产业使用标准本身并不是一个科学的界限明确的概念，也束缚人类自己利用技术的手脚，应当废除（详见本节最后一部分内容的分析论证）。美国等国家就将疾病的诊断与治疗方法纳入专利保护范围之中。以医生反对或者不人道为理由限制或者拒绝，实际后果是许多医学发明创造技术只能以

技术秘密方式存在，其他医生与患者根本不能获得这些可供选择的信息。疾病的诊断与治疗方法属于利用人体生理运动的自然规律解决人体对于恢复健康体质状态的物质需求，因而属于技术。在没有其他合适的法律予以保护的条件下，疾病的诊断与治疗方法应当纳入专利保护范围。

对于动植物品种，目前我国是通过其他法律保护，笔者认为将来在专利局审查条件具备时也可以将其划归为属于可专利主题的生物产品。包括基因等遗传物质、微生物、动物、植物的整个生物界是人类赖以生存的重要物质、能源资源环境，处于生态金字塔顶端的人类一直在想方设法改造生物界以满足人类的物质需求。目前人类对生物界的改造能力已经发展到能够从基因水平上对其施加影响，在这个过程中，许多新的技术也就不断涌现出来，包括改造后具有新的使用价值的动植物品种如转基因动物、转基因植物、转基因微生物等。对于人类有意义的被改造了的动物、植物、微生物及其改造方法，具有技术性，在没有其他法律限制的情况下，无疑应当成为可专利性主题。当然，本来就是自然界中原始存在的动物、植物、微生物即使是第一次发现包括第一次分离提纯出来，是不应当授予专利权的。根本原因就在于该物质属于人类的科学发现，其本身不属于技术。同时，这样做将在无形中剥夺他人通过其他方式更有效地获得该物质的权利，尤其是发现其他新用途的权利（因为保护之后等于保护了所有已经知道的用途和所有尚未知道的用途）从而将造成对社会公众的严重不公平，也超出了发明人的创造性贡献范围。所以，我国《专利审查指南2010》根据发达国家的做法制定的关于化学生物专利的四项规定在多处是存在问题的。

因此，不应当简单地否定所有的生物都具有可专利性，也不应当简单地肯定所有的生物都具有可专利性。在这里，关键是其是否具有技术性，即在生物的制造、使用方面是否形成了技术内容，符合技术概念的组成要件。在判断是否属于技术时，最关键的一个问题是，在生物的制造、使用方面是否存在作为技术手段的因素，当技术手段成为生物的制造、使用方面的必要条件时，我们说在其中存在技术，具有技术内容，在没有其他法律限制的情况下，可以成为可专利性主题。在这个分界线问题上，欧洲专利局的做法是看人工因素对于在生物的制造、使用方面所追求的效果是否具有控制与决定性的影响。笔者认为这个要求太高，容易将一些虽然在生物的制造、使用方面具有影响但不具有控制与决定性的影响的技术忽视，从专利技术原理上考虑，只要存在人的必要技术手段，就体现出来人的智力劳动，就是技术，就可以成为可专利性主题。

　　一种经过人类改造过的生物申请为专利，通常应当进行用途限定。这里以早期曾经作为美国也可能是世界对于生物技术保护开山判例的美国联邦最高法院关于 Chakrabarty 案的判决为例说明。Chakrabarty 之前，已经有人用一些细菌清理石油污染，但这些细菌清理石油污染效果并不理想。Chakrabarty 尝试通过细菌细胞间的接合作用，将几种相溶性的质粒转移到同一细菌细胞中，由于每种质粒上都带有编码参与对不同石油成分的降解作用的酶的基因，因此，这种同时带有几种质粒的细菌具有能对船用 C 级锅炉燃料油这样的复杂烃类的超强降解能力，而且石油一旦被清除干净，细菌也将自解消亡，为此，人们称这样的细菌为"超级细菌"。Chakrabarty 的专利申请有 36 项权利要求，其中包括对该类细菌本身的申请。显然，该种细菌已经不是一种天然状态天然存在的细菌，而是一种被人类改造过的细菌，已经成为人类技术的产物与产品，并具有特殊的技术使用效果，符合技术的概念，具有技术性，通过技术用途限定的该种细菌可以成为可专利性主题。如果没有技术用途限定，则可能会限制他人对新用途的研究与发现。所以，应当要求专利申请人在对该专利申请的权利要求施加用途限定的基础上保护该专利技术，否则应当以不能确定属于可专利主题为理由予以驳回。（这里的分析也表明，在权利要求撰写中用途限定有时也是完全必要的）

由以上分析可知，技术性是生物发明取得专利保护的第一必要条件，同时对于生物产品应当在专利申请中以用途限定方式限定该生物发明的用途。其他可专利性条件涉及社会道德问题，如克隆人技术是世界各国公认的不应当授予专利的生物发明技术。

第二节　专利创造性分析的先行审查条件（二）
——先申请制度审查

先申请制度是对最先申请的专利予以授权审查，对后申请的同样专利不予考虑。因此，先申请制度所要排斥的是与在先申请具有相同内容的专利申请，即与在先申请在保护范围上具有相同内容的专利申请不予考虑。与在先申请具有相同内容的专利申请包括两种类型，一是与在先申请的保护范围完全相同的专利申请；二是能够覆盖在先申请的保护范围的专利申请。从这个角度来说，先申请制度与专利法上新颖性的审查尺度是一致的。

随着美国专利法由先发明制修改为先申请制，先申请制已经成为世界各国的主流性认识。先发明制是最公平的，但难以执行。先申请制实质是先公开制度，便于操作，但由此可能导致先发明制绝对公平性的部分失落。关于实际意义上的先发明人与名义意义上的先发明人之间的关系处理这个问题，我们应当区分民法意义上的发明人与专利法意义上的发明人，将民法意义上的发明人认定为实际意义上的先发明人也是真正意义上的发明人，而将专利法意义上的发明人认定为特殊意义上的发明人（当然大多数是真正意义上的发明人，只有部分是名义意义上的发明人），进而各自进入不同的法律体系分别调整其法律关系。在存在实际意义上的先发明人导致实际意义上的先发明人与专利法确认的名义意义上的发明人发生冲突时，名义意义上的发明人只在专利法上有地位，不影响、不排斥、不消灭实际意义上的先发明人在民法普通法上的地位与权益。

先申请制度审查的含义比禁止重复授权制度范围宽，禁止重复授权制度不足以概括先申请制度的全部内容。所以，本书中使用先申请制度来表达与讨论包括禁止重复授权制度在内的各种内容。先申请制度审查包括如下三方面内容。

一、排除重复申请

权利之间相互不应当冲突是法律赋予权利的基本要求。即使是由于立法技术造成的权利竞合，权利人无论在什么情况下都不得重复主张权利。由于不得重复授权，重复申请也应当是力求排除的，除非是同一人重复申请。

本制度是从申请角度防止重复授权，所以是在申请环节上的先行审查预防重复授权制度。包括：

（一）同一天不同人的重复申请应当排除，可以由申请人之间协商确定保留的申请，否则应当全部予以驳回

《专利法实施细则》与《专利审查指南 2010》均作出了上述规定，体现了排除重复申请的精神。

对于同一人在同一天的重复申请，专利法不宜直接作出限制，但这并不意味着可以放任同一人在同一天重复申请。对于同一人在同一天的重复申请，只能对于先审查的申请授予专利权，对于后一申请应当驳回。也就是说专利申请人没有由一种申请转换为另一种申请的可能。因为对前一申请授权之后，专利申请人如果以放弃该专利为条件请求对后一专利申请授权，由于前一专利通过声明已经进入公有领域，任何人都可以自由使用，这不仅使后一申请的授权失去了意义，更重要的是专利权人的权利不得

对抗社会公众利益。对后一专利申请授权，将与由于专利申请人以放弃该专利而产生的社会公众利益发生冲突。所以，现行《专利法》第九条规定"同一申请人同日对同样的发明创造既申请实用新型专利又申请发明专利，先获得的实用新型专利尚未终止，且申请人声明放弃该实用新型专利的，可以授予发明专利"是值得商榷的。实用新型专利终止后，社会公众中的使用者以实际使用的是效力终止后的专利技术或者说该技术已经进入公有知识范围进行抗辩是正当的，这样，发明专利权实质将被架空，所以，对专利权人也不利。

应当注意，在同一日将独立权利要求与从属权利要求分别在不同申请案中申请专利不属于重复授权。实践中出现的问题也是尺度不清楚问题。提及这个问题，是因为科万商标投资有限公司外观设计专利无效行政案件中最高法院的裁定认识不够正确❶。为避免影响到技术类专利的审查，有必要在此作出分析。《审查指南2006》前后要求自相矛盾。案件审理当时执行的《审查指南2006》第二部分第三章第6节认为：《专利法》第九条或《专利法实施细则》第十三条所述的"同样的发明创造"是指两件或两件以上申请（或专利）中存在保护范围相同的权利要求。但是，《审查指南2006》第四部分第七章第1节则作出了偏离上述规定精神的出格的规定。相比之下，前一规定是正确的，后一规定是错误的。外观设计也有新颖性与创造性之分，设计特征数量的增加造成的影响属于创造性评价范围，不属于新颖性评价范围，不应当作为专利申请是否重复的审查标准，即不应当将创造性的审查标准提到重复授权的审查中。而且在理论上，同一日的技术相互之间不属于在先已有技术，即不属于现有技术。就该案而言，设计特征数量增加与减少应当进入实质性差异的分析审查范围，

---

❶ 参见：最高人民法院（2008）行提字第4～8号行政判决书。

否则，国家专利局也难以承担如此巨大的工作量。因此，最高法院关于染色机外观设计专利系列案判决是值得商榷的。实质是对于相同与相似这个标准的尺度认识区分不科学。

（二）与在先申请抵触的在后申请应当排除

（1）这也是从申请权角度直接进行的控制和处理，与后面讨论的重复授权的处理有所区别。这一规则简称抵触申请制度。

先申请制度的实质是先公开制，在先申请公开后即使没有获得授权，也是在先申请人对社会公有财富的贡献，应当予以优先对待和支持。所以，与在先申请抵触的在后申请应当排除。

（2）抵触申请即在先申请在后公开的同样申请。判断是否"同样"的尺度应当是不具有新颖性。详见本章第三节的讨论。

（3）抵触申请应当从新颖性的规定中分离出来，单独在先申请制度中作出规定。

在实质意义上，抵触申请不属于现有技术。在审查程序上，在实际的专利审查过程中，最初发现的只是一些由于申请时间在先而可能影响授权的在先技术之一，因此，抵触申请在审查专利时不一定就能够立即发现与确定（如申请人请求先行公开与请求先行审查时有的在先申请可能并未公开，特别是发明专利申请）。所以，从这个意义上看，实际检索发现的在先申请技术不一定都是现有技术。对于可能发展成为抵触申请的技术，需要单独予以跟踪，以便在确定是否构成抵触申请之后确定是否完成全部审查工作。而那些由于种种原因没有发展成为抵触申请的在先申请则不影响正在审查的专利申请的审查。因此，可能成为抵触申请的申请对实质审查的影响需要特别对待。不应当简单地将可能发展成为抵触申请的在先申请与现有技术混在一起对待和处理。因此，对抵触申请应当单独和专门予以监督与处理，应当单独制定法律规范予以规范。

二、禁止重复授权

这是先申请制度在授权环节进行控制的重要体现，即禁止重复授权是先申请制度的一个下位制度。

（一）重复授权的认定尺度

权利存在层面上，最高人民法院在其（2007）行提字第 4 号行政判决书中认可的关于重复授权审查标准的观点是："专利法上的禁止重复授权，是指同样的发明创造不能有两项或者两项以上的处于有效状态的专利权同时存在，而不是指同样的发明创造只能被授予一次专利权。"这种观点没有注意到专利之间的相互独立性，严重违背了《民法通则》第七条关于民事法律行为不得损害社会公共利益的基本法律原则。最高人民法院判决认可的禁止重复授权标准等于说认为可以两次授权。这将侵犯社会公共利益，因而违反了民法的基本原则。就该案而言，在后申请与授权的发明专利在保护范围上显然覆盖了在先的并已经转化为社会公共财富的实用新型专利。正确的标准应当是在后出现的专利不得与在先授权的专利相同。北京市高级人民法院对于该问题的认识才是正确的："1993 年 1 月 1 日起施行的专利法实施细则第十二条第一款规定，同样的发明创造只能被授予一项专利。同样的发明创造是指技术领域、所要解决的技术问题和技术方案实质上相同的发明创造，授予一项专利是指授予一项发明专利或者实用新型专利。"按照现在广义的抵触申请概念认识，实用新型专利是在后申请的发明专利的抵触申请。附带指出，最高法院应当对该案在前一轮有效法律诉讼程序中的舒学章关于两专利相同性之陈述适用禁止反悔原则而未适用。适用禁止反悔原则之后，在权利要求内容逻辑关系上，应当认为在后申请的发明专利申请覆盖了在先申请的实用新型专利。

在上述专利无效行政案件判决中，北京市高级人民法院连具体理由都讲出来了，性质就是在后申请的发明专利申请侵犯了社会公众的权益。前一申请的专利权放弃之后，实用新型专利权利就消失了，但相关法律事实并没有消失，法律意义就是该实用新型专利技术上权利与利益成了社会公众的公共财富。理论上专利与专利之间是相互独立的，从分析法律关系角度看，实用新型专利与发明专利各有各自独立的法律关系运行通道、运行路线。试想，被控侵权人如果使用该终止后的实用新型专利对抗发明专利的侵权指控，法院将如何处理？最高法院忽视了该放弃行为的另一对社会公众而言的法律后果。该专利无效案实际存在两项与社会公众利益与权利的冲突：一是授权之前的冲突，与发明专利的临时保护期发生了重复——发明专利申请日为 1992 年 2 月 22 日，1993 年 9 月 1 日公布，授权日为 1999 年 10 月 13 日。实用新型专利申请日为 1991 年 2 月 7 日，1992 年 2 月 26 日授权，1999 年 2 月 8 日终止。二是授权后与实用新型专利上的公众权利冲突。专利之间法律关系各自独立。

　　至于最高法院在该案裁定中提到的中国专利局一直是这样做的，是不符合事实的。作为申诉人的专利复审委员会实际也提不出任何证据来，因为《专利审查指南 2010》规定授予发明专利的条件是当时实用新型专利仍然有效，才可以以声明放弃实用新型专利为条件获得发明专利。该案根本不是这种情况。

　　在进行是否重复授权的判断时，同样的发明创造重复的尺度应当是不具有新颖性。新颖性标准详见本章第六节的讨论。上述舒学章专利无效案属于覆盖在先专利型的不具有新颖性。提及这个问题，还是因为最高法院关于科万商标投资有限公司外观设计无效案走向了创造性标准，是不应该的。科万商标投资有限公司外观设计无效案案号包括：最高人民法院（2008）行提字第 4 号行政判决书，最高人民法院（2008）行提字第 5 号行政判决书，最高人民法院（2008）行提字第 6 号行政判决书，最高人民法院

（2008）行提字第 7 号行政判决书，最高人民法院（2008）行提字第 8 号行政判决书。《专利审查指南 2010》规定的基本规则是以保护范围相同作为判断是否重复授权的依据。被宣告无效的专利与对比专利不属于保护范围相同的发明创造。理论上，对于同一天申请的专利（包括外观设计专利）判断是否重复授权只能适用不具有新颖性的相同性标准，不能使用创造性标准。而且同一天申请的专利相互之间互相不属于在先已有技术，也就不能用于评价创造性。同时增加设计特征的外观设计也不属于新颖性审查范围。同样设计特征数量上的增加与减少不构成相同，属于创造性审查范围，如对著名的惰钳式门专利无效案，北京法院两审判决得到了时任最高人民法院院长的任建新在《最高人民法院工作报告》中给予的肯定。另外，最高人民法院在上述判决中使用的作为判决依据的染色机（外观设计专利号为 02332561.5，申请日为 2002 年 7 月 19 日，2003 年 2 月 12 日公告），也不属于该案专利的抵触申请。以抵触申请为理由宣告其他在后申请的专利无效，也应当采用新颖性标准，不应当采用创造性标准。因此，该案以抵触申请为理由宣告专利无效既超出了对行政行为的司法审查范围（严重超出了无效请求的事实与理由），在实质意义上也不正确。因此，该系列案件的结论应当是原二审北京高级法院判决结果正确。

（二）对覆盖在先申请的在后申请与授权专利的对待问题

对覆盖在先申请的在后申请与授权专利，理论上与法律上都只能是对后一申请（前一专利构成了抵触申请）予以驳回，授权后应当宣告无效。

有专家认为可以先宣告前一专利无效，然后对后一申请授权。这种观点是错误的。这条路走不通，因为缺少宣告无效的法律依据。

德国有将一种专利整体上直接转化为另一种专利的做法，笔者认为这种做法容易引起法律管理秩序上的不便甚至混乱。

根据上述分析，笔者的意见是只能拒绝对在后申请的授权，不赞成现行《专利法》第九条对同一日申请的同样内容专利的授权规则。

三、不得超范围修改专利申请文件

本条规则是先申请制度在专利审查过程中的延伸与体现。

（一）《专利法》第三十三条的具体含义

《专利法》第三十三条分解后，应当理解为：对说明书的修改不得超出原始权利要求书与原始说明书记载的全部内容范围，对权利要求的修改则不得超出原始权利要求书（除非是为了克服原独立权利要求无新颖性或创造性、缺少解决技术问题的必要技术特征、未清楚地限定发明或者未以说明书为依据等缺陷）及其说明书中对权利要求有特别限定的内容范围。即第三十三条有两层具体含义：

（1）权利要求书的修改不得超出原始申请文件所要求保护的范围。不得扩大范围，除删除技术方案权利要求之外，也不得缩小范围。

（2）说明书内容的修改不得超出原始权利要求书与支持原始原始权利要求书的原始说明书公开内容的总范围。国际上发达国家的专利说明书格式表明，创造专利法及其主要发展历史的发达国家普遍认为权利要求是说明书的组成部分。在我国权利要求是专利申请文件的组成部分，因此可以被看作是广义的说明书的组成部分，因此，专利说明书的适应性修改只能发生在将权利要求书中的内容补充进入说明书。《专利审查指南 2010》第二部分第二章第 3.2.1 节中也规定："当要求保护的技术方案的部分或全部内容在原始申请的权利要求书中已经记载而在说明书中没有记载时，允许申请人将其补入说明书。"

上述适应性修改规则的理由是：权利要求直接涉及专利权利范围下的申请日时效利益的争夺问题，因此，不应当允许后来的修改超出原始权利要求书的范围。当然，这也包含了说明书中的内容不能补充到权利要求书中的要求。另一方面，原始申请文件公开的内容是申请人的申请内容，所以，申请人应当有权利将权利要求书中的内容补充到说明书中。其实，欧洲美国等发达国家的专利申请中权利要求只是专利说明书的组成部分（文件格式上是放在说明书最后作为说明书的组成部分），这个事实表明我们应当并且可以将权利要求书中的内容作为说明书的内容看待。另外，非支持原始权利要求书的原始说明书公开内容原则上不影响申请日及其实质审查内容，所以，技术名称，技术领域，背景技术部分以及技术内容部分、具体实施方式部分中与权利要求无关、不支持权利要求的内容的修改不应当受限制。可见，说明书可以进行适应性修改，权利要求书则不允许进行适应性修改。

（二）关于《专利法》第三十三条的修改建议

（1）"记载的范围"建议修改为"记载的申请内容范围"。因为记载内容包括了技术领域、背景技术两个部分，而技术领域、背景技术这两个部分是可以修改的。

（2）《专利审查指南 2010》中的上述规则过于严格，应当放宽到从原始申请文件中能够合理推理出的内容都可以作为修改范围。具体可参考专利复审委员会编著的《专利授权其他实质性条件》专利复审委员会第 1655 号复审请求审查决定第 183 页与第 567 页。

在写出上述观点与内容之后，笔者又注意到 2011 年 4 月 18 日发布的《最高人民法院知识产权案件年度报告（2011）》中提出的专利申请文件的修改是否超出原说明书和权利要求书记载的范围的判断标准，恰好也印证了笔者的上述观点。相关具体内容摘录如下：

在精工爱普生株式会社"墨盒"专利无效行政案【（2010）知行字第53号】中，最高人民法院认为，原说明书和权利要求书记载的范围应该包括原说明书及其附图和权利要求书以文字或者图形等明确表达的内容以及所属领域普通技术人员通过综合原说明书及其附图和权利要求书可以直接、明确推导出的内容；只要所推导出的内容对于所属领域普通技术人员是显而易见的，就可认定该内容属于原说明书和权利要求书记载的范围；与上述内容相比，如果修改后的专利申请文件未引入新的技术内容，则可认定对该专利申请文件的修改未超出原说明书和权利要求书记载的范围。

（三）修改不得超范围规则与解释权利要求等专利申请文件之间的关系

修改规则是用于固定最初的申请内容，忠实地执行先申请制度的要求；而解释权利要求书等专利申请文件则是以在先现有技术为依据。所以，解释权利要求书等专利申请文件可以超出权利要求书等专利申请文件的范围，但是修改则不得超出权利要求书等专利申请文件的范围。

（四）关于变相修改的两个问题

1. 仅仅记载在专利说明书中的技术内容不应当被允许提出分案申请

实践中有一种做法是单纯从说明书中的内容（权利要求中没有）提出分案申请，这种做法显然违反了本法律条文的规定。因为说明书不是权利请求，不是申请保护的权利要求内容，尽管其可以在必要时用于解释权利要求。既然分案申请所申请的是专利权利要求，依据《专利法》第三十三条规定，分案申请也不得超出原始权利要求的范围，即仅仅记载在专利说明书中的技术内容不应当被允许提出分案申请。

2. 仅仅记载在专利说明书中的技术内容不应当享有优先权

其实，专利申请人没有将有关技术写进权利要求中，是对自己权利的处分。该处分是合法的行为，导致的法律后果是没有写进权利要求的技术在公开之后直接进入公有知识范围。而主张优先权应当是以在先有效的申请专利保护的权利为基础，因此，以后主张优先权时，主张优先权的基础必须是权利要求，仅仅记载在专利申请说明书中的技术内容不应当享有优先权。如果允许，也违背了《专利法》第三十三条规定。笔者的这种观点与《保护工业产权巴黎公约》（下称《巴黎公约》）第 4 条（H）款的规定不一致，具体怎样处理是立法与司法机关的职权范围，学理上还是应当讲清楚。

第三节　专利创造性分析的先行审查条件（三）——公开制度审查

这是对专利申请文件在表达内容上的基本法律要求。说明书应当清楚、完整，达到所属领域普通技术人员能够实现的程度。权利要求书应当以说明书为依据，清楚、完整地限定专利保护的范围。

一、公开充分要求的基本理论依据

专利申请文件包括权利要求书与说明书。专利法对它们各自的公开内容提出了不同的要求，但都是围绕各自的特点提出的相应的公开要求，都应当达到相应的足够公开的程度。

关于专利申请文件的公开要求在理论上有许多学说，其中最流行的是契约论学说。按照这种学说，专利法要求专利申请人以公开换保护。严格说来，专利申请人应当以贡献换保护，而不是简单地以公开换保护。因为在逻辑上，公开只是获得专利保护的一个必要条件。公开之后，是否能够获得保护可能还是在猜想过程中，因为在公开之后，还有更加艰难的专利三性实质审查条件在恭候。笔者不反对从契约论角度认识专利法律制度，但仅仅指望以公开换取法律保护的理由是不充分的。

美国司法界现在比较认可的学说是占有学说。占有学说的"占有"是指对一个成型物（这里是指对技术这种抽象存在的概念物）的占有，而占有从技术角度看这是一项可以称为"技术"的事物自身应当是清楚的、完整的，包含了通常意义上的技术的各个必要构成要素。所以，占有学说与公开充分的法律要求最贴近。但是，仍然应该强调的是，并非公开充分就能获得法律保护，还是因为公开只是专利申请获得保护的一个必要条件。

笔者认为，理论上，公开充分只是获得专利权的一个必要条件，并非充分条件。公开充分并不当然就能够获得专利保护。实践上，公开充分是专利保护客体对象化、特定化、明确化的一个基本步骤和基本要求。专利保护客体总是要落实到特定的对象上，并且需要明确地表达出来，使国家审查机关知晓而便于审查，进而在公开之后能够为社会公众知晓，因而是专利法律制度发挥功能的一个必要的中间环节，一个必经环节，一个必要条件。否则，专利法律制度将无从发挥作用。因此，公开充分是专利申请人为获得专利权而应当承担的义务之一。

应当指出的是，此处尚不要求针对权利要求保护技术的创造性作出判断，因为这样就相当于将后面要判断的专利创造性问题提前或者隐含到本条要求中。由此，公开充分的判断也是专利三性判断的前提性条件。北京法院在专利行政案件司法审查实践中也是这样对待与操作的。有人喜欢用所属领域的普通技术人员是否需要付出创造性劳动来描述或者判断公开是否充分，是借用创造性的说法表达公开的程度，并非就是判断专利的创造性。

二、专利说明书应当充分公开与请求保护的技术内容相关的全部技术要素

按照《专利法》规定，专利说明书公开与充分要求所应当达到的逻辑尺度是在内容上应当清楚、完整，程度上应当达到所属领域普通技术人员能够依据说明书得以实施的程度。

从立法宗旨的角度，对于申请专利技术的公开要求不仅应当公开，而且公开应当充分，因此，法律对于申请专利技术的公开的要求应当是清楚的、完整的，不应当有任何欠缺。否则，所属领域的技术人员难以理解和掌握该"技术"，该技术还是没有公开或者完全公开，对于所属领域普通技术人员来说还只是一个幻想性技术，不是一个现实性技术，不是一个能够实施的技术。

上述要求中，"清楚"应当是第一位的，"完整"是第二位的。至于是否清楚，是否完整，显然只能以所属领域的普通技术人员作为衡量标准，即以所属领域的普通技术人员能够理解与掌握即能够实现为标准。

法律对说明书的公开要求有别于甚至是要高于权利要求书。说明书在公开时应当具体包括技术方案、技术解决问题、技术效果三要素所组成的整体。而包括技术方案、技术解决问题、技术效果三要素所组成的整体都应当公开——清楚、完整，也就是要达到所属技术领域的普通技术人员能够实现的程度。

实践中有关问题的对待与处理：

1. 公开的审查判断可以进行合理的推理

实质是分析判断技术完成的程度，所以，可以借用创造性判断尺度，必要时进行合理的推理判断。如伟哥案公开的事实只限于第五组，其他可以通过合理的推理认识其公开充分的问题。由此可以理解为什么部分审查决定中使用的"合理预期"、"合理期待"、"合理预测"、"合理推想"等概念与措辞也能够很好地表达我们对于公开充分程度的认识。应当指出的是，这种逻辑推理的

逻辑尺度应当是对于本领域普通技术人员而言，在先已有技术整体上对于包括技术方案、技术解决问题、技术效果三要素所组成的专利申请技术是否具有充分条件性因果关系。

2. 实施例并非说明书公开要求的必要条件

美国专利法对实施例也提出要求，但实践中还是应当根据具体申请内容确定是否需要用实施例完成公开充分的任务。因为说明书公开要求的判断主体是本领域普通技术人员的判断能力。本领域普通技术人员的判断能力中就包含了在先已有技术❶，当在先已有技术已经相当充分时，专利说明书的内容可以相对而言适当简化，不一定必须有实施例。

3. 专利说明书中错误陈述技术效果的处理

专利说明书中错误陈述技术效果的存在，实践中见于最高法院审理的广东通宇通讯设备有限公司与摩比天线技术（深圳）有限公司侵犯实用新型专利权纠纷一案❷。该案涉及对第01235587.8号、名称为"一种伸进型全向天线馈电结构"的实用新型专利的侵权诉讼。该实用新型专利权利要求3中的"凸台与金属固定套的尾端有一定的距离"实际上是为了不妨碍金属固定套与金属连接器之间的连接而提出的。说明书中出现了错误解释，应当请求宣告该限定的技术特征的技术效果为无效陈述。部分无效的真正意义在于进一步限定专利创造性的审查范围。由于设定凸台的目的在于径向定位（在专利说明书没有陈述设定凸台的目的条件下只能依据在先现有技术推理其技术目的与技术效果），所以，该案在宣告权利要求1无效基础上，应当可以判定引用权利要求1的权利要求3无效。

---

❶　参见：《专利审查指南2010》第二部分第四章对于"本领域普通技术人员"的定义。

❷　参见：最高人民法院（2009）民申字第1533号民事裁定书。

4. 说明书中断言技术效果的处理

如无锡市隆盛电缆材料厂、上海锡盛电缆材料有限公司与西安秦邦电信材料有限责任公司、西古光纤光缆有限公司侵犯专利权纠纷一案❶涉及第01106788.8号、名称为"平滑型金属屏蔽复合带的制作方法"的发明专利，该专利说明书中称"极大地降低了断带的可能性"说明减少断带是断言，由此，在缺少对比试验数据条件下，也应当认为与此并列的所谓"不起包、不分层、不脱模"也属于断言。由于使用细目钢辊对塑料膜拉毛将使得"剥离强度优异"的技术是在先已有技术的公知常识，所以，从该专利说明书中发明人自己承认的仅仅以此为发明点的"平滑型金属屏蔽复合带的制作方法"技术将不具有创造性。

断言技术效果既不符合公开要求，也不符合事实。因此，可以对技术效果的断言宣告无效。虽然部分对技术要素的断言被宣告无效不应当作为一个专利无效的理由，不能直接导致整个专利无效，即不应当作为宣告专利无效所使用的法律规范要求，如果将其作为专利法律一级规范地位偏高，容易引起误导。但可以作为二级审查规范，可以作为技术内容部分无效即局部无效的理由，在二级专利法律规范中规定。部分无效的真正意义在于进一步限定专利创造性的审查范围。

断言的具体判断应当指向以权利要求技术方案为核心要素的全部技术内容。是否断言以所属领域的普通技术人员的理解为标准。

5. 专利说明书内容部分公开不充分的法律后果

专利说明书内容部分公开不充分的法律后果在理论上可以是导致整个专利无效，也可以是只能导致部分陈述无效。因此，部分内容公开不充分并不必然导致整个专利无效。在实践中应当注

❶　参见：最高人民法院（2008）民申字第1395号民事裁定书。

意区分不同情形。如仅就专利中的基本技术解决问题与基本技术效果之外的内容而言，除可以推理出来的部分内容之外，通常可以以属于断言为理由宣告部分陈述无效。但也不要小看申请和审查机关对这部分陈述宣告无效，因为在宣告部分陈述无效之后，对于无效请求人来说就在一定程度上扫除了对专利其他部分宣告无效的障碍，进而避免审查机关以此为理由维持专利有效（实践中尚未见到这样的做法，这里的认识是从部分无效案件中无效请求人的教训中总结出来的）。因此注意到这种情况与主张这种权利对于无效请求人意义非常大。在涉及专利实施的谈判中严格审查这个问题对于专利受让方与使用者进行价格条件谈判、对于风险投资方进行投资条件谈判也是非常有实际意义的。

三、权利要求书应当以说明书为依据，清楚、完整地限定要求专利保护的范围

（一）权利要求应当清楚

权利要求的自身要表达清楚，具体涉及技术主题名称、技术特征、权利要求之间的引用关系三个方面都要清楚，《专利审查指南2010》中根据审查实践对此作了许多具体规定。清楚的程度与边界在理论上应当以本领域普通技术人员的理解能力为标准。说明书对权利要求中的技术特征有特别限定的要注意该特别限定也要清楚，所谓该特别限定也要清楚的判断标准仍然是以本领域普通技术人员的理解能力为标准。

在该法律规范中，比较难以处理的问题往往发生在技术主题名称、技术特征之间的关系处理上。权利要求的技术主题名称、技术特征之间不仅应当在技术内容上相适应，而且应当在技术类型上相适应。产品权利要求不允许全部使用方法技术特征限定，方法权利要求不允许全部使用结构性技术特征限定。产品权利要求使用方法技术特征限定、方法权利要求使用结构性技术特征限

定时，只能限于局部，并建议今后《专利审查指南》以位于发明点的技术特征的性质确定权利要求所属的技术类型作为对这类混合型权利要求的规范。

（二）权利要求应当完整

《专利法》第二十六条第四款对权利要求提出了"简要"的要求。理论上权利要求不够"简要"不是宣告一个专利无效的充分条件。因为，"不简要"只是内容上有所重复，在不因此而影响理解的条件下，本领域的技术人员能够理解专利申请人实际表达的含义，因此，以"不简要"为理由宣告一个专利无效对于专利申请人是不公平的。实践中，也尚未见到以"不简要"为理由宣告一个专利无效的案例。因此，建议在《专利法》中取消"简要"的规定，"简要"的要求可以作为二级审查规范，不应当作为宣告一个专利无效的理由。但是，可以作为技术内容部分无效即局部无效的理由，在二级规范中加以规定。

但是，"简要"有一个最低限度的要求，这就是不应当缺少必要技术特征。而不应当缺少必要技术特征的要求属于对权利要求表达完整性的要求。

权利要求"完整"主要是指不应当缺少必要技术特征。如果权利要求应当有用途限定而没有加以用途限定，则可以优先通过其他规则处理。如对某种天然物质本身提出的权利要求申请不属于技术，不符合《专利法》第二条规定，当然也可以说是申请的权利要求缺少必要技术特征。

我国《专利审查指南2010》第二部分第二章将必要技术特征定义为："必要技术特征是指，发明或者实用新型为解决其技术问题所不可缺少的技术特征，其总和足以构成发明或者实用新型的技术方案，使之区别于背景技术中所述的其他技术方案。"根据这一规定，《专利审查指南2010》提出："判断某一技术特征是否为必要技术特征，应当从所要解决的技术问题出发并考虑说明书描述的整体内容，不应简单地将实施例中的技术特征直接认定为必要技术特征。"

确定必要技术特征涉及技术问题的确定。这个"技术问题"常常成为专利授权审查的起点。具体确定这个技术问题时需要注意独立权利要求技术方案与说明书所指出的技术问题之间的相互关系即对应关系，并以这种对应关系为基础整体判断技术问题。笔者建议以独立权利要求技术方案与说明书所指出的基本技术问题相互之间的最低限度的对应关系为尺度对待权利要求的完整性问题。具体说，独立权利要求技术方案所能够解决的技术问题超出了说明书所指出的技术问题的，应当认定权利要求是完整的；说明书所指出的技术问题内容如果过多，独立权利要求技术方案能够解决其中一个技术问题的，可以要求专利申请人修改专利说明书以使说明书所指出的技术问题与权利要求所能够解决的技术问题相适应、相对应，经过修改后的权利要求应当被认为是完整的。此外如果权利要求技术方案解决不了说明书所指出的任何一个技术问题，则应当认为权利要求是不完整的。这样做，是以专利申请文件所表达出来的最低限度的技术内容为依据、为起点的，对专利申请人与社会公众都是合理的。

完整的权利要求体现在不得缺少必要技术特征，无论是独立权利要求还是从属权利要求均是如此，即不应当局限于独立权利要求。实际上，独立权利要求与从属权利要求是相对的，前一权利要求不予授权或者被宣告无效，则后一权利要求就成为独立权利要求，所以，完整即不应当缺少必要技术特征的要求，应当既适用于独立权利要求，也适用于从属权利要求。《专利法实施细则》第二十条作出了不得缺少必要技术特征规定，只是针对独立权利要求，范围过窄，应当在修改时适当扩展适用范围，主要是从与上下级技术解决问题的对应关系上规范从属权利要求的撰写。《专利法实施细则》第二十条第二款不得缺少必要技术特征规定是本条下的一个特别条款，是对于《专利法》第二十六条第四款的一项特别规定（因为缺少必要技术特征是技术不完整的一种情况），可以优先适用。缺少必要技术特征反映的是技术方案与技术效果之间的关系不协调、不对应。独立权利要求不得缺少必要技术特征，从属权利要求在自己的技术问题解决层次上也不得缺少对应的必要技术特征。从属权利要求也有完整性的要求，不能仅要求独立权利要求完整。试想，当独立权利要求被宣告无效后，在新的独立权利要求中又如何认识和处理技术方案与技术解决问题之间的关系？

与《专利法实施细则》第二十条第二款相对应，《专利法》第二十六条第四款对权利要求提出的"简要"二字应当修改为"完整"。

（三）权利要求应当以说明书为依据

权利要求书是在专利说明书使用长达几百年之后诞生的。从这个事实足以使我们想象得出，权利要求书是在新的愿望之下产生的，它有别于已经使用悠久的专利说明书。世界专利法早期的专利说明书身兼多项任务：公开技术、证明创造性、确定专利保护范围、侵权诉讼中用于对权利要求不够清楚之处进行解释等。权利要求书制度的创立就是将原来专利说明书的确定专利保护范围这个功能分离出来，单独地、清晰地、明确地、专门地用于确定专利保护范围。从此，这个最初产生于诉讼中确定保护范围困难的问题、专利权人主动在说明书最后独立表达的权利要求成为专利申请文件中最重要的部分。所以，虽然权利要求书主要是用于界定专利保护范围的，界定的任务自然要求权利要求书自身应当清晰、完整；同时，权利要求书是专利申请文件的一部分，《专利法》第二十六条第四款也要求权利要求书承担公开充分要求的任务。从权利要求书起源于说明书所固有的局限性这一事实上看，权利要求理所当然地一脉相传地继续承担公开充分的任务，虽然权利要求书有自己的新的主张权利保护范围的任务。从逻辑上看，超出说明书范围的内容即不以说明书为依据的内容，也肯定属于公开不充分的内容；模糊不清楚、技术内容不完整的内容也都属于不以说明书为依据的内容，也肯定属于公开不充分的内容。由于能够得到说明书支持的内容的公开是否充分问题由《专利法》第二十六条第三款管辖，所以，位置在后的第二十六条第四款"权利要求应当以说明书为依据"之要求只需要管辖说明书公开充分之外的内容。

正是由于脱胎于专利说明书，权利要求书不应当在内容上跳到专利说明书之外去表达自己，即只应当以专利说明书为依据，其提炼与概括应当是适当的，应当有专利说明书的内容作为依据和支撑。

本款要求是关于权利要求对于说明书来源关系的规范。权利要求来源于说明书，权利要求对于说明书在来源关系上要相对应，除非概括适当，否则不应当超出说明书所公开表达的内容范围只是不再涉及说明书中提出的技术解决问题与技术效果。

由于权利要求来源于说明书，因此权利要求应当与说明书有很好的内容上的对应关系。当然这种对应关系并非绝对对应，因为所属领域的普通技术人员依据其对现有技术的了解可以理解到部分尚未完全撰写到说明书中但属于权利要求保护范围的内容。因此，权利要求对于说明书来源关系的具体表现形式可以有两种：直接的对应关系与间接的对应关系（即概括关系）。

概括关系中最重要的是概括的合理性尺度问题，对此应当：

1. 概括性技术特征在理论上应当与其全部外延相对应，具有周延性，既不扩大也不缩小

从相反角度看，实施例与概括性技术特征之间应当具有合理的推理关系。当不能由实施例合理地推理出概括性技术特征时，概括就是不适当的。具体可参照专利复审委员会对于第

00801877.4 号发明专利所作出的第 12242 号复审请求审查决定。

2. 概括性技术特征既要在形式上得到说明书支持，还要在实质上得到说明书支持

撰写实践中常常是先写出权利要求书，然后仅仅将权利要求的文字内容搬到说明书中，这样做不等于满足了权利要求以说明书为依据的要求。仅仅"形式上支持"就是指专利说明书在外观上有与权利要求相同或者相对应的内容，但是缺少具体的足以使所属技术领域的技术人员能够从说明书充分公开的内容中得到或概括得出该项权利要求所要求保护的技术方案的具体技术内容。《专利审查指南 2010》对此所作的规定是："权利要求的技术方案在说明书中存在一致性的表述，并不意味着权利要求必然得到说明书的支持。只有当所属技术领域的技术人员能够从说明书充分公开的内容中得到或概括得出该项权利要求所要求保护的技术方案时，记载该技术方案的权利要求才被认为得到了说明书的支持。"

3. 功能性概括的技术特征应当理解为覆盖了所有能够实现所述功能的实施方式

《专利审查指南 2010》规定："对于权利要求中所包含的功能性限定的技术特征，应当理解为覆盖了所有能够实现所述功能的实施方式。"而《最高人民法院关于审理侵犯专利权纠纷案件应用法律若干问题的解释》第四条规定："对于权利要求中以功能或者效果表述的技术特征，人民法院应当结合说明书和附图描述的该功能或者效果的具体实施方式及其等同的实施方式，确定该技术特征的内容。"最高法院解释只是对侵权判断的解释，而且这种解释是受美国法律影响的"舶来品"，是切断与已有技术联系的人为规定，有可能造成对于专利权人的不公平，专利审查不应当以此为依据。实际审查中可以通过要求专利申请人举证的方式对待和具体处理（目前对于最高法院这一司法解释的具体对策

性做法见第三章第二节）。

四、《专利法》第二十六条第四款与第三款之间的关系

实践中最困难的是《专利法》第二十六条第三款与第四款之间的关系如何处理。

权利要求清楚、完整的要求主要是对技术方案的要求，而说明书清楚、完整的要求是对整个技术内容的要求。权利要求从说明书中独立出来之后，法律对权利要求就应当有独立于说明书的要求。从逻辑角度考虑，第二十六条第四款中关于"清楚、完整"的要求应当优先于第二十六条第三款适用。如果权利要求本身存在不清楚、不完整的问题，说明书的公开就失去了对象与目标。因为说明书公开充分的判断以专利申请的保护范围为对象，而专利申请的保护范围根据《专利法》第五十九条主要由权利要求书决定，所以，应当首先要求权利要求清楚、完整。权利要求本身包括在必要时参考说明书介绍仍然不清楚、不完整时，不需要进一步审查说明书，就可以否定专利申请。所以，仅就权利要求的清楚、完整规范要求而言，《专利法》第二十六条第四款应当优先于第二十六条第三款适用。

《专利法》第二十六条第三款是对于与表达即公开相关的技术内容内部各要素之间相互关系所提出的要求，专利法第二十六条第四款中的"以说明书为依据"仅限于对技术方案的来源关系所提出的要求，此处不涉及技术解决问题与技术效果要素的分析（即使整个第二十六条第四款将来修改增加"完整"要求，也只有"完整"要求在具体分析时才涉及技术解决问题要素）。《专利法》第二十六条第三款是关于说明书的公开的要求，《专利法》第二十六条第四款中的"以说明书为依据"是关于权利要求的公开的要求——权利要求范围主张不应当超过限度。因此，权利要求书的公开的要求与说明书的公开的要求是不相同的。因此，

《专利法》第二十六条第三款应当要比《专利法》第二十六条第四款"以说明书为依据"的要求优先适用。

唯一的重合情况是，说明书公开的技术方案不充分（完整的技术方案与技术解决问题技术效果的关系不在此列），则相关联的权利要求也必然得不到说明书支持。即严格说来，只有在这种情况下，可以同时选择两个条款请求宣告无效（实际上是一种法条竞合）。虽然都是宣告相关联的权利要求无效，但即使在这种情况下，从法律适用的直接性考虑，也应当优先适用《专利法》第二十六条第三款。

第四节　专利创造性分析的先行审查条件（四）
——实用性制度审查

一、申请专利的技术应当具有实用性

依照第一章第一节提出的关于技术的概念，技术都是用于满足人类物质需求的。但是，并非所有的技术都能够在实际意义上满足人类的物质需求，只有在实际意义上能够满足人类物质需求的技术，才应当授予专利权。

世界早期的专利法是将实用性要求确定为技术达到事实证明了的实际有用性（与当时的技术条件与经济目的相关联和适应，早期专利法要求已经实际实施或者提供模型、样品即通过证据证明实际的实施事实），那么，随着对技术认识能力的提高与社会经济条件的发展，特别是随着充分公开要求制度的提出与建立，现代专利法早已不再苛求于这一过分严厉的含义了。另一方面，虽然技术是用于满足人类物质需求的，但是，技术用于满足人类物质需求的属性是最一般意义上的（主要是与其同等次的科学发现等概念相区分），不是具体意义上的，尤其是一项技术有用不

等于能够实际应用，不等于能够为人类社会（具体到授予专利权的国家）所接受。因此现代专利法的实用性在技术的有用性含义之外，应当有自己特有的含义与要求。

现代专利法意义上的实用性要求应当有两方面含义：一是实际可行性；二是社会有益性。

（一）实际可行性

对于技术实质上是否具有可行性的审查，属于专利法上实用性审查的第一项基本要求。对自然物质原有结构与原有运动形式进行改变以实现人类物质需要目的的方式方法，应当具有实际可行性。"可行性"作为人类的一种认识，本身可以是推理性质的，所以，美国法律规定了多项具体推理的条件，如要求特定、实在、可信。其中，特定的实用性是指不应当只是同类物质的用途，应当具体化为区别于同类物质共同用途之中的某一特定、特别、特殊、特有用途，当然也可以是完全不同于同类物质共同用途的用途。笔者认为，这个要求作为专利实用性要求的内涵是不妥当的，因为用途的特定性都是相对而言的，任何用途都是一般性与特殊性的统一，从人类对技术发展的愿望看，同样的用途下也可以诞生出不同的技术。"可行性"应当根据所属领域普通技术人员的能力作出判断与推理。试图从"可行性"中抽出某些要素取代"可行性"及其本质含义并不明智。

从法律规范的目的考虑，这里所谓"具有实际可行性"就是既要符合自然规律、不违背自然规律，又要考虑人类生存的全部客观条件、社会发展的可接受能力以及所能够提供的行为能力。实际可行性需要考虑现实的技术经济条件能否实际地解决技术问题与实现技术效果。前者最典型的如永动机类技术，无论公开多么充分，都是不具有实用性的；后者如日本专利审查指南中提到的对在全球大气层中建一层生物膜以防止紫外线对人类的伤害的技术拒绝授予专利权。专利审查实践中涉及比较多的是技术方案角度的无再现性问题，如由随机因素导致的、对独一无二的自然条件的依赖导致的、违反自然规律导致的技术等。

（二）社会有益性

与一般意义上的技术有用性不同，这里的"社会有益性"体现为人类社会整体对于可以专利方式保护技术的价值选择。技术的外延是宽广的，但是，能够为人类社会（具体到授予专利权的国家）所接受的技术则是应当有所选择、有所限制的，并非所有的技术都应当授予专利权。应当授予专利权的技术对人类社会（具体到授予专利权的国家）来说应当是有益的，不应当是可能带来严重危害的。因此，从法律角度，即从社会整体利益角度认识、把握与规范一项新的发明创造与人类社会的关系，避免对人类社会明显无益的技术进入专利保护范围还是有实际意义的。我国《专利审查指南2010》对所要求保护的技术如果确实属于明显无益与脱离社会需要提出了拒绝授予专利权的要求，这样规定可以避免对申请人与社会造成的双重损失，有其必要性。

另外，不应当以能够在产业上适用作为实用性的内涵与条件。何况，"产业"一词也并不是一个边界明确的概念。经济上已经划分出第三产业。仅仅从物质生产角度，当今社会里许多新技术的产生常常导致一个新产业的诞生。根据第一章第一节关于技术概念的分析，笔者建议将《专利审查指南2010》实用性概念的规范中的"产业"二字改为"物质生产活动"。

二、实用性与《专利法》第二十六条第三款的关系

《专利法》第二十六条第三款的中心词是公开要清楚、完整，因此，只要是由于公开不够清楚与公开不够完整导致所属领域的普通技术人员不能实现的，应当由第二十六条第三款管辖。公开已经清楚和完整，但所属领域的技术人员仍然不能实现的，应当由规定实用性的第二十二条第四款管辖。实质上，当说明书公开

已经清楚和完整，但所属领域的技术人员仍然不能实现的，多是由于申请技术的固有缺陷造成的，所以，不属于申请人表达不能的问题，是属于更深层次的问题。

公开不充分的技术一般是难以判断其具有实用性的。无论是未公开任何技术方案的、已公开部分技术方案的（《专利审查指南 2010》列举了五类情况如缺乏必要技术特征、技术特征之间的关系错误等情形），由于均没有全部公开技术解决问题、技术效果所需要的全部技术方案，又由于实用性是指向要求保护的由说明书中所追求的技术解决、问题技术效果所指向的整体技术内容的，所以，公开不充分的技术在授权之后也都是不具有实用性的。显然，公开不充分的技术他人无法认识与理解，更无法依照其公开的内容使用，也就失去了作为专利保护的整体社会价值。退一步说，现在公开不充分的技术即使进一步做到公开充分，受多种尚未限定但随机性相关影响因素的制约，是否能够再现存在随机性即不确定性❶，因而是否符合实用性也不一定。

公开充分要求曾经是实用性规范功能的剥离。从专利法的历史发展过程看，公开充分要求是从实用性要求中分离出去的，成为特别限制的可以优先适用的规范。但（正是）由于公开充分要求只是从技术方案的完整、技术方案与技术解决问题技术效果之间的关系审查，所以，不可能全部承担起原始法律设计者专门为实用性审查设计的全部功能。因此，实用性要求仍然可能有所作为，在理论上仍然应当强调实用性的重要法律地位。

《专利审查指南 2010》第二部分第五章第 3.2 节的审查基准是：

专利法第二十二条第四款所说的"能够制造或使用"

---

❶　具体案例可以参见国家知识产权局专利复审委员会对第 02148558.5 号"活吃活鲤鱼的烹饪方法"专利与第 200410013211.5 号"一种诱发水稻抗氯磺隆体细胞突变体的方法"专利所作出的宣告无效审查决定。

是指发明或者实用新型的技术方案具有在产业中被制造
或使用的可能性。满足实用性要求的技术方案不能违背
自然规律并且应当具有再现性。因不能制造或使用而不
具备实用性是由技术方案本身固有的缺陷引起的，与说
明书公开的程度无关。

上述规定中的第三句话反映了国家知识产权局对专利实用性
与公开充分规定之间关系的认识。这意味着即使专利申请文件公
开充分，仍可能存在不符合实用性的问题。

以上分析表明，即使公开充分，也可能存在不具有实用性的
问题，更可能存在不具有创造性的问题（相对于创造性要求，实
用性要求最容易满足），因此，从发达国家学者那里流传过来的
"以公开换保护"的说法，实际是带有相当程度片面性的。仅仅
是公开充分，不足以承担起专利法的宗旨与历史使命。

有人认为："实用性是一种门槛式的低要求，技术方案只要
具有技术特性，能够在产业中应用即可，充分公开却是要求申
请专利的技术方案能够被所属技术领域的一般技术水平的技术
人员所实施。"根据本节上述内容分析，这种观点应当是错误
的，实用性并非如另一些人所说的"仅为授予专利权的入门级
条款"。

三、实用性的判断与新颖性、非显而易见性的判断的关系

有人认为：实用性的判断与新颖性、非显而易见性的判断有
较大的区别，新颖性和非显而易见性的判断都是将申请专利的发
明创造与申请日之前的在先已有技术进行比较；实用性涉及的是
对发明创造本身性质的判断，而不是一种比较性质的判断。应该
说，从判断的内容上看，实用性的判断和新颖性、非显而易见性
的判断是彼此独立的，相互之间没有关联，因此无论是先评价实

用性还是先评价新颖性、非显而易见性都不应认为有什么逻辑上的不当。❶

上述观点在理论上并非完全正确。但是，将申请专利的发明与申请日之前的在先已有技术进行比较的判断是对专利申请技术与在先技术整体联系的判断，而对发明创造本身性质的判断是一种专利申请技术方案与社会物质需求之间联系的判断，后者更突出地体现出对人类的价值判断，而价值判断是应当优先考虑的。因为一项专利申请不具有实用性，在分析的价值目标意义上则不需要判断新颖性、非显而易见性。而且在实际判断过程中，先判断实用性，后判断新颖性、非显而易见性，在一些不具有实用性的场合将大大减少专利审查的工作量（在逻辑上，实用性判断仅仅涉及判断新颖性、非显而易见性的个别要素），即避免大工作量的检索对人力资源的浪费，节约程序，缩短审查时间。所以，从实践角度，先判断实用性，后判断新颖性、非显而易见性也是合理的。因此，《专利审查指南 2010》要求在审查新颖性、非显而易见性之前应当先审查实用性，在理论上与实践上都是有合理依据的。

第五节 作为专利创造性分析依据的现有技术

一、评价专利创造性的现有技术的概念

（一）评价专利创造性的现有技术的一般概念

现有技术本身在通俗意义上只是一个特定时间（如讲话者讲话时）之前的技术，通常是公开的技术。这些技术可以以各种方

❶ 国家知识产权局条法司. 新专利法详解［M］. 北京：知识产权出版社，2001：152.

式存在于世界各地。

为了评价一项专利申请技术的创造性，需要将该技术与在先已经公开的技术进行分析比较，这些用于评价专利申请技术的技术创造性的在先已经公开的技术，就是现有技术。《专利法》将评价专利创造性的在先已有技术称为现有技术。

需要注意的是，现有技术之间的联系仍然属于现有技术。那种认为只有一份文件中的技术才是一项现有技术的认识，割裂了现有技术之间的联系，因而是不正确的。

另外，专利说明书中背景技术部分中的背景技术不一定就是现有技术。如基于自己在先尚未公开的专利申请之背景技术等。也有可能是申请人撰写经验不足造成在"背景技术"部分不适当地介绍了自己的发明创造技术相关内容的情况。

根据第一章第四节的分析，从评价创造性的目的要求出发，评价专利创造性时对技术的限制只有时间上的特别限制与要求，没有空间上的限制。所以，世界各国各地区已经公开的技术都可以成为评价专利创造性的现有技术。

（二）抵触申请不属于评价专利创造性的现有技术

与评价专利申请的创造性有抵触的申请即抵触申请不属于现有技术。

（1）抵触申请的判断标准，在主体上应当是不受限制的（也可以与自己的在先申请构成抵触），在时间上应当是申请在先公布在后，技术内容上应当是新颖性标准。不应当执行非显而易见性标准。

（2）抵触申请不属于现有技术，因此不能将其列入现有技术与专利技术的因果性联系推理分析范围，因此也不应当用于评价专利创造性，即既不能用于评价作为形式性差异的专利新颖性，更不应当用于作为实质性差异的专利非显而易见性。因此，笔者不赞成目前《专利法》将抵触申请用于评价专利新颖性的意见。

在专利创造性分析的早期法律意义上，以及现代法律意义上，抵触申请从来就不是评价专利创造性的技术。使用抵触申请评价专利创造性包括新颖性，偏离了专利创造性包括新颖性的传统职能；将需要等待其他专利审批结果的问题（抵触申请的审查意义考虑与安排）与可以及时作出评价的现有技术混为一谈，没有从功能上区分开来，不利于问题的实际处理。而专利新颖性的评价是不需要等待的。

（3）抵触申请虽然不属于现有技术，但在时间上又确实在本专利申请之前，属于在先申请技术。可能构成抵触申请的申请在最初发现时具有现有技术的时间性特点；但不一定最后公开，所以又具有潜在性。与抵触申请抵触的本专利申请在本质上是属于可能违反先申请原则的技术，需要特殊处理和特殊对待，需要纳入可能构成重复授权的问题中处理。因此抵触申请问题的意义与新颖性评价是根本不同性质的法律问题。

（4）至于实际的有可能抵触的在先申请不等于就一定发展为抵触申请。也就是说，在实际审查工作中，对于有可能抵触的本专利申请的审查更应当单独作为一种特殊类型进行规范，或者将潜在的抵触申请作为一种特殊类型的评价资料进行管理与处理。这似乎是一个由于审查时间的存在而难以避免的一个问题。抵触申请具有潜在性的影响，本质上是先申请原则与避免重复授权原则在授权审查过程中的体现，只是《专利法》规定由新颖性审查承担了这个"额外"的任务。所以，我们自然感觉到抵触申请只影响新颖性、不影响创造性（即本书所指的非显而易见性）审查，有些别扭。为了统一，笔者建议在今后的立法中将抵触申请单独分离出去。因为《专利法》对于此类问题毕竟有一个单独的理由，即第九条，涉及抵触申请问题的处理应当并入《专利法》第九条，抵触申请应当单独依照《专利法》第九条处理。这样，新颖性与创造性（即本书所指的非显而易见性）的审查依据与评价根据就可以统一为现有技术。

二、现有技术公开的时间标准

现有技术公开性审查包括公开时间、公开方式与公开内容三个方面。其中，现有技术公开的时间审查标准包括申请日、优先权日、宽限期。

（一）申　请　日

专利申请日之前的技术才有可能成为现有技术，专利申请日当天公开的技术显然不能作为现有技术看待。

给予申请日之后，最重要的工作之一是审查是否存在抵触申请。抵触申请及其审查具体见前述。

按照申请日的上述要求，在作为评价目标专利的专利说明书背景技术部分介绍的技术都不是现有技术，通常只能作为现有技术的线索。即使从专利申请人自认角度，也应当由专利申请人在法庭上认可后才能作为现有技术看待。

（二）优先权日

优先权日确定的前提是优先权成立。因此需要进行优先权审查。

享有优先权的法律条件比较多，这里重点分析"相同主题"即实质性条件与载体即形式性条件。

"相同主题"的尺度应当采用不具有新颖性标准。（关于不具有新颖性的尺度具体见下一节分析）

我国《专利审查指南2010》第二部分第八章对于核实"作为要求优先权的基础的在先申请是否涉及与要求优先权的在后申请相同的主题"所提出的要求是：

判断在后申请中各项权利要求所述的技术方案是否清楚地记载在上述在先申请的文件（说明书和权利要求书，不包括摘要）中。为此，审查员应当把在先申请作为一个整体进行分析研究，只要在先申请文件清楚地记载了在后申请权利要求所述的技术方案，就应当认定该在先申请与在后申请涉及相同的主题。审查员不得以在先申请的权利要求书中没有包含该技术方案为理由，而拒绝给予优先权。

所谓清楚地记载，并不要求在叙述方式上完全一致，只要阐明了申请的权利要求所述的技术方案即可。但是，如果在先申请对上述技术方案中某一或者某些技术特征只作了笼统或者含糊的阐述，甚至仅仅只有暗示，而要求优先权的申请增加了对这一或者这些技术特征的详细叙述，以至于所属技术领域的技术人员认为该技术方案不能从在先申请中直接和毫无疑义地得出，则该在先申请不能作为在后申请要求优先权的基础。

上述规定应当是对《巴黎公约》第4条（H）款的规定理解与执行而来的。《巴黎公约》第4条（H）款规定：

不得以要求优先权的发明中的某些要素没有包含在原属国申请列举的权利要求中为理由，而拒绝给予优先权，但以申请文件从全体看来已经明确地写明这些要素为限。

笔者认为，这是对专利申请人的一种过强的保护。

笔者认为应当以在先申请请求保护的范围作为是否成立优先权的审查基准。通常应当以权利要求书的内容为准，说明书（狭义的）可以用于解释权利要求。一方面，不应当仅仅以权利要求书的内容为绝对标准，是因为有时说明书对权利要求的技术特征有特别限定，赋予权利要求的技术特征非本领域普通技术人员所能够想到的含义，从而使权利要求所主张的保护范围与通常仅根据权利要求书所理解到的保护范围不相同。另一方面，从公开之后的法律关系看，按照美国法律最早确立的捐献原则，对于没有写进权利要求中的技术，社会公众可以自由使用，所以，优先权必须是写进权利要求中的技术。无论对于外国优先权还是本国优先权，都没有必要采取这种甚至是违背其在先申请意愿的专利保护，当然主要还是基于对社会公共利益保护的要求的考虑。目前的许多做法中是仅仅就说明书中的技术主张优先权不正确。尚未公开的似乎可以，但是，如果没有写进权利要求中，就没有充分的主张优先权的理由与合法依据。因此，笔者也认为我国《专利审查指南 2010》关于"审查员不得以在先申请的权利要求书中没有包含该技术方案为理由，而拒绝给予优先权"的规定是错误的，不应当允许"只要（在说明书中）阐明了（在后申请）申请的权利要求所述的技术方案即可"。因为没有请求专利保护的技术实际是专利申请人自愿捐献给社会的技术，不能再成为享有优先权的依据。由此推论，原则上也不应当允许单纯从说明书中分案申请。分案申请原则上应当从权利要求中分出。否则应当按另一新的申请对待，不得享有优先权。因为，先申请制度的实质是先公开制，先公开制结合权利要求制度对于申请人来说就是先占位制。没有进入权利要求保护范围的开发技术，在公开之后，即成为公众可以自由利用的技术；应当理解为向社会的捐献，申请人不得再就此主张权利，否则将构成对社会公共利益的侵犯。因此，仅仅写进说明书中而没有写进权利要求中从而未进入专利法律保护范围的新技术，不应当作为优先权要求的基础。

不执行《巴黎公约》第 4 条（H）款的规定，可能被认为是涉嫌违反国际公约，但是在执行国际公约过程中有一个公认的国际法安全阀，即执行国际公约不得违背本国作为主权国家的社会公共利益。

（三）宽　限　期

宽限期属于各国政府为鼓励发明创造早日公开而给予专利申请人的特别优惠权，也可以说是法律政策所给予专利申请人的特别照顾。从立法目的考虑，只要是从发明人处传播出去的技术信息（发明人只需要证明该技术是从发明人处传播出去的就可以满足法律要求，至于其后的二次传播不是本类问题研究时需要考虑的），都不应当影响发明人或者发明人所在单位（职务发明条件下）在一定期限内申请专利的权利。为保证早日公开后发明人获得足够的是否申请专利的决策时间，这里的"一定期限"在时间上不宜太短，根据美国等发达国家的经验，以一年为宜。相比较之下，我国《专利法》第二十四条规定在传播方式上与期限上都还是显得过于保守。

至于宽限期中使用者的利益问题，通常情况下，由发明人自愿公开的，由《专利法》第六十九条赋予的先用权予以保护，因此，发明人自愿提前公开的，应当注意到这种法律风险与限制。只有对于通过非法如窃取方式获知该技术而使用的，法律应当拒绝被告的先用权抗辩。

三、现有技术公开的一般标准

现有技术公开的方式可以多种多样，重点是需要把握好公开标准的审查尺度。

现有技术构成公开的法律标准：在法律意义上技术信息公开应当是指知晓者（包括实际知晓者与可能的知晓者）对所知晓的信息不承担保密义务。所以，技术公开是一个应当从法律角度分析的概念。

技术公开的法律类型可以分为两大类：已经事实公开；或者已经具备了任何人想知道就可以知道的条件。

对于已经事实公开，知晓者实际是社会公众中的一个代表。代表知晓的事实本身证明了技术不受限制的客观传播的事实，同时，代表者知晓后又具备了向更多人传播的条件，不负有保密义务的知晓者可以向外传播就具备了社会公众可以知晓的状态。欧洲专利局申诉委员会认为：只要公众中有一个人能够接触到信息并能理解这一信息而又不存在保密义务，该信息就被认为是公众可以获得的。❶ 北京市高级人民法院（2004）高行终字第 438 号行政判决认定了在加工承揽合同履行过程中技术已经公开，是这方面的一个重要判决。

对于已经具备了任何人想知道就可以知道的条件，从信息传播角度看，所谓"任何人想知道就可以知道"是指具有了实际传播的可能性的条件。这些条件使用法律语言表述就是为任何人想知道就可以知道提供了实现的客观条件。如出版物公开意味着技术信息持有人自愿将其新开发的技术信息通过出版社向全社会公开，出版社的出版事实为社会中的任何人提供了知晓技术的条件。再如销售过程中的技术传播只要达到了合同法上的要约邀请（有别于要约，更不必承诺）的程度，就应当认为具有实际传播的可能性。

四、与现有技术公开相关的保密义务判断标准

从传播行为中的义务看，是否构成技术公开的认定的一个重要环节与必要条件是获知者或者潜在获知者是否承担保密义务。保密义务可以区分为法定保密义务、约定保密义务、默契保密义务。

（一）法定保密义务

主要有两大类问题：

1. 法律特别是专门法律规定对特定主体设定的保密义务

目前法律明确规定在特定法律行为关系中应当承担保密义务的，如《专利法》对专利审查员、专利代理人提出的公开之前的

---

❶ 杨红菊．欧洲计算机程序专利保护状况的总体分析//国家知识产权局条法司．专利法研究 2004 [M]．北京：知识产权出版社，2004：331—332．

保密义务（只有保密专利在解密之前承担无限期的保密义务），技术鉴定机构鉴定人员对鉴定内容的保密义务，《合同法》对技术开发合同、技术转让合同当事人所规定的保密义务等。

应当指出的是，国家机关工作人员同时也是社会公众中的一员，而且是社会公众的代表，并不因为其是国家机关工作人员而在其工作中当然承担保密义务。是否承担保密义务需要具体分析。

以国家知识产权局专利复审委员会与如皋市爱吉科纺织机械有限公司、王玉山实用新型专利无效行政纠纷一案为例，❶ 该案争议的焦点问题是企业备案标准是否构成专利法意义上的公开。最高法院在该裁定书中认为："国家机关对在执法活动中获得的他人的技术秘密也负有保密义务"，由此提出了如何确定技术秘密以及国家机关对在执法活动中获得的他人的技术秘密负有保密义务的法律依据这样两个问题。以下从法定保密义务、约定保密义务、默契保密义务三个方面进行分析。

该案中，如皋市爱吉科纺织机械有限公司为无效专利提供的有关争议的事实是：

> 证据 5 是江苏昌升集团如皋市纺织机械制造厂于 1998 年 7 月 1 日发布、7 月 10 日实施的《AJQ 型系列吹吸清洁机》的企业标准—Q/320682KC01—1998。该标准记载了有关 AJQ—II 型吹吸清洁机的技术参数和附图，其附图 2 与本专利权利要求 10 相同。该企业标准已在如皋市技术监督局进行了备案，在爱吉科公司提交的该复印件上有"如皋标准备案注册"章，并注明"867 号—1998—J 及 2001 年 7 月"字样，爱吉科公司在口头审理时提交了原件。

---

❶ 参见：最高人民法院（2007）行提字第 3 号行政裁定书。

　　笔者认为，江苏昌升集团如皋市纺织机械制造厂于 1998 年 7 月 1 日发布、7 月 10 日实施的《AJQ 型系列吹吸清洁机》的企业标准－Q/320682KC01－1998 的行为，本身就是一种公开行为。无利害关系人的发布信息行为本身就是一种公开行为，实施行为在无证据证明采取了保密措施的条件下，也是一种公开行为❶。

　　在企业标准备案过程中，国家机关工作人员是以国家管理人员的身份知晓该企业标准中的技术的，在涉及审查企业备案标准方面，目前还没有明确的法律依据要求受理审查企业备案标准的国家机关工作人员承担保密义务（目前只有国家专利局在专利申请技术公开之前、技术鉴定会成员在鉴定过程中等由法律法规规定了保密义务）。

　　企业标准备案行为是由企业启动的，是由企业依照法律规定并结合自己的实际经营情况确定并展开的。所依据的法律规定首先就是指 1993 年《产品质量法》（案件事实系争专利申请日为 1998 年 11 月 9 日）。当时有效的《产品质量法》第二十二条规定："消费者有权就产品质量问题，向产品的生产者、销售者查询；向产品质量监督部门、工商行政管理部门及有关部门申诉，接受申诉的部门应当负责处理。"第二十六条规定："生产者应当对其生产的产品质量负责。产品质量应当符合下列要求：（1）不存在危及人身、财产安全的不合理的危险，有保障人体健康和人身、财产安全的国家标准、行业标准的，应当符合该标准；（2）具备产品应当具备的使用性能，但是，对产品存在使用性能的瑕疵作出说明的除外；（3）符合在产品或者其包装上注明采用的产品标准，符合以产品说明、实物样品等方式表明的质量状况。"1989 年《标准化法》第六条规定："企业生产的产品没有国家标

　　❶ Martin J. Adelman，Randall R. Rader，Gordon P. Klancnik. 美国专利法［M］. 郑胜利，刘江彬. 主持翻译. 北京：知识产权出版社，2011：57.

准和行业标准的，应当制定企业标准，作为组织生产的依据。企业的产品标准须报当地政府标准化行政主管部门和有关行政主管部门备案。"上述规定尤其是《标准化法》第六条的规定直接指向了备案问题，成为能够与该案诉讼相关法律事实直接结合的法律依据。由于备案的企业标准是企业组织生产的依据，因而也是销售的依据，国家对备案的企业标准实施审查监督只是其执行公共管理职能与将备案的企业标准向社会公开的一个环节。备案的企业标准也是企业销售行为的依据，成为向购买者包括潜在的购买者即其所代表的社会公众公开的基本信息。因此，企业将自己的企业标准交付备案，就意味着企业同意该标准向社会公众公开。当然这并不排除企业可以提出保密的要求。需要保密的应当在备案时声明，未声明的依照法律规定应当推定其自愿向社会公开使用该质量标准。因此，在该案没有证据证明企业提交该备案标准时提出保密要求的情况下，该备案的企业标准的实际交付给国家管理机关的行为以及国家机关予以备案的行为，表明已经完成了企业标准审查环节上的全部工作，其法律后果是该企业标准将成为国家机关监督管理该产品质量的依据；在国家机关后来公布（后来的公布行为是国家机关的法定义务）了备案标准（即使是只公布企业标准代号）的情况下还包括接受公众举报后作为进行监督检查的依据。因此，该案所涉及的企业标准已经具备了向社会公众公开的实际条件，为社会公众提供了知晓该备案标准中技术的权利及其实际知晓技术内容的条件。因此，依法应当认定该交付备案的企业标准实际已经处于公开的状态。

可以研究与考虑的是国家备案管理机关工作人员在备案审查环节上的保密义务。有关企业标准备案行为是否构成技术公开涉及两个技术信息传播环节：备案审查环节与备案发布环节。备案审查环节包括接受企业备案申请然后进入审查过程，备案发布环节包括同意备案与发布备案相关信息。在备案审查环节，面对的内容可能涉及企业新产品、新技术的开发使用（尤其内容中有这方面信息显示时），国家备案管理机关工作人员基于社会观念可以承担默契保密义务（类似于合同签订和履行过程中的保密义务，但这种保密义务不应当延伸到合同终止以后），但在备案工作完成之后，国家备案管理机关工作人员不应当再承担保密义务。否则将与《产品质量法》第二十六条和第二十二条赋予国家备案管理机关工作人员对已经备案企业标准的产品质量进行监督检查的职责发生冲突。国家利益、社会利益应当高于某一企业个体利益。

2. 合同法律保密条款与技术公开的认定

（1）《合同法》第四十三条规定"当事人在订立合同过程中知悉的商业秘密，无论合同是否成立，不得泄露或者不正当地使用。泄露或者不正当地使用该商业秘密给对方造成损失的，应当承担损害赔偿责任"。此处的商业秘密标准应当依照《最高人民法院关于审理不正当竞争民事案件应用法律若干问题的解释》第十一条规定执行。

（2）《合同法》第六十条第二款规定："当事人应当遵循诚实信用原则，根据合同的性质、目的和交易习惯履行通知、协助、保密等义务。"此处的保密义务是从合同签订到合同履行期间的保密义务。该义务在没有特别约定条件下不延伸到合同终止以后。

应当注意的是，双方签订合同并不意味着对合同中的事项永久性保密。合同相对人不一定是对技术内容承担永久性保密义务的人。如销售公开要涉及销售合同，一般情况下并不要求合同双方承担保密义务，只有存在默契保密义务情况下才产生保密义务。再如加工承揽合同，过去专利复审委员会认为承揽方应当承担保密义务，现在北京法院对此采取了否定立场，因为要求承揽方承担保密义务在通常情况下没有法律依据，除非存在默契保密义务。

（二）约定保密义务

具体约定方式与尺度可以参照《最高人民法院关于审理不正当竞争民事案件应用法律若干问题的解释》第十一条规定：

权利人为防止信息泄露所采取的与其商业价值等具体情况相适应的合理保护措施，应当认定为反不正当竞争法第十条第三款规定的"保密措施"。

人民法院应当根据所涉信息载体的特性、权利人保密的意愿、保密措施的可识别程度、他人通过正当方式获得的难易程度等因素，认定权利人是否采取了保密措施。

具有下列情形之一，在正常情况下足以防止涉密信息泄露的，应当认定权利人采取了保密措施：

（1）限定涉密信息的知悉范围，只对必须知悉的相关人员告知其内容；

（2）对于涉密信息载体采取加锁等防范措施；

（3）在涉密信息的载体上标有保密标志；

（4）对于涉密信息采用密码或者代码等；

（5）签订保密协议；

（6）对于涉密的机器、厂房、车间等场所限制来访者或者提出保密要求；

（7）确保信息秘密的其他合理措施。

根据以上司法解释，双方共同约定只是约定保密义务产生的方式之一，约定保密义务也可以是由权利人自主采取行为措施产生，此时是指向所有人的约定保密义务。

约定保密义务的客体应当指向通过合同与协议新达成的内容，在先已经公开的内容不属于保密的客体范围。司法实践中应当将在先已经公开的内容排除到保密的客体范围之外。

（三）默契保密义务

《专利审查指南2010》规定的默契保密义务的正当性依据是什么？这是一个需要追问的问题。笔者认为，默契保密义务的基本法律依据应当是《民法通则》第七条："民事活动应当尊重社会公德。"来源于社会观念的保密义务与建立在诚实信用道德基础上的商业习惯都属于社会公德的范围。默契保密义务作为民事法律上的不作为默示行为所应当承担的义务应当以此为总的目的依据。

1. 关于来源于社会观念的保密义务

来源于社会观念的保密义务这个概念显然太宽。专利法律在这个问题上的根本目的是要保护尚未转化为公有财富的创造性智力技术开发劳动及其劳动成果。由此出发，来源于社会观念的保密义务应当限于有相关的外观标志事实表明知晓者知晓技术持有人所持有的技术成果是正在开发过程中的阶段性成果或者新开发的技术成果，当然已经可以从公开渠道获知的技术除外。对于直接接触研究开发过程了解到的和因与研究开发者有特殊关系而了解到是新开发技术的，在道德上更应当负有保密义务。

来源于社会观念的默契保密义务在实践中一般有两种情形：一种是知道和应当知道所接触的就是技术研究开发行为，并通过该接触了解到该技术；另一种是在以该技术为交易标的的谈判过程中实际接触到该技术。

知道和应当知道所接触的就是技术研究开发行为，通过该接触了解到该技术，产生默契保密义务的主要理由有：

（1）技术在社会中的流转可以划分为技术开发与技术使用两个阶段。在技术使用阶段，为促进技术财产流转，在没有保密要求的条件下，没有理由要求社会公众中的任何人承担对所接触技术的保密义务。但在技术开发阶段，出于对技术开发的各种投入成本的了解，出于对开发者付出成本的尊重，应当要求社会公众中的任何人承担对所接触技术的保密义务。这显然是基于一种社会公德，要求社会公众中的任何人承担对所接触技术的保密义务是社会公德的基本要求。

（2）目前共存在两大类可能被考虑的默契保密义务，但由于第二种涉及的是商业惯例，而商业惯例一般是指非技术开发过程中的行为，所以，可以认为来源于社会观念的保密义务应当主要是指技术开发过程中的行为。

（3）从技术鉴定保密规定、（特别是）专利法审查过程中的保密规定、非申请专利技术的商业秘密法律保护规定（非法泄露者应当承担法律责任）等相关法律规定的价值取向与要求看，对于研究开发出的技术在未依照发明人意愿公开之前，法律倾向于要求知晓者承担保密义务。

（4）北京市第一中级人民法院在判例中一般限于技术开发过程中的关系认为应当承担默契保密义务，如对于企业内部使用生产技术图纸的相关人员应当承担默契保密义务。专利复审委员会也是这个观点。

（5）美国联邦最高法院对于试验性实施全部从现有技术中排除，即认为不构成公开，这与我国司法实践中理解的默契保密义务是一致的。可以理解为，任何接触过技术试验性实施过程而了解该技术的人均承担默契保密义务。

在以该技术为交易标的的谈判过程中接触到该技术，产生默契保密义务的理由在于：对于有事实表明尚未向社会公开的技术研究开发成果，出于对技术开发劳动的尊重与对技术开发成果特有使用价值的尊重，知晓者应当承担保密义务，这是公认的社会道德与主流观念国家提倡尊重知识、尊重技术创新的要求。具体案例如专利复审委员会《现有技术与新颖性》第193页第2579号审查决定。

2. 关于来源于商业习惯的保密义务

对于非技术开发过程中的行为是否存在保密义务，应当由专利权人举证证明存在保密运作的商业惯例。这是一个纯粹的事实问题，法律不必事先确定一个公开的事实标准，只能由专利权人举证证明。当然，专利权人举证证明有困难且确有线索时可以请人民法院调查取证。代表性判例见北京市高级人民法院（2004）高行终字第 438 号行政判决。该案实质是认定不存在保密运作的商业惯例。

五、现有技术公开内容的可分离性

（一）现有技术内容可分离的限度

许多现有技术通常都是完整的，尤其对于一项现有技术的最基本单元，（就像缺少必要技术特征不构成等同一样）本领域的普通技术人员是不能分割的。专利复审委员会第 2650 号无效宣告审查决定在决定要点部分明确指出："在比较某专利所要求保护的技术方案与某证据所公开的内容时，在该证据中没有任何技术启示的情况下，不能断章取义地将该证据中一完整技术方案的局部与该专利进行对比。"

然而，现实中出现的问题比较多，如乳液泵防进水机构专利无效案。丁要武先生拥有第 97243110.1 号名称为"乳液泵防进水机构"的实用新型专利权。该实用新型专利产品于 2003 年获得美国之星包装设计奖，为中国人争得了荣誉。其所授权制造该专利产品的企业成为多个大公司包括跨国公司，如强生（中国）有限公司、联合利华股份有限公司等大型日化知名企业的供应商。但是，专利复审委员会第 6495 号无效宣告请求审查决定宣告该专利全部无效，北京市第一中级人民法院于 2005 年 6 月 20 日作出的（2005）一中行初字第 151 号行政判决维持了该审查决定，北京市高级人民法院（2005）高行终字第 411 号行政判决也维持了该审查决定。该案审理最大的问题是忽视了对比文件日本特开平 8－84944 专利中的密封技术特征，该特征是对比文件的必要技术特征，缺少则不成立该技术。而系争专利并不具有该特征。所以，从审查决定到北京法院的两审判决都是值得商榷的。

因此，现有技术分离应当尊重技术的内部结构与外部结构的对应关系。不应当机械地任意分割，尤其不应当破坏一个技术的最基本单元，因为一个技术的最基本单元只能够解决一个技术问题或者具有一个技术效果。

（二）现有技术内容可分离的依据

具体的现有技术内部与外部之间的各种联系有的内容是不可分割的，有些内容对于本领域的普通技术人员是可以分解的即是可以分离的。我国过去使用多余指定原则的许多相关案件证明本领域的普通技术人员是有分离技术的能力的。

现有技术可分离的事实依据包括现有技术文件本身的内容与其他现有技术所指出的联系。

现有技术本身的内容中可以分离的依据通常有：

（1）基于技术问题与技术效果的分离：不是解决基本技术问题与获得不同技术效果的技术特征所在的技术方案可以分离出去。这是最基本与最常见的分离现有技术的依据。

（2）基于技术方案与技术特征关系的分离：基于技术方案之间的层次关系、技术方案中技术特征从属关系、技术方案中技术特征并列关系等的内容都是可以分离的。

第六节 专利创造性分析的初级审查
——新颖性差异分析

一、新颖性差异分析的性质

（一）新颖性差异分析是专利创造性分析的组成部分

世界早期专利法的新颖性标准的功能比现在大得多，具有等同于创造性的含义，就像早期的说明书可以用于确定专利保护范围一样。

发展到今天，新颖性的概念仍然保留了其否定性功能，即当不具有新颖性时也就不具有创造性。因此，现代意义上的新颖性差异分析承担了部分创造性判断的任务，所以，新颖性是创造性概念的组成部分。

（二）新颖性差异分析是从技术的一对一联系角度判断专利申请技术与在先各项已有技术之间的差异，以区别于从在先已有技术的整体联系角度的非显而易见性差异的判断

新颖性差异分析从分析角度与内容看是一项专利技术与一项在先已有技术之间的对比分析，仅仅反映专利申请技术与在先已有技术之间的局部的、个别的联系与差别，而不是与在先已有技术之间的整体联系与差别。具体表现为与在先某项已有技术相同或者包含在先已有某项技术的覆盖关系；或者相反，即与在先某项已有技术不相同与不包含（覆盖）在先已有某项技术关系。实际分析时局限于单项技术特征之间的相同性分析，不考虑已有技术彼此相互之间的内在联系，因而是有局限性的。

但是这种分析也是很有实践意义的。之所以形成这样一种新颖性概念，应当说是与工业技术革命之前早期的相对落后的技术相适应，当时的情况是只要不与在先各项已有技术相同或者覆盖在先各项已有技术就（一般）能够满足创造性要求，即与在先已有技术之间形成实质性差别，因此，不具有新颖性就是指专利申请技术与在先已有技术之间具有内容上即保护范围上的相同性。这应当是历史形成的新颖性的本来含义与要求。

（三）新颖性差异分析是分析专利创造性的第一级台阶与中间环节

现代专利法上新颖性的名称是与非显而易见性差异对应的，不仅与非显而易见性差异形成对照性概念，也体现出了差异的等

级。如果说非显而易见性差异是分析专利创造性的第二级台阶，则新颖性差异分析就是分析专利创造性的第一级台阶。具有新颖性的专利申请技术并不能立即断定其与在先已有技术之间具有非显而易见性差异，因而新颖性也是判断专利创造性的一个中间环节。由于"新颖性差异"、"非显而易见性差异"都是用于判断创造性劳动的，而且判断存在"新颖性差异"时还需要继续进行"非显而易见性差异"判断，因此，"非显而易见性差异"分析才是终极性的，这样在"新颖性差异"判断中不容易判断的问题可以留到"非显而易见性差异"判断中解决。

二、新颖性差异分析不应当以抵触申请为依据

抵触申请不仅不应当用于评价非显而易见性差异，也应当从新颖性差异的审查依据中分离出去。

严格说来，抵触申请不属于已有技术，因此抵触申请没有资格用来评价申请技术的新颖性。但抵触申请在申请时间上又确实在本专利申请之前，属于在先申请技术。抵触申请的出现意味着本专利申请如果授权将违反先申请原则，需要特殊处理和对待，因此，处理抵触申请造成的影响与新颖性差异分析是根本不同性质的法律问题。

在专利创造性分析的最初意义上，以及现代意义上，抵触申请从来就不是评价专利创造性的技术。使用抵触申请评价专利创造性包括新颖性，偏离了专利创造性包括新颖性的传统职能；将需要等待其他专利审批结果的问题（抵触申请公开之前需要等待其处理结果，创造性审查则不需要）与可以及时作出评价的已有技术混为一谈，没有从功能上区分开来，不利于问题的实际处理。包含在专利创造性分析中的新颖性判断的问题是不需要等待的。

审查实践中有可能抵触的申请可能转化为抵触申请，也可能

不转化为抵触申请。即有可能抵触的申请不等于抵触申请。有可能抵触的申请具有潜在性，需要单独管理与对待，这似乎是一个由于审查时间的存在难以避免的一个现实问题。

有可能抵触的申请具有潜在性的影响，关注有可能抵触的申请是先申请原则与避免重复授权制度在授权审查过程中的体现，只是现行专利法让新颖性审查承担了这个"额外"的任务。所以，我们感觉到抵触申请只影响新颖性审查、不影响非显而易见性审查，有些别扭。将来为了统一，在今后的立法中应当将抵触申请单独分离出去。因为《专利法》对于先申请原则与避免重复授权制度毕竟有一个单独的条款（即第九条）来规范。应当将抵触申请的审查问题并入《专利法》第九条的执法范围。目前《专利法》的规定实际上显得有些重复。

由于先申请原则与保密审查原则是《专利法》的基本原则，不能更改，所以，这个风险问题只能靠加快专利局的专利审查速度来解决。目前法律制度条件下对于抵触申请还没有其他更好的解决办法。如果发现抵触申请问题，建议单独依照《专利法》第九条处理。这样，新颖性与创造性的审查依据就可以统一为在先已有技术。

三、新颖性差异分析的逻辑尺度

（一）以专利申请技术与在先已有技术内容之间是否具有相同性作为判断尺度

由第一章以及上述关于新颖性差异分析的性质分析可知，专利审查中的新颖性差异分析是用于判断专利申请技术或者专利技术与在先已有各项技术内容之间是否存在直接的充分条件性因果关系，这是一种与在先已有各项技术之间的个体联系与差别，而不是与在先已有技术之间的整体联系与差别，因此，专利审查中的新颖性差异分析判断应当以专利申请技术或者专利技术与在先已有各项技术之间是否具有相同性作为判断尺度。如果在先现有技术中某一项技术存在指向专利申请技术或者专利技术的充分条件性因果关系，则专利申请技术或者专利技术不具有新颖性；否则，就具有新颖性。

具体说，在先已有的各项技术应当单独就与专利申请技术或者专利技术之间的联系与差别进行分析，不应当将在先已有技术有机结合起来判断专利申请技术或者专利技术是否具有新颖性。即采取单独对比方式。

新颖性判断尺度即《专利审查指南2010》规定的新颖性中的"同样的发明或者实用新型"标准，应当是与已有技术内容相同或者覆盖了已有技术，即包括内容完全相同与上位覆盖性相同两种具体类型与尺度。

1. 完全相同的判断尺度

完全相同应当是包括技术领域、技术问题、技术方案、技术效果在内的各项技术要素均相同。只要有一项不同，就应当认为具有新颖性。如缺少技术特征，就具有新颖性。

另外，也应当注意利用技术内部要素的辅助分析判断技术方案之间的相同性。举例如下：

（1）对比的技术特征名称不同但结构、功能相同时，按照相同技术特征对待。

如在一种玩具车专利申请审查案例中，权利要求中的支架与对比文件中的驱动臂实质是相同的技术特征。❶

（2）专利技术特征的功能不同于对比文件技术特征功能的，按照不同技术特征对待。

如欧洲专利代理资格试题2007年化学试题的第二卷，地毯

---

❶ 田力普. 发明专利审查基础教程（审查分册）[M]. 2版. 北京：知识产权出版社，2008：140－146.

洗涤液组合物发明中的同样化学成分在对比文件中作为香味剂，而在专利申请技术中作为杀螨剂。二者就属不同的技术特征。

2. 上位覆盖性相同的判断尺度

上位覆盖性相同是指专利申请技术或者专利技术是在先已有技术的上位技术。这样的专利申请技术或者专利技术与在先已有技术相比，不具有新颖性，即不具有新颖性差异。因为，对比技术是下位概念时，申请专利的技术覆盖了已有技术，又不能通过修改缩小保护范围，则应当认为申请专利的技术侵占了在先已有技术，应当拒绝授权。反之，对比技术是上位概念时，申请专利的技术属于技术手段的特定选择，这种特定选择可能以其他要素上的新特点体现出非显而易见性（如属于选择发明），因而不能认为这种情况覆盖了已有技术，应当先以具有新颖性对待。

上位覆盖性相同也应当是包括技术领域、技术问题、技术方案、技术效果在内的各项技术要素的分析；技术方案内部技术特征以及技术特征的功能也应当全部相同。只要有一项不同，就应当认为具有新颖性。如缺少技术特征，就具有新颖性。

（二）不应当将"惯用技术手段的直接置换"纳入新颖性分析之中，应当将"惯用技术手段的直接置换"纳入实质性差异分析

《专利申请指南2010》规定的"惯用技术手段的简单替代"，尽管是惯用，尽管是简单替代，但相对于各个对比的技术，由于替代所使用的技术之间在技术上是具有实质性差异的，应当认为彼此之间是具有新颖性的，因此，不应当将"惯用技术手段的简单替代"作为不具有新颖性的情形之一。

置换就是替换，由于这种判断涉及多项在先已有技术结合起来判断专利申请技术或者专利技术与在先已有技术之间整体的联系与差别，所以属于对非显而易见性差异的判断。所以，不应当将"惯用技术手段的直接置换"放在新颖性中比较并应当将其从

《专利审查指南2010》新颖性判断标准中删除。是否是惯用技术手段的简单替代应并入非显而易见性差异分析部分。美国就是这样对待和处理的此类问题的。

（三）技术特征数量的增加与减少形成的差异也不属于新颖性审查范围

同类技术特征数量上无论增加还是减少，实质是技术结构发生了改变，应当按照具有新颖性对待。而且无论是增加还是减少，都可能带来创造性。惰钳式门专利无效案件证明数量增加可以产生出乎预料的技术效果。因此，技术特征数量增加与减少应当进入非显而易见性差异的分析范围。

四、新颖性差异的特殊类型分析

（一）用途限定的产品权利要求

笔者经常看到一些分析意见认为，用途限定的产品权利要求，如果除用途之外的技术方案已经公开，则该权利要求不具有新颖性。其实，用途限定也是技术要素之一，是技术方案的组成部分，从完整认识专利技术的角度，只要权利要求中有一项技术特征能够使该权利要求具有创造性，就应当确定该权利要求具有创造性。如因为用途而具有创造性，则不应当否定该权利要求的新颖性。第二医药用途发明专利就是很好的例子。授权审查过程中，如果认为技术主题名称中涉及用途的表达不够妥当，可以要求申请人修改，但改为用途权利要求不能违背《专利法》关于修改的相关规定。

（二）间接限定型权利要求

间接限定型权利要求是指产品权利要求中有方法特征等限定，方法权利要求中有原料、设备等限定，甚至有技术参数限定等。与那些按照技术主题的类型表达的直接性技术特征限定相比较，这些技术特征属于间接限定性质。

对于间接限定型权利要求，欧洲专利局与美国专利局的观点不同：前者不予考虑，后者要求予以考虑。我国《专利审查指南2010》第二部分第三章区分为两种不同情况处理，但落脚点仅放在这类限定对产品结构或者组成成分的影响上。这与《专利审查指南2010》第四部分第六章关于实用新型的创造性判断标准中要求考虑这些因素的意见是有一定差别的。实用新型专利的权利要求审查时全部作为产品权利要求看待，《专利审查指南2010》第四部分关于实用新型的标准中要求考虑的意见与美国专利局的观点是相同的。笔者认为，即使这些间接限定没有对产品结构或者组成成分的影响，也可能对其他技术要素带来影响，而这些影响有时也能够体现发明人的创造性智力劳动，所以，原则上均应当予以考虑。无论是进行新颖性还是非显而易见性差异分析均应当作为独立的技术特征对待。

《专利审查指南2010》第二部分第三章第3.1.1节特别强调了特殊技术特征对权利要求技术主题的影响，认为："通常情况下，在确定权利要求的保护范围时，权利要求中的所有特征均应当予以考虑，而每一个特征的实际限定作用应当最终体现在该权利要求所要求保护的主题上。"《专利审查指南2010》第二部分第三章第3.2.5节又将"每一个特征的实际限定作用"仅仅指向了对产品组成或结构的影响。我们知道，产品的组成或结构虽然是技术的核心内容，但也并非全部内容，而且在有些情况下确定方法限定的技术特征下的产品的组成或结构并不那么容易，甚至不必要，如扒猪脸等食品类专利技术，只要产生了出乎预料的技术效果，法律上就没有不授予专利权的理由。我们始终应当记住的是，专利创造性分析只以专利技术与在先已有技术的差别为分析对象（其他领域只是作为比较依据的技术有所不同），专利技术与作为比较依据的技术的差别可以表现在产品组成或结构上，也可以表现在技术效果等方面。所以，笔者认为，关于间接限定的技术特征包括方法限定的技术特征、用途限定的技术特征、性能限定的技术特征、参数限定的技术特征、材料限定的技术特征等，只要在其他方面表现出有新颖性，就不必苛求其产品的组成或结构也有差别，具体是否授权还可以放到非显而易见性审查中再进行分析。当然，同样的道理，在审查非显而易见性时，仍然不必苛求其产品的组成或结构也有差别。

第七节　专利创造性分析的终极审查
——非显而易见性差异分析

一、非显而易见性差异分析的性质

非显而易见性差异分析对应于我国《专利法》第二十二条第三款所称的创造性分析，本书采用国际上的通行的称谓（TIRPS中称为非显而易见性）。

（一）非显而易见性差异是在新颖性差异基础上进一步反映专利技术对于在先已有技术整体之间的内在联系上的差别

如第一章第三节所述，新颖性差异是评价标的技术对于在先已有技术的局部的、个别联系上的差别，非显而易见性差异是在新颖性差异基础上进一步评价标的技术对于在先已有技术整体的内在联系上的差别，因此所体现出的是更为（更深因而也是更高层次上的）本质性的差别。

（二）非显而易见性差异分析是分析专利创造性的终极环节

相对于新颖性审查，非显而易见性差异分析是专利创造性审查判断的第二个也是最后一个环节，因而是终极性环节。在整个专利实质审查中也处于最后一个环节。因此，只有经受住非显而易见性差异审查的专利才是坚挺可靠的专利。

二、非显而易见性差异判断的主体标准

本领域普通技术人员概念的形成建立起了非显而易见性差异判断的主体标准。

本领域普通技术人员作为一个主体概念，是法律拟制的判断专利创造性的主体。为了判断的客观化，以民法上的理性人为基础，专利法学发展出了一个具体化的判断主体——现有技术与人类普通知识能力的集大成者，是一个涵盖已有技术整体及其内在联系的理想人即理性人（现实生活中的许多专家都不见得能够达到这个水平，但又确实需要这样一个观念中的抽象人）。

因此，本领域普通技术人员是一个掌握现有技术全部知识与具有全部能力的概念，其可以用于非显而易见性差异的判断。当然，本领域普通技术人员概念在专利法已经广泛地应用，如用于新颖性判断、等同判断、公知技术抗辩、专利审查中的公开充分判断等。

我国《专利审查指南 2010》第二部分第四章第 2.4 节对"所属技术领域的技术人员"下了一个定义：

> 发明是否具备创造性，应当基于所属技术领域的技术人员的知识和能力进行评价。所属技术领域的技术人员，也可称为本领域的技术人员，是指一种假设的"人"，假定他知晓申请日或者优先权日之前发明所属技术领域所有的普通技术知识，能够获知该领域中所有的现有技术，并且具有应用该日期之前常规实验手段的能力，但他不具有创造能力。如果所要解决的技术问题能够促使本领域的技术人员在其他技术领域寻找技术手段，他也应具有从该其他技术领域中获知该申请日或优先权日之前的相关现有技术、普通技术知识和常规实验手段的能力。

应当说，这个定义已经达到了相当完善的程度，体现出了对"本领域普通技术人员"概念应当具有的知识与能力的全部概括，只是其中不应当使用"不具有创造能力"进行限定。在创造性审查规范章节中定义"所属技术领域的技术人员"，本来是要用于评价创造性的概念，却使用了"不具有创造能力"作为定义要素，在形式逻辑上属于循环定义，不妥当。可以使用"不具有超越现有技术的能力"等用语表达这个含义或者进行限定。所以，建议今后修改这个定义时将"但他不具有创造能力"修改为"但不具有超越现有技术的能力"。

当然最重要的是应当注意到这个概念实质是提出了评价专利创造性的主体标准。从这个角度看，其含义应当与专利技术与现有技术整体之间的不具有逻辑推理上的充分条件性因果关系之含义相吻合。或者说，"所属技术领域的技术人员"是客体标准的主体化。

这个概念的另一个重要意义在于提出了技术领域相关性的判断标准。

应当注意的是，在实际应用中本领域普通技术人员概念对于不同的专利其含义应当有所不同，因为背景技术通常是不相同的。

本领域普通技术人员概念在非显而易见性判断中最独特的意义体现在《专利审查指南 2010》第二部分第四章第 2.2 节规定："如果发明是所属技术领域的技术人员在现有技术的基础上仅仅通过合乎逻辑的分析、推理或者有限的试验可以得到的，则该发明是显而易见的，也就不具备突出的实质性特点。"注意到本领域普通技术人员的常识性的逻辑推理能力，对判断是否存在非显而易见性非常重要。典型案例参考专利复审委员会对于第 98201781.2 号、名称为"自动支票打字机"的专利所作出的第 3159 号专利复审请求（实际是当时法律条件下在撤销制度基础上的复审请求）审查决定。

本领域普通技术人员概念有自己天然的局限性，但是，作为一个主体性判断标准，用于非显而易见性判断时就是一个要素。由于主体性判断标准具有自己独特的规定性，在判断非显而易见性时仍然具有相当的价值（具体可以从上述定义与规则及其应用中体会），所以，应当将其有机结合到非显而易见性判断之中。

《专利审查指南2010》在非显而易见性标准中提出的"有限的试验"对应于所属领域普通技术人员的试验能力，参照我国《专利审查指南2010》第二部分第四章第2.4节对"所属技术领域的技术人员"的定义。即"有限的试验"应当理解为已有技术已经教导的试验，属于已有技术的合理延伸，在指向目标技术的因果关系逻辑推理过程中可以作为逻辑推理的前提。因此，"有限的试验"可以纳入客观分析过程的逻辑推理条件之中。这里的关键是"已有试验技术"即已有技术中已经有技术教导的试验技术，因而是普通技术人员能够做到的试验，不是指需要克服各种普通技术人员难以克服的技术困难以及在现有技术所没有提示的新的技术构思下才能够做到的试验，重在从质的差异上认识"有限的试验"的含义。

所属领域普通技术人员逻辑分析、推理能力与试验能力是从判断主体角度讲的判断要求，对应于前述从客体层面上讲的专利技术与在先现有技术两个整体之间不存在逻辑推理上的充分条件性因果关系，即只要通过现有技术之间的联系能够证明所属领域普通技术人员能够设计出这样的技术，就是不具有非显而易见性差异。因为逻辑推理是人类共同具有的能力，所以，逻辑推理不产生具有创新意义的新知识新认识。

三、非显而易见性差异判断的客体标准

根据第一章的分析，由于非显而易见性差异分析是专利技术

对于在先已有技术整体之间的内在联系上的差别，也就是要分析专利技术与在先已有技术两个整体之间是否存在逻辑推理上的充分条件性因果关系，因此，分析非显而易见性差异时重点是关注在先已有技术内部联系基础上是否存在指向专利申请技术或者专利技术的逻辑推理上的充分条件性因果关系。如果在先已有技术内部联系基础上存在指向专利申请技术或者专利技术的逻辑推理上的充分条件性因果关系，则不具有非显而易见性差异；否则，则具有非显而易见性差异。

我国法律对于非显而易见性差异所提出的"技术进步"要求应当取消。因为依照上述逻辑推理上的充分条件性因果关系的分析要求与分析方法，技术进步作为技术效果要素已经被纳入了分析结果标的之中。这样做时只需要对非显而易见性做广义理解。

在先已有技术内部联系中是否存在指向专利申请技术或者专利技术的逻辑推理上的充分条件性因果关系，具体分析时通常涉及下列问题：

（一）最接近的现有技术的确定

本领域的普通技术人员这个概念仍然过于笼统，不够具体。作为弥补，在实际判断经验基础上，专利法学发展出了最接近的现有技术与技术启示的概念。

最接近的现有技术的概念最初应当是在判断与现有技术之间的距离远近时为方便判断专利创造性而提出的。

最接近的现有技术的概念本意是要求我们在论证专利申请技术是否具有非显而易见性时体现出与现有技术最接近的联系环节，《专利审查指南2010》将其定义为：

> 最接近的现有技术，是指现有技术中与要求保护的发明最密切相关的一个技术方案，它是判断发明是否具有突出的实质性特点的基础。最接近的现有技术，例如可以是，与要求保护的发明技术领域相同，所要解决的

技术问题、技术效果或者用途最接近和/或公开了发明的技术特征最多的现有技术，或者虽然与要求保护的发明技术领域不同，但能够实现发明的功能，并且公开发明的技术特征最多的现有技术。应当注意的是，在确定最接近的现有技术时，应首先考虑技术领域相同或相近的现有技术。

实践中不应当拘泥于《专利审查指南2010》推荐的上述优先顺序，因为只要能够形成指向证明专利申请技术具有显而易见性的证据链或者指向证明专利申请技术不具有显而易见性的不完整的证据链，该链条起点上的技术都可以作为最接近的现有技术。著名的KSR案中美国联邦最高法院的判决就是很好的证明。

关于现有技术与专利技术接近程度即技术领域相同性、相近性的判断见下一部分。

在某些比较特殊的情况下，最接近的现有技术甚至可以是两种在先已有技术的结合体。以专利号为CN00811954.6、名称为"透平及从该透平导出泄漏气体的方法"的中国专利审查为例：注意到美国US1867236A专利是与该申请最接近的现有技术，但该发明专利申请技术是在更加具体的德国DE6809708专利技术基础上针对该德国专利技术的缺点与不足改进的，所以，可以以更加具体的德国DE6809708专利技术结合从美国US1867236A专利文件中分离出来的加压气体技术这一更上位的技术所组成的结合体技术作为最接近的现有技术。这样做，对于专利技术的创造性分析论证显得更加方便。

（二）技术启示的确定

技术启示的实质是在先已有技术中包含的技术要素之间可以相互结合与替代的联系，这种联系指引和引导所属领域的技术人员拓展思考与解决问题的技术手段，从而寻找到已知可用于解决本专利技术问题的与本专利使用的技术解决手段相同的技术手段。技术启示最直接地体现了是否具有逻辑推理上的充分条件性因果关系是非显而易见性差异判断的理论尺度。

技术启示通常体现为在先已有技术中不同技术手段所具有的相同作用（包括相同的功能及与此相关联的技术效果）。因此，体现在在先已有技术中不同技术手段所具有的相同作用成为有关技术特征可以结合与可以替换的中介环节，进而由此形成新的技术。

技术启示的实际作用体现为以连接功能效果与技术手段的知识技能作为桥梁，具体如《专利审查指南2010》第二部分第四章所列举的三种情况。

技术启示是有一定局限性的，因此，"问题—方案"判断方法只适合于大多数情况下的判断，并非放之四海而皆准。弥补技术启示局限性的办法是对于某些特殊情况适用特殊判断的规则与方法。这些特殊情况主要是指《专利审查指南2010》第二部分第四章所列举的组合发明、选择发明、转用发明、新用途发明、要素变更发明等，适用的特殊判断规则与方法主要是将举证责任倒置给专利权人。除非专利申请人或者专利权人能够证明这些类型的发明取得了出乎预料的技术效果，否则推定不具有非显而易见性。

技术启示既可以是单一联系方式的技术启示，也可以是多个因果关系共同组成的证据链条所体现出来的技术启示；既可以是明示的，也可以是暗示的；其具体环节可以是一个直接的环节，也可以是间接的由多个相互联系的环节共同构成。

暗示的技术启示可以参照国家专利复审委员会对第98201781.2号、名称为"自动支票打字机"的专利作出的第3158号复审请求审查决定。

间接的由多个相互联系的环节共同构成的技术启示以美国联邦最高法院审理的著名的KSR案判决为例说明。

在著名的 KSR 案中，评价目标专利的内容是 US6236565 号、名称为"带有节气门电子控制装置的可调油门踏板"的专利权利要求 4。美国联邦最高法院在判定该专利不具有非显而易见性时采用了两套分析思路：

（1）正向因果链：对比文献 US5460061 号专利→对比文献 US5242963 号专利→对比文献 US5819593 号专利→对比文献 US5063811 号专利。

（2）逆向因果链：对比文献 US5819593 号专利→对比文献 US5063811 号专利→对比文献 US5460061 号专利。

（三）不能直接适用上述逻辑推理上的充分条件性因果关系判断尺度时可以进行合理推定

逻辑推理上的充分条件性因果关系是非显而易见性差异的最一般性的理论尺度，实践中应当允许对于特殊发明类型进行其他方式的合理推定。如上述提到的组合发明的组合关系、选择发明的选择关系等类型发明的审查就是由专利申请人或者专利权人承担证明组合或选择取得了出乎预料的技术效果，否则推定不具有非显而易见性。

从分析推理角度，专利创造性认定还存在两种常见类型：同类功能技术特征结合与替代、同类上位概念技术特征结合与替代。

所属领域的普通技术人员不需要创造性劳动的普通逻辑推理能力主要有两种：一种是根据书面记载的同类功能技术进行替代推理（基于同类功能技术知识；这种知识常常可以是跨学科）；但是，所属领域的普通技术人员也可以直接根据权利要求书中关于某一技术特征的描述所在的同类概念的知识体系进行推理，如形状（数学知识）、材料（材料科学），前者如机械触发舌的形状（原技术为方舌，现专利技术用圆锥舌替代），后者如将作为机械部件材料特征的钢材用塑料替代。这种推理（基于同类上位概念的知识；常常是不跨学科）实质上也是在功能相同的前提下的推理，只是未明确提到功能要素而已，看上去是单纯从技术要素本身依据同类概念的知识体系进行推理。为了区别上述两种推理，我们将前一种推理可以称为同类功能覆盖式推理，后一种可以称为同类概念覆盖式推理。显然，这两种推理能力都在所属领域的普通技术人员的知识范围内，因而是所属领域的普通技术人员都具有的推理能力；依据这些能力所作出的替代当然不需要所属领域的普通技术人员付出创造性劳动，即不具有非显而易见性。

对于前一种推理即同类功能覆盖式推理，通常专利权人能够从有关书面记载中找到证据，而对于后一种即同类概念覆盖式推理，要求专利权人能够从有关书面记载中找到连同技术功能描述内容在内的证据常常不是很容易，但依据上述分析又确实是需要考虑的，所以，应当有单独的证据要求，应当根据同类概念覆盖式推理的要求去要求证据，不能与前一种推理的证据同样要求。比如，机械触发舌的方舌用圆锥舌替代，只需要从数学教科书等公开资料中找到同为形状的各种形状概念即可；再如钢材用塑料替代，也只需要从材料科学教科书等公开资料中找到同为材料的各种材料概念即可，而不应当要求这些教科书等公开资料也已经表达出了可以用于同类功能的技术中等内容。这种推理实质是以专利申请文件中专利权人对于相关技术特征的功能或者效果的描述为代表，以科技知识中的同类概念为中介与纽带，进行推理判断，具有推定性质。但对于这种推理应当允许专利权人举反证反驳，如无有力的反证，即可以推定无效请求人的主张成立。即如果实际的被控技术中使用的同类概念技术特征的功能不相同，专利权人可以抗辩，以保证这类替代的认定是否处于同功能的范围之内。

另外，与上述分析类似，机械技术特征位置、数量、形状等技术特征的改变，化学物质数量、含量等技术特征的改变，方法技术环境条件的数值改变等在所属领域的普通技术人员看来，通常不会导致技术效果的重大改变，也就是不会产生出乎预料的技术效果，在这种情况下结合专家分析意见或者专业鉴定，还可以利用程序法推定不具有非显而易见性。

四、技术要素及其相互关系对于非显而易见性差异分析的影响

（一）技 术 主 题

1. 技术主题的类型

在先技术与专利技术的技术主题是产品还是方法，通常不影响非显而易见性差异的判断，理论上可以相互评价。因为产品制造需要方法，方法的使用导致产品的形成。《专利法》也规定方法专利的保护对象指向利用该方法所获得的产品。可以参考的案例如专利复审委员会第 2429 号专利复审请求审查决定。

2. 技术主题所属的技术领域

新颖性差异的性质决定了在分析对比过程中在技术领域要素上只需将技术主题在技术体系中的位置作为技术领域看待，即将技术领域作为技术主题名称延伸出来的概念，但这种理解在非显而易见性差异的分析判断中则是不完全正确的。因为任何技术的开发往往并非只涉及某一个领域的技术，与技术开发相关的技术领域也是非显而易见性差异分析需要关注的技术领域。

技术领域要素在判断创造性时使用更为频繁，更为引人注目。

技术领域的关联性通常使用相同性与相近性来表达，本质上是判断技术领域之间的一种相关性，应当以相关性为实质判断标准。

技术领域相关性的判断标准是：

（1）理论上可以采用《专利审查指南 2010》第二部分第四章

第2.4节关于本领域普通技术人员的定义：

　　发明是否具备创造性，应当基于所属技术领域的技术人员的知识和能力进行评价。所属技术领域的技术人员，也可称为本领域的技术人员，是指一种假设的"人"，假定他知晓申请日或者优先权日之前发明所属技术领域所有的普通技术知识，能够获知该领域中所有的现有技术，并且具有应用该日期之前常规实验手段的能力，但他不具有创造能力❶。如果所要解决的技术问题能够促使本领域的技术人员在其他技术领域寻找技术手段，他也应具有从该其他技术领域中获知该申请日或优先权日之前的相关现有技术、普通技术知识和常规实验手段的能力。

　　因为这个定义确定了本领域普通技术人员为研究特定技术问题所能够联想到和使用的技术，只有这样的技术才与本案具有相关性。

　　具体判断依据，可以是IPC分类体系内容的指引，也可以是教科书等文献的指引等。

　　（2）具体判断时也可以参照新颖性与非显而易见性标准判断技术领域相同性和相近性：在技术领域上不具有新颖性的为相同技术领域，具有新颖性的但不具有非显而易见性的为相近技术领域，具有非显而易见性的为不相关的技术领域。具体说，技术领域关系属于上下位的为相同技术领域，有关联性的为相近技术领域，无关联性的为不同技术领域。对于比较遥远的技术领域里的技术，可以借用转用发明标准判断技术开发领域的相近性。即避开技术领域这个要素，将技术领域远近问题转化为其他技术要素的客观联系进行判断，以替代方式分析判断技术领域的相关性能够相当有效地且更加准确地判断技术领域要素的影响问题和解决

---

❶　即不具有超越现有技术的能力。——笔者注

判断技术领域远近问题的主观随意性问题。

（3）根据《专利审查指南 2010》关于本领域技术人员的定义，对于产品权利要求，不应当只看到产品所属的技术领域，而应当从产品的制造过程即从制造产品角度判断技术领域的相关性与确定相关技术领域。对于方法权利要求，不应当只看到方法所使用的技术领域，而应当从方法的使用过程即从使用方法角度判断技术领域的相关性与确定相关技术领域。

专利复审委员会第 4534 号无效宣告请求审查决定之所以能够在对比文件并未公开核子称称架为封闭式结构的情况下宣告专利号为 99255780.1、名称为"一种高精度核子称"的专利无效，首先是因为注意到该技术领域的技术人员在研制开发新技术过程中都必然会遇到一个防止核辐射的问题，而对于这个问题采用封闭式结构来解决属于采用了公知常识性的技术手段。

可见，对技术领域的分析能够引导我们去发现本领域技术人员能够遇到的实际技术问题，并在此基础上进一步分析相关技术手段所能够带来的创造性问题。当然，并非所有的问题都能够为本领域技术人员所遇到，也并非本领域技术人员遇到后都能够解决，所以，实际分析时应当注意用证据说话，不可以将没有证据证明本领域技术人员能够遇到的问题也作为专利创造性分析中"预先知道"的问题。作出上述第 4534 号无效宣告请求审查决定的专利复审委员会合议组，如果能够依职权调取该技术领域的技术人员在研制开发新技术过程中都必然会遇到一个防止核辐射的问题以及采用封闭式结构来解决属于公知常识性的技术手段的证据，则审查决定将更加完美，而无懈可击。

（二）技术特征

技术特征本身在判断新颖性差异时有独立的意义，在判断非显而易见性差异时通常没有独立的意义，因为仅就单独的技术特征即技术手段而言，一般都是前人都使用过的或者变更组合后的技术手段。

技术特征本身在判断非显而易见性差异时的意义通常体现在对技术解决问题或者技术效果的影响上，即一般应当与技术解决问题或者技术效果结合起来判断非显而易见性差异。

技术手段在与其他技术要素结合时都是通过其技术功能这个中介发挥作用的，所以，分析技术手段即权利要求中组成技术方案的技术特征时，应当高度注意其在整个技术方案中所具有的技术功能。如在大量的等同替代分析、可结合分析中技术手段及其与技术功能之间的关联关系意义就显得非常重要。

技术特征与技术功能之间的关联关系可能有同一技术手段具有不同的功能、不同的技术手段具有相同的功能、对同一技术特征进行功能分解、对不同技术特征进行功能合并等，是否带来非显而易见性，一般应当结合是否取得了出乎预料的技术效果具体分析判断。只有取得了出乎预料的技术效果，才能认为具有非显而易见性。

（三）技术问题

1. 专利说明书没有陈述技术问题的对待与处理

有新发现的更加接近专利技术的最接近的现有技术的，应当以该技术为基础重新确定技术问题；没有发现的更加接近专利技术的最接近的现有技术的，则可以利用专利申请技术与专利说明书中记载的经过查实的背景技术或者无效请求人所提供的经过查实的背景技术之间的差距推理出技术问题。如专利复审委员会第5204号专利无效宣告请求审查决定（针对专利号为98248132.2、名称为"冷风机"的实用新型专利）。

2. 技术问题与技术手段之间的关联关系

如上所述，把握技术问题与技术手段之间的关联关系，要注意以技术功能为中介分析技术问题与技术手段之间的各种关联关系。

对比文件作为最接近的现有技术时，对比文件本身的技术解决问题通常不构成判断非显而易见性的限制因素。KSR 案判决中，美国联邦巡回上诉法院将对比文件技术的技术解决问题在评价专利非显而易见性时绝对化，即要求必须注意到对比文件技术的技术解决问题在判断非显而易见性中的作用。这等于说判断专利的非显而易见性要受到对比文件技术的技术解决问题的限制，这是不合理的。这种要求显然偏离了评价目标，偏离了作为评价目标的专利申请技术的内在含义。美国联邦最高法院在其对该案的判决中就纠正了美国联邦巡回上诉法院的这种错误认识。

对比文件作为现有技术中的技术启示环节时，则需要考虑对比文件所要解决的技术问题的影响。美国联邦最高法院在著名的 KSR 案判决中对技术启示的分析就是经典证明。

3. 技术方案的殊途同归问题

技术方案的殊途同归现象表现在后开发技术与在先技术之间在技术方案上相同，但技术解决问题不同。参见专利复审委员会第 2429 号专利复审请求审查决定案例。对于技术方案的殊途同归，应当认为在后技术与在先技术不相同的内容即技术问题属于一种新的科学发现，而新的科学发现上的贡献不属于新技术上的贡献，因此，不能仅就新的发现方面的贡献授予专利权。

（四）技术效果

1. 专利说明书中没有陈述技术效果的对待与处理

如果专利说明书中没有写出技术效果，只能根据在先已有技术分析出其应有的技术效果。因为不写明技术效果时，依照法律规定只能从本领域技术人员的角度来认识和理解，并解释为已有技术所已知的技术效果，即在法律上不认为使用该项技术手段取得了出乎预料的技术效果。

专利说明书没有陈述技术效果导致否定非显而易见性的案例有专利复审委员会第 2805 号专利复审请求审查决定（针对专利

号为93103441.8、名称为"具有高润滑剂含量的纯油性整理剂"的专利权利要求8)。用于合成纤维的润滑整理剂组合物需要现场加入一种盐类物质,专利权人主张只能现场加入,专利复审委员会认为这种观点既没有现有技术支持,也没有试验数据证明,说明书中也没有提到现场加入能够带来出乎预料的技术效果,因而权利要求8不具有创造性。

没有陈述技术效果但具有非显而易见性的案例有专利复审委员会第4574号专利无效宣告请求审查决定(针对专利号为93108019.3、名称为"预应力钢捻线的防锈涂膜形成加工方法及其装置"的发明专利)。该专利权利要求3的芯线长度调整装置具有一个固定滑轮和一个在给定方向上弹簧偏置的可动滑轮。对于该技术特征,无效请求人认为定滑轮与动滑轮组成的滑轮组是现有技术中经常使用的组件,并提供证据证明权利要求3因此而不具有创造性。专利复审委员会仔细对比研究后发现,虽然定滑轮与动滑轮组成的滑轮组是现有技术中经常使用的组件,但是这种滑轮组通常是用来吊装重物的。在该专利中,采用一滑轮组与一张紧弹簧相配合,用来收拢多余的芯线,其功能与现有技术的滑轮组完全不同。专利复审委员会由此确认权利要求3具有创造性。

上述两个呈现极端反差的案例尤其是第二个案例表明,"按照相关技术手段的常规技术效果对待"虽然多数情况下导致专利无效,但也并不一定都导致专利无效,应当具体分析。分析的关键是看该技术特征在技术方案整体中所起的作用是否已经为专利申请日之前本领域的普通技术人员知晓。

2. 断言的技术效果的对待与处理

依照公开不充分之法律规定,断言的技术效果属于无效陈述。但是这种对待与处理对无效请求人并不能带来现实意义,其真正的现实意义在于专利非显而易见性的评价上。所以,无效请求人在评价专利非显而易见性时应当首先以《专利法》第二十六条第三款公开不充分为理由，要求审查机关确认该陈述无效，然后再依照专利创造性标准进行分析。通常将断言的技术效果放在非显而易见性分析评价部分对待与处理更符合无效程序的操作规程。

3. 技术效果是技术特征所带来的，其应当以技术功能为中介，联系技术手段分析技术启示

这种可分离认识的技术效果与技术手段之间应当有相等程度的对应性关系。著名的惰钳式门专利无效案件就是技术特征量的增加取得了出乎预料的技术效果，引起了质变，具有了非显而易见性。即技术效果与技术特征数量上的对应关系有时也是不可忽略的。

4. 技术效果自身只有达到出乎预料的程度，才能作为一个独立的判断因素考虑，即作为一个具有充分条件意义的独立作用因素对待

因为出乎预料的技术效果本身包含了技术手段与技术效果之间的前人尚未认识到的特殊联系，所以，可以成为独立判断非显而易见性的因素与标准对待。《专利审查指南2010》已经在此条件下划分出许多发明类型如组合发明、选择发明、转用发明、新用途发明、要素变更发明等。在这些技术手段的使用过程中，只要产生了出乎预料的技术效果，就可以断定具有非显而易见性差异。

5. 对于构成等同替代后仍有其他新的技术效果的判断

此种情况可能具有创造性，但由于从整体技术方案上看已经覆盖了在先已有技术，只能判定不具有非显而易见性（这种情况应当是专利申请人因检索不够充分给自己造成的损失）。

五、发明过程有关因素对于非显而易见性差异分析的影响

（一）克服长期难以克服的技术困难

长期难以克服的技术困难是对于过去的开发研究未能成功的

努力所造成的一种认识障碍，本质上是一种错误的或者带有局限性的在先认识，因而属于在先技术研究过程中发生的一种事实状态，影响本领域普通技术人员开发技术的能力，成为实际上的发明创造的阻力。相反，对于具有创造素质的人来说，则成为发明创造具有非显而易见性的衬托与证据。长期难以克服的技术困难经常具有中断技术发展上的充分条件性因果关系实现的意义，因此，一般可以成为独立判定发明创造具有非显而易见性的一个因素。

长期难以克服的技术困难常常发生于在先研究时间相当长而且已经采取了各种技术措施但始终没有解决技术问题情况下。例如，圆珠笔最早是 1938 年由一位匈牙利人发明的。这种圆珠笔在写到 20000 多字时，由于笔珠长期使用造成磨损，油墨随之流出。为了解决圆珠笔漏油问题，许多国家的圆珠笔厂商都投入了很大力量从事笔珠耐磨性研究，甚至有人试用耐磨性好的宝石和不锈钢做笔珠，但这样做当笔芯头部内侧与笔珠接触的部分被磨损时，仍然会使笔珠蹦出，漏油问题还是没有彻底解决。1950 年，日本发明人中田滕三郎想：既然前面的围绕耐磨性思路的办法都不能彻底解决问题，如果改变笔芯的装油墨量，使笔芯只能写到 15000 字左右，再换一笔芯，不就可以解决漏油的问题了吗？由此，他在这方面作出了一项虽然只是改进但很有价值的圆珠笔发明，圆珠笔技术也因为他的发明而终于变得成熟起来。

就时间长度而言，《专利审查指南 2010》规定为"长期渴望解决"，专利复审委员会的审查经验是一般为二十年以上。笔者认为时间长度通常只能作为一个参考因素，具体分析时还是应当区分不同的技术领域的一般技术研发周期，如上述圆珠笔技术改进发明只用了十多年时间。

就克服技术困难的困难程度而言，应当达到采取研究措施以解决技术困难的相当普遍性程度，主要表现为全部已知可以使用的技术手段是否都已经得到使用，如使用了权威专家智慧、穷尽已知实验手段等。如上述中田滕三郎发明之前对圆珠笔技术的改进努力。又如第 03214985.9 号、名称为"无压给料三产品重介旋流器"的实用新型专利。要知道这是一项克服了最初由前苏联发明、国内上市公司引进并加以改进的用于洗煤核心设备之弊端的重要技术，在国内权威专家现场办公会解决不了严重磨损问题的情况下，李智先生潜心研究终于发现了造成该设备严重磨损的特殊原因，并就此发明了该专利技术。

（二）克服技术偏见

克服技术偏见同长期难以克服的技术困难一样也属于认识障碍，本质上也是一种错误的或者带有局限性的在先认识，因而属于在先技术认识上的一种事实状态，影响本领域普通技术人员开发技术的能力，成为实际上的发明创造的阻力。相反，对于具有创造素质的人来说，则成为发明创造具有非显而易见性的衬托与证据。技术偏见具有中断技术发展上的充分条件性因果关系实现的意义，因此，也可以成为独立判定发明创造具有非显而易见性的一个因素。

吴甘霖先生在《方法总比问题多》一书中讲到这样一个实际发生的案例❶：20 世纪 50 年代初，美国某军事科研部门着手研制一种高频放大管。科技人员都被高频率放大能不能使用玻璃管的问题难住了，研制工作因而迟迟没有进展。后来，由发明家贝利负责的研制小组承担了这一任务。上级主管部门在给贝利小组布置这一任务时，鉴于以往的研制情况，同时还下达了一个指示：不许查阅有关书籍。经过贝利小组的共同努力，终于制成了一种高达 1000 个计算单位的高频放大管。在完成了任务以后，研制小组的科技人员都想弄明白，为什么上级要下达不准查书的指示？于是他们查阅了有关书籍，结果让他们大吃一惊，原来书上明明白白地写着：如果采用玻璃管，高频放大的极限频率是 25

❶　吴甘霖.方法总比问题多［M］.北京：机械工业出版社，2011：67－68.

个计算单位。"25"与"1000"，这个差距有多大！后来，贝利对此发表感想说："如果我们当时查了书，一定会对研制这样的高频放大管产生怀疑，就会没有信心去研制了。"

上述案例中既涉及技术开发的困难也涉及技术偏见。技术偏见与技术困难的区别是：技术偏见只是一种认识障碍，技术困难是在先技术研究过程未能成功导致的一种错误认识。技术困难可能与技术偏见有关，也可能与技术偏见无关。

（三）以对新的物质作用关系、新的科学原理、新的原因的发现作为发明创造基础

根据试验数据现场观察等获得的新发现而作出的发明创造，对于判断非显而易见性具有重要意义。例如青霉素从发现到发明的经典案例。再如上述李智先生第03214985.9号、名称为"无压给料三产品重介旋流器"的实用新型专利。

这是属于特殊因素引导的发明。该因素至今还没有列入《专利审查指南2010》，实践中遇到时还是不可忽视。

（四）商业上的成功因素

商业上的成功因素在理论上不属于专利申请技术与在先已有技术之间的因果关系链条上的因素，因此，理论上不应当作为判断发明创造是否具有非显而易见性的因素。作为专利申请技术与在先已有技术之间的因果关系链条之后的下游结果，在分析参考时应当严格控制。

（五）辅助因素在判断非显而易见性中的地位

上述辅助性证据只是在有实际意义的无效判断证据不够充分时，才能够用于确立非显而易见性。而在证明不具有非显而易见性差异的条件下，无须考虑辅助证明具有存在非显而易见性差异的因素。这是因为上述这些辅助性证据在证明相关事实及其影响力的证明力上都是有一定局限性的，而且申请专利不得侵犯社会公共利益。

第三章　专利撰写中的专利创造性分析

第一节　专利检索中的专利创造性分析

一、以专利创造性分析理论作为专利检索工作的理论指导

根据专利创造性分析理论，专利检索实质是寻找与确定专利申请技术与在先已有技术之间内在联系的存在与否。这种内在联系就是第一章第四节中所指出的专利申请技术与在先已有技术两大整体之间分析判断是否存在逻辑推理上的充分条件性因果关系。因此，专利创造性分析理论提供了检索宏观总体思路的理论指导。优秀的专利检索人员应当以专利创造性分析理论作为依托，通过经典的与高难度的专利无效案件中的创造性分析知识丰富与训练自己的能力。

专利创造性分析理论在专利检索中有两大基本作用：检索方向性指引与检索充分性、适当性评价。具体作用方式将在下面进行详细分析。

智能检索与专利创造性分析尺度之间的联系是一个引起关注的问题。我们期待智能检索技术能够有更大的发展，但是，最终的判定者仍然必须依据法律规定的专利创造性分析条件与尺度作出判断。机器能否完全代替人脑是一个需要实践检验与进行哲学讨论的问题，我们只应当根据技术的实际发展去面对现实。

二、依据检索目的具体确定评价标的技术与评价依据技术

涉及判断专利创造性的检索包括专利申请检索、专利审查检索、专利侵权诉讼中的等同侵权检索、公知技术抗辩检索等。由于各种检索目的所涉及的关系客体的内涵不同，因此，涉及所要分析其间是否存在内在联系的"两个整体"必须首先分别准确确定。

1. 专利申请检索

此时尚无依法确定的专利申请日，只能暂时以检索日为界限，除享优先权的以优先权日为界之外，其他专利审查检索都应当以专利申请技术为评价标的技术，以专利检索日之前已经公开（享有宽限期的技术除外）的在先已有技术为评价依据技术。

2. 专利审查检索

此时已经有了明确的依法确定的专利申请日，除享优先权的以优先权日为界之外，其他专利审查检索都应当以专利申请技术为评价标的技术，以专利申请日之前已经公开（享有宽限期的技术除外）的在先已有技术为评价依据技术。

3. 专利等同侵权检索

以被控技术为评价标的技术，以专利技术作为最接近的现有技术，结合被控技术事实之前的全部已有技术手段作为评价依据技术。这样做的具体理论依据部分详见本书第五章第四节。提出这些问题，主要是提醒作为专利侵权诉讼原告的代理人应当注意，在涉及等同主张时自己所从事的工作范围中应当涉及与包含这些工作。

4. 专利侵权诉讼中的公知技术抗辩检索

以被控技术为评价标的技术，以被控技术事实之前的全部已有技术为评价依据技术，也可以被控技术事实之前的某一技术作为最接近的现有技术，结合被控技术事实之前的全部已有技术手

段作为评价依据技术。这样做的理论依据部分详见本书第五章第六节。提出这些问题，主要是提醒作为专利侵权诉讼被告的代理人应当注意，在涉及公知技术抗辩主张时自己所从事的工作范围中应当涉及与包含这些工作。

三、分析检索对象的相关性质，以此为依据确定检索方向

这里所说的检索对象的性质是指对确定检索方向有意义的性质，主要包括权利要求技术特征的性质，发明类型性质以及技术特征的功能、效果、作用等。由此形成的检索思路是一种倒推式的检索思路，这种思路实际是一种假定，仍然是以专利创造性理论为指导，寻找和确定作为检索端点的两个整体之间是否存在内在联系。

（一）专利检索资源具体利用方向的指导

专利检索资源具体利用方向的指导具体体现在可以由权利要求技术特征的性质、发明类型性质以及主导性技术所在的国家地区与公司性质确定可能有效的检索方向。

1. 就一般经验而言，专利文献通常能够（在大多数情况下）提供最接近的现有技术，教科书与期刊文章通常能够提供公知常识性技术手段

在专业性程度上，专利文献、专业文章、专著、普通教科书依次下降。但也不尽然，对于实际的检索工作，也可能在专著中发现最接近的现有技术。如丹东东华开关有限公司针对专利号为01241132.9、名称为"高压隔离开关电动机操动机构"的实用新型专利权提起无效宣告请求的专利无效案件，同类产品中覆盖发明点的最接近的现有技术竟然是在楼家法所著《高压开关机构设计》一书中找到的。

为此，为寻找最接近的现有技术而对目标专利技术的内部技

术结构的分割分离方法应当适当而又不拘泥。

2. 发明类型定性后对具体检索方向有指导意义

医药专利中各种活性成分之间的组合物专利，应当考虑组合发明的要求，以确定具体检索方向，如对各种活性成分要分别检索，但对于各种活性成分之间的作为发明点的特殊协同作用应当由专利权人证明。有些项目不需要检索，如专利申请人的选择性技术特征，作为选择发明是否取得了出乎预料的技术效果应当由专利申请人或者专利权人举证。如组合发明则应当分别检索组合要素的已有知识状况。

3. 相关技术领域分布上的国家、地区与公司性质

指可能是在某个发达国家还是在发展中国家技术比较先进，可能是某个世界重要公司的主攻方向与主要技术开发成果集中的领域。如中药技术显然以中国为特色，应当重点在中国中药技术数据库检索。这些方面的相关信息可以参考有关领域的专利技术统计资料，也可以与委托人沟通，他们由于专业经营的需要通常积累了较为丰富的市场产品制造厂商的知识与经验。这些对确定检索方向常常具有重要意义。

4. 重视利用当事人与所属领域顶尖专家的经验与意见

利用所属领域顶尖专家的全面的专业知识确定检索的方向，这应当是最牢靠的。另外，技术就"活"在人类的生产实践中，处于市场竞争环境与前沿第一线的技术人员最了解技术的实际应用情况。所以，一线的技术人员的经验介绍常常成为我们确认技术性质的一个重要信息来源。许多仅仅靠销售公开而被认定无效的专利案件经验证明市场信息对检索常常非常重要。

另外，国家专利局一般不去调查市场中使用的未及时进入书面记载的技术。这对于从事专利无效调查工作而言成为一个重要的无效资料来源领域。

（二）数据库检索中具体检索要素的选择与表达

这是进一步从检索要素角度确定更加具体的检索方向。

既然检索的本质是调查专利申请技术与在先已有技术之间逻辑推理上的充分条件性因果联系是否存在，因此，实际检索工作应当从专利申请技术以及对应于在先已有技术的关联知识中寻找联系点与联系内容，从而为检索方向的确定设立有价值的航标。

检索索引实质就是与已有技术的联系线索。在专利检索中将可以作为检索索引的指示符号与指示词称为检索要素。最有意义的检索要素是分类号与关键词。分类号是技术主题的代号，是在对技术主题的概括基础上对技术主题所做的标签，因而可以成为技术领域要素的检索要素与索引。关键词是技术特征、技术效果包括技术用途等的索引。从选择联系的角度，原则上任何体现出发明构思的技术表达用语都可以进入检索要素的选择范围。

1. 技术领域作为检索要素的表达

通常用分类号表达。相对于 IPC 分类号，各国有更细致分类号的，对于专业性要求高的需要细化的检索显然应当优先于 IPC 分类号予以考虑，或者在进一步的扩展检索中予以考虑。注意分类号与检索对象关联性的分析，如有专家建议可以将分类号按照关联性程度区分为全部覆盖、部分覆盖、不覆盖三种类型，以便能够区别对待。实践中最经常要面对的是部分覆盖的情形，笔者认为从结合对检索目标技术的定性分析结果、检索资料与检索对象关联性的各种优先顺序角度，排列可利用的分类号，从而可以安排出更有实际意义的检索顺序。另外，对于特殊领域的专利检索应当注意可以替代分类号的一些其他特殊资源库如化学生物方面数据库的代号的使用。

2. 基本检索要素的表达

基本检索要素的表达是指将技术问题、技术特征、技术效果作为检索要素的表达。这三个要素可以不加区分地一起表达，更有利于目标专利技术要点的检索。通常用认为是使用反映该技术要素最有意义的词汇即通常所称的带有关键性质的关键词表达。

（1）直接表达

从创造性的实质在于两个整体之间逻辑因果关联性的理论分析角度，基本检索要素的表达要求应当包括深度与广度两个方面的代表性与全面性。具体包括两个层次：

1）检索载体的代表性与全面性要求

即技术信息载体的充分性安排，包括技术信息表达公开在时间上应当最新，最靠近专利申请日，技术领域上最专业，技术内容上最全面。

2）检索要素的代表性与全面性要求

即专利技术中所有可能的技术要素联系渠道的安排，包括如果一项专利技术方案的三个技术特征 ABC 是有序排列，则选择 AB→C、BC→A 两个检索方案，无序则只考虑组合发明的检索。

更加接近的渠道可以覆盖相对远离的渠道，尤其是对于技术特征众多的技术方案。但另一方面，看上去相对接近的渠道走不通时仍可能存在覆盖走不通的联系环节的其他可走通的渠道。

有些检索数据库软件相关性指标的设计与专利创造性要求可能有较大差别，实践中仅供参考，并积累使用经验，如可以重点选择排列在前的技术进行分析。

实践中有一些经验可供参考，如有文章在总结检索经验时提出，一般来说如果检索结果中85％以上是涉及检索技术主题的文献，同时相关技术领域中未包含在检索结果中的涉及检索技术主题的文献数量占检索结果文献数量的百分比不超过15％，则可以中止检索。

笔者认为，由于不同专利之间的在先已有技术检索条件有差别，对于检索要素的代表性与全面性的分析，还是应当具体到个案进行不同的分析，并且应当以定性分析为主，定量分析为辅。

对于检索结果的数量界限不宜一概而论，尤其是新开拓领域的技术与发展相对成熟领域技术的检索结果在数量上的要求可以有较大差别。

3）必要时征求和听取所属领域顶尖专家的意见

所属领域顶尖专家为了搞出科研成果，两只眼睛始终盯住世界尖端技术，在这个过程中，他们对在先已有技术了解当然是最全面的。检索工作在必要时听取所属领域顶尖专家的意见，实质是利用所属领域顶尖专家的全面的专业知识进行判断已经进行的检索工作的充分性。不充分时则利用所属领域顶尖专家的全面的专业知识判断是否需要继续检索以及进一步检索的方向，如在专家所提示的重点领域或者其他尚未得到关注的领域进行必要的补充检索。影响重大的第 8910393.8 号、名称为"一种轧辊小挠度、高刚度轧机"专利无效案件，据了解征求和听取了钢铁工业界的许多专家的意见，对该专利的无效不无影响。

（2）间接表达

从权利要求的法律本质看，由于权利要求书中的原始表达方式只是表达专利保护范围的一个代表（详见第五章第一节的分析），专利技术与在先已有技术的各种内在联系可能存在于不同形式的表达之中，所以实际检索所使用的检索要素包括但不应当局限于关键词的原始表达方式，即应当扩展到各种意义相同、相似、等同甚至相反的表达形式（相反表达是用于在不便于通过相同或相似表达直接寻找有关文献时，可以通过排除有关文件的方式更快地获得其余的即是与检索对象有关的检索文献）。

在发现最接近的现有技术之后，进行的为寻找部分技术特征的等同替代内容的技术检索，称为等同检索。等同检索是最常用、最有实际意义的检索。因为完全相同的技术毕竟是少数，大多数技术之间、尤其是专利申请人在选择与撰写时至少要与在先技术有一定程度的差别。我国《专利审查指南 2010》按照创造性评价标准，将等同特征也考虑在内。但是，等同概念在世界上仍然是一个不够成熟的概念。具体将在本书第五章第四节展开分析。依据本书第五章第四节确立的新标准，这里的等同检索应当是就不同的表达但只要属于相同功能与能够带来相同技术效果的技术特征就应当纳入检索范围之内。有价值的等同检索多数发现于在先出版的教科书或者在先发表的文章中，所以，建议优先利用在先出版的教科书或者在先发表的文章进行等同检索，出现困难时再考虑利用专利数据库进行等同检索。

3. 检索式的构造

从创造性分析角度看，分类号是技术主题因而也是技术领域要素的表达，关键词则是技术特征、技术解决问题、技术效果等技术要素的表达。关键词与被检索对象的联系显得更为直接，更容易指向发明点；分类号则比较间接。从相互取长补短角度，两者结合能够更快更全面地反映出技术的要素，应当成为设置检索式的经常性选择。但是，应当注意的是，将分类号与关键词组合就是将技术领域表达与技术问题技术特征技术效果表达结合起来，这样做对于新颖性检索的目标来说，由于它是一个完整的包含全部技术要素和反映全部技术内容的检索式，因此，检索式的构造通常首先考虑将分类号与关键词结合比较理想。但对于非显而易见性检索，则只是获得最接近的现有技术的方法，通常不能够指望靠一个检索式就能满足检索要求，而应当结合其他检索途径寻找可以结合到最接近的现有技术中的技术。

在单纯的关键词组合中，技术特征的表达通常是关键词的重心，但通常应当与技术问题检索要素或者技术效果检索要素或者技术领域检索要素结合起来才更有意义。技术特征、技术问题、技术效果、技术功能相互之间相关性最高的方案应当优先安排检索与分析。

在上述各种组合后检索仍然找不到目标技术，需要适当地扩展检索时，组合检索式技术要素应当适当减少，因为技术要素越少检索范围越宽，可以获得的可能有关联的技术资料越多。

四、指向检索目标的逻辑论证方式的选择

（一）作为逻辑论证的起点技术的选择

作为检索过程中论证专利是否具有非显而易见性起点的技术可以有多个，可能存在的充分条件性因果关系在逻辑上可以有多个最接近的现有技术。

参照美国 KSR 专利案经验，选择最接近的现有技术时不应当完全局限于《专利审查指南 2010》第二部分第四章所确定的标准，而应当灵活地选择最有利、最有力的技术作为论证专利是否具有非显而易见性的起点。

面对多个可能使用到的最接近的现有技术，应当从结合对作为检索分析评价标的技术的定性分析结果、检索资料与检索对象关联性的各种优先顺序角度进一步排列各种最接近的现有技术。

最接近的现有技术只是一个相对的概念，在对同一目标的检索过程中具体可以有多个不同的技术论证起点。

（二）作为逻辑论证的被结合技术的选择

（1）技术类型中公知常识优先考虑，同一篇文章中次之，不同文章中又次之。

（2）载体属于教科书的应当优先考虑，文章次之，具体技术又次之（专利文献属于具体技术）。

（三）作为逻辑论证的思路的选择

不要完全局限于"最接近的现有技术＋结合的技术手段"这样一种思路，应当适当淡化最接近的现有技术概念。

美国 KSR 案提醒我们可以多渠道、多环节论证专利不具有非显而易见性。

对于检索评价标的技术只有三个技术特征 A、B、C 的技术

方案，最接近的现有技术就可能有 ABC′、A C B′、BC A′、AB、BC、CA、A、B、C 等九个类型的最接近的现有技术。通常优先选择 ABC′、A C B′、BC A′，其次是 AB、BC、CA 所在的技术方案，退而求其次是 A、B、C 所在的技术方案。

在美国著名的 KSR 案中，评价目标专利内容是 US6236565 号名称为"带有节气门电子控制装置的可调油门踏板"的专利权利要求 4。美国联邦最高法院在判定该专利不具有非显而易见性时就采用了两套分析思路：

（1）正向因果链：对比文献 US5460061 号专利→对比文献 US5242963 号专利→对比文献 US5819593 号专利→对比文献 US5063811 号专利。

（2）逆向因果链：对比文献 US5819593 号专利→对比文献 US5063811 号专利→对比文献 US5460061 号专利。

第二节　专利权利要求撰写中的专利创造性分析

权利要求的撰写实质应当是表达具有创造性的发明创造的内容与范围，因此也是在表达发明创造的创造性。从专利创造性分析角度，专利权利要求的撰写主要涉及如下三大方面的问题。

一、第一发明点的确定

发明点在专利创造性实务分析中经常被使用，在专利撰写中使用也很有意义。

为撰写分析方便起见，从专利创造性分析的角度，可以对撰写实务中的"发明点"给出这样一个定义：

发明点是指能够为专利申请的技术带来创造性的技术特征或者技术特征组合。

从这一定义看，能够成为发明点的技术特征不限于单个技术特征，也可以是技术特征的组合。因为在有的专利技术中单个技术特征并不能使专利体现出创造性。

发明点不同于《专利法实施细则》第十三条对发明人与设计人的定义中的"发明创造的实质性特点"。发明点不是"发明创造的实质性特点"的简称。

当然，这里提出的发明点也有别于下文将要提出的发明构思概念。两者不可混淆。

另外，这里提出的关于发明点的定义虽然比较接近于《专利法实施细则》第三十四条中"特定技术特征"的定义，但"特定技术特征"有自己特定的用途。从使用场合的角度考虑，在撰写领域使用"发明点"更合适。

第一发明点是指专利申请技术中那些位于核心与基础地位的发明点。由于这是专利权利要求撰写之前首先要挖掘出来的，所以，以"第一发明点"称之。

从系统论角度看，挖掘第一发明点主要包括如下步骤：

（一）首先从技术交底书中初步整理出拟申请专利的技术体系

以技术主题、技术问题与技术效果作为主要线索从技术交底书中整理出拟申请专利的技术体系，可以作为对外差异性分析的基础。首先，以技术主题名称作为主要线索分类整理出技术体系；其次，在相同技术主题之下，以技术解决问题作为主要线索分类整理出技术体系；再次，在相同技术解决问题之下，以技术效果作为主要线索分类整理出技术体系。当技术效果也相同时可以考虑按照技术结构（实际上技术结构不相同时技术效果绝难完全相同）的层次划分整理技术体系。

技术主题、技术问题与技术效果层面上的分析工作是第一位的。其中，在同一技术构思的发明体系中技术效果由于划分最为细致，对撰写的作用最为突出。

主干与分支关系的处理：如果有并列技术方案，应当提炼出具有共同技术特征的技术方案。如 2004 年全国专利代理人资格考试机械专业撰写实务试题需要先行在拟申请技术内部分别进行共性概括。适当的内部共性概括显然有助于正确划界和确定独立权利要求中的区别技术特征。

（二）与在先技术划界并筛选提炼出发明点

1. 划界的事实依据

依据检索结果从相关的在先已有技术中选择确定最接近的现有技术。

在相关的在先已有技术中确定最接近的现有技术作为划界的基本依据。最接近的现有技术代表了在先已有技术的发展水平，因此，可以成为衡量新发明创造与在先已有技术之间距离的一个最为适当的尺度，因而可以作为划界的基本依据。

（1）作为对比分析基础的多项在先已有技术之间没有可以相互结合的联系时，自上而下依次依据技术领域、技术问题、技术效果、技术特征数量划界；作为对比分析基础的多项在先已有技术之间存在可以相互结合的联系时，则应当通过组合论证方式以组合最长链上建立起的观念中的技术作为最接近的现有技术。即最接近的现有技术可以是两种在先已有技术的结合体。以专利号为 CN00811954.6、名称为"透平及从该透平导出泄漏气体的方法"的专利的撰写为例：注意到美国 US1867236A 专利是与该申请最接近的现有技术，但该发明专利申请技术是在更加具体的德国 DE6809708 专利技术基础上针对该德国专利技术的缺点与不足改进的，所以，可以以更加具体的德国 DE6809708 专利技术结合从美国 US1867236A 专利文件中分离出来的加压气体技术这一更上位的技术所组成的结合体技术作为最接近的现有技术。这样做，对于专利申请技术的创造性分析论证与确定发明点就显得更加方便。

（2）技术领域不同时，也可以考虑其他技术领域的在先已有技术作为最接近的现有技术。

一般来说，只要能够最大限度地排除在先已有技术的技术都可以考虑将其作为最接近的现有技术。而且，在专利申请技术具有创造性条件下，在当时的检索条件下，最接近的现有技术一般是相对确定的。

2. 划界的法律标准

由于《专利法实施细则》第二十一条并未给出划界的法律标准，所以，造成了权利要求撰写在很多基本问题上存在困惑。为此，这里给出划界的法律标准。而划界的法律标准其实就是判断发明创造性标准。体现在权利要求撰写上，划界实质就是寻找和确定为拟申请技术带来创造性的技术要素，一般可以从技术领域、技术问题、技术效果、技术特征的非显而易见性差别依次比较与筛选发明点。能够带来非显而易见性的区别性技术特征即为发明点，因此，具体分析比较与筛选时，应当排除不具有新颖性和等同的技术特征，提炼非等同性技术特征。

（1）技术领域的差别性：存在技术上质的差别的技术领域优先考虑，即不同领域的新开发技术优先考虑。属于相同技术领域的，则进一步考虑下列其他技术因素。

（2）技术问题的差别性：必须选择技术上质的差别的技术问题。

（3）技术效果的差别性：必须选择技术上质的差别的技术效果（包括不同的技术效果与出乎预料的技术效果）。有人很看重利用技术效果的差别性筛选有创新性的发明点，但是只注意到这一点，经常是不全面的。

（4）技术特征的差别性：必须选择技术上质的差别的技术特征，尤其是排除不具有新颖性和等同的技术特征，提炼非等同性技术特征。实践中有时需要在概括的基础上进行划界，所以，此项工作经常需要与第二部分技术方案的提炼与概括工作结合起来，甚至以第二部分为前提条件。如 2011 年全国专利代理人资格考试试题专利代理实务部分的撰写。只是如果撰写者找不到发明点哪怕是相对含糊、相对概括的发明点，进行第二部分技术方案的提炼与概括工作将是没有意义的。所以，寻找到可靠的确定性的发明点是撰写工作的第一要务。

划界在最后所确定的具体界线就应该在不具有新颖性和等同的技术特征与非等同性且能够带来最基本（最基础或者互不隶属时则最重要）的技术效果的技术特征之间。

附带问题：

（1）划界应当以充分的检索结果依据为前提，即检索应当尽可能全面充分而且有代表性。

（2）技术特征细分的标准：可以细分到具有相对独立意义的功能所对应的技术特征，再细将是没有实际意义的。

（3）同类技术特征中在无其他分界限定词可用时应当使用序数词区分与表达。

（4）对于难以划界的，不应当强求。此时的划界实质是在技术主题水平上进行。

（三）依照最基本技术问题或最基本技术效果确定第一发明点

划界可以筛选提炼出许多发明点，最后还应当确定出第一发明点。

第一发明点是指为解决区别在先已有技术的最基本技术问题或者为了取得在先已有技术所未能取得的最基本技术效果而提出的技术解决手段。

第一发明点是权利要求的中心与重心。具体确定第一发明点时应注意第一发明点的位置规律：

1. 所关联的技术领域

在所有技术领域中第一发明点通常应当是位于最接近于"最

接近的现有技术"的技术领域。

2. 所关联的技术效果或者技术解决问题

在区别性技术效果或者区别性技术解决问题中，最基础的技术效果或者最基本的技术解决问题是选择第一发明点的依据；技术关系中互不隶属时以经济意义最重要的技术特征作为第一发明点。

3. 所关联的技术方案

在技术体系中，第一发明点应当位于地位最基础性的技术方案，技术方案互不隶属时第一发明点位于意义最重要的技术方案。基础技术方案与从属技术方案关系的实质是基于技术特征之间的基础与从属关系。

4. 所关联的技术特征

最基本的区别性技术方案中的区别性技术特征应当是能够带来创造性的且能够带来最基本（最基础或者互不隶属时则经济意义最重要）的区别性技术效果的或者能够解决最基本的区别性技术解决问题的技术特征，通常作为第一发明点。

从定义中的偏正结构关系上看，第一发明点概念的提出偏重于最基本的具有创造性的技术手段的挖掘。但需要注意到技术主题、技术解决问题、技术效果、技术手段之间的联系。技术主题、技术解决问题、技术效果、技术手段共同组合在一起才能完整地体现出最基本的发明构思。第一发明点就是用于表达最基本的发明构思的。而且，有时第一发明点可以由多个技术特征共同体现出其最基本的发明构思。因为有时在需要多个技术特征才能解决最基本的区别性技术问题或者取得最基本的区别性技术效果时，则单个技术手段是没有技术上的独立意义的，单独分裂出来也会造成技术方案的不完整。因此，第一发明点的确定实质上应当以为解决区别于在先已有技术的最基本技术问题或者为了取得在先已有技术所未能取得的最基本技术效果为标准。

实践中，可以对技术领域、技术解决问题、技术效果、技术手段分别与在先已有技术划界，确定最基本的区别内容。这些区别内容包括技术领域、技术解决问题、技术效果、技术手段各个方面，但最后应当以为解决区别于在先已有技术的最基本技术问题或者为了取得在先已有技术所未能取得的最基本技术效果为标准确定第一发明点的内容。

由于第一发明点位于权利要求撰写中的核心位置，是权利要求撰写中的"文眼"，所以，格外引人注目，一旦产生偏差，损失与麻烦也是最大的。所以，有必要极其精准地确定。

下面以 2004 年全国专利代理人资格考试机械专业撰写实务试题为例分析确定第一发明点的内容。

在该试题中，最接近的现有技术是第二种技术。技术交底书中所提出的拟申请专利的技术与该第二种技术相比较——

技术领域：与在先已有技术没有区别。

技术解决问题：要解决打火机在正常打火使用条件下如何防止儿童打火又不妨碍成人打火的问题。（表达成"要设计一种在正常打火使用条件下如何防止儿童打火又不妨碍成人打火的打火机"显然不如上述表达效果在重点上更加突出）

技术效果：能够取得现有技术中尚未取得的打火机在正常打火使用条件下既防止儿童打火又不妨碍成人打火的技术效果，以及避免因不适当的使用方式对打火机造成的损坏。

技术手段：

（1）拇指按压轮与摩擦轮之间设置一彼此对置的摩擦面；（说明：本条件的目标指向拇指按压轮与摩擦轮两部件之间形成摩擦连接条件，作为推动摩擦轮运动的一个必要条件）

（2）径向施加于拇指按压轮上的拇指按压力推动摩擦轮运转的相关结构设计应使得只有当拇指按压力大于设定的儿童拇指按压力时才能促使摩擦轮运转形成摩擦打火。（说明：本条件通过对拇指按压力推动摩擦轮运转的相关结构设计的限定，即应使得只有当径向施加于拇指按压轮上的拇指按压力大于设定的儿童拇指按压力时才能促使摩擦轮运转，这样一种功能性限定，能够最后实现解决打火机正常打火使用条件下如何防止儿童打火又不妨碍成人打火问题的目的，也能够获得现有技术中的技术尚未取得的打火机在正常打火使用条件下既防止儿童打火又不妨碍成人打火的技术效果，以及避免因不适当的使用方式对打火机的损坏如第二种在先已有技术的侧向施力方式所可能对打火机造成的损坏）

二、技术方案的提炼与概括

技术方案包括技术主题名称及其名称项下的技术手段的集合。

（一）技术主题名称的提炼与概括

1. 技术主题类型的确定

在技术上，专利申请技术可以划分为产品主题与方法主题两大类型。产品主题与方法主题之间的关系是：当方法是用于制造产品时，从属于产品主题；当产品即设备是专用于实施方法时，产品即设备从属于方法主题。相应地，在专利申请时，前一种类型中产品主题保护范围宽，更加重要；后一种类型中方法主题保护范围宽，需要更加重视。

发明点中既有产品结构性技术特征，又有方法类技术特征的，究竟是撰写出产品权利要求，还是撰写出方法权利要求，判断起来有一定困难。笔者认为，应当重点根据发明点的性质考虑。判断一项专利申请应当属于产品技术类型还是方法技术类型，关键是看对现有技术作出贡献的即为本专利申请技术带来创造性的技术手段的技术类型性质，即依据处于发明点的技术特征性质确定所要撰写的权利要求类型。处于发明点的技术特征属于产品结构性质的，撰写出产品权利要求；处于发明点的技术特征属于方法步骤性质的，撰写出方法权利要求。实在难以区分的，产品类权利要求与方法类权利要求都应当考虑写入，避免可能给申请人造成的损失。如 2008 年全国专利代理人资格考试撰写实务试题，既要撰写方法独立权利要求，又要撰写设备独立权利要求。

2. 技术主题名称的表达

技术主题名称的表达所遇到的第一个问题是引用式表达与自定义表达的区分问题。引用式表达容易与在先现有技术对接与接轨，保护范围比较宽，自定义表达不与在先现有技术对接，保护范围一般比较窄，所以，除非必要，应当优先使用引用式表达。只有在现有技术不足以表达所要描述的技术特征时，才使用自定义表达，而且自定义表达要注意定义清晰。而要定义清晰，在定义中就必须与在先已有技术对接好，所以，提倡引用科技术语与使用 IPC 分类中的概念术语来表达专利申请技术是一种专业的、严谨的建议。

技术主题名称的表达包括中心词与对中心词进行限定的限定词。

（1）中心词

技术主题名称必须体现出满足人类物质需求的技术性。如不应当将"快门机构"作为技术主题名称，准确的技术主题名称是"照相机"或者"一种照相机的快门机构"（后一种表达方式中的快门机构依附于照相机，实质只是照相机的一个组成部分）；不应当将"摆动驱动机构"作为技术主题名称，准确的技术主题名称是"面片层叠设备"。实际上，没有体现出满足人类物质需求的技术性的技术主题名称将使所属技术领域里的技术人员无从知晓该技术对人类的意义。发明点的技术特征只有结合体现出满足人类物质需求的技术性的技术主题名称才能体现出对人类物质需要满足方面的具体意义。注意到这一点非常重要，权利要求并非仅仅是由技术手段构成的技术方案，取消技术主题名称的权利要求内容无论多么完美，都不具有技术概念意义上的属性，都不是完整意义上的技术。只有将由技术特征构成的技术方案与体现满足人类物质需要意义的技术主题名称结合起来，我们才能体会到由技术特征构成的技术方案对我们人类所具有的实际意义。

技术主题名称应当与整体技术方案所体现和对应的技术领域相当。不应当过于上位，也不应当过于下位，更不应当写成邻位。如不应当将"面片层叠设备"写成"食品加工设备"，也不应当写成"摆动驱动机构"。具体可参照《专利审查指南2010》对技术领域表达方式的规范要求。

发明人进行技术交底时使用的技术名称（以下称为通俗名称技术）与下位发明点所在的可独立分离出的技术的技术主题名称均有创造性意义时，优先以保护范围更宽的下位名称作为独立权利要求技术主题名称，以通俗名称技术的技术名称作为并列的独立权利要求技术主题名称。表达方式举例："一种防故障电路"名称，优先于使用此防故障电路的"一种电池充电器"名称。但是，将"一种用于车辆的车身装置"中的发明点所在的技术扩展表达为并列独立权利要求"一种立方体容器"的问题，则可能因覆盖现有技术而被认定无效的风险将大大增加。扩展有利也可能有弊。谨慎的做法是全面兼顾。

通俗名称技术的发明点只包含在下位技术结构中时，技术主题名称既可以使用包含下位技术结构名称的方式，也可以仅使用通俗名称技术的技术名称而将下位技术结构名称作为技术特征。表达方式举例："一种照相机的快门机构，其特征在于……"或者"一种照相机，它具有一个快门机构，其特征在于……"

（2）限定词

用途限定有时是必要的，除非技术主题名称本身的用途已经被所属技术领域里的技术人员知晓。目前发现的必须进行用途限定的情况有两种：一种是新发现的天然形态的物质（多见于化学生物技术发明中的遗传工程产品发明中）；另一种是技术主题名称本身不构成一项完整的技术，只是技术的一个组成部分，需要通过用途限定体现出其与其他关联技术之间的关系。由于必要的用途限定不允许在后来的修改中加进权利要求，因此，在上述两种情况下如不写入，将面临不予授权或被认定无效的风险。用途限定可以写在技术主题名称之前作为限定词，也可以在紧随技术主题名称之后以技术特征方式写入技术方案中。

3. 技术主题与技术方案之间连接词的表达

连接词的表达方式从保护范围角度有两种：开放式与封闭式。开放式与封闭式各有优点与局限性，开放式保护范围宽，但覆盖在先已有技术的可能性、即被拒绝授权的风险也比较大；封闭式保护范围窄，但覆盖在先已有技术的可能性、即被拒绝授权的风险也比较小。所以，实践中应当注意选择或者结合使用。

（二）技术特征的提炼与概括

基于下述三个不同角度的提炼与概括，由于都是必须考虑到的，所以也可以作为技术特征提炼与概括质量审查的三个层次。自下而上依次为：基于技术解决问题或者技术效果的提炼与概括；基于技术特征之间共性的提炼与概括；基于技术特征可变形性的提炼与概括。三者之中，最重要的应当是基于技术解决问题或者技术效果对必要技术特征进行的提炼与概括，因为后两种提炼与概括方式做不到时还有等同原则可以弥补与补救，而第一种提炼与概括上的损失则无法弥补与补救，一旦疏忽，对于重要专利将造成重大损失。因此应当作为本项工作内容的第一要着。

1. 基于技术解决问题或者技术效果的提炼与概括

这里所说的技术解决问题是广义的。在不同层次上，有不同的技术解决问题。虽然按照《专利法实施细则》，必要技术特征是独立权利要求的组成部分。但是独立权利要求的概念也是相对的，当独立权利要求被否定时，从属权利要求就可以提升为独立权利要求。所以，这里采用了广义的技术解决问题的概念。

（1）必要技术特征提炼

必要技术特征的概念是一个符合充分条件性因果关系的定义，是以解决本层次技术问题为充分性要求的各个必要性的技术特征的组合。所以，需要围绕解决技术问题逐个分析技术特征的必要性与全部技术特征的充分性。其中，与现有技术共有的必要技术特征也需要同时提炼出来。同时要防止将非必要技术特征写进独立权利要求，即要防止多余指定。

（2）必要技术特征相互之间与内部各要素之间关系的安排

必要技术特征的引用式表达与自定义表达的区分同样应当引起注意。

必要技术特征相互之间应当围绕结构关系顺序描述：通过连接词、引用词体现与表达，依据技术解决问题与技术效果的层次区分为不同层次，表达出本层次技术方案的对应性内容。本书是在广义上使用必要技术特征这个概念，并不认为只有独立权利要求才有自己的技术解决问题或者技术效果。从属权利要求也有自己的技术解决问题或者技术效果。发明创造在一个总的技术构思之下可以因为不同的技术解决问题或者技术效果而组成一个系统。从系统论角度看，技术各要素在一个总的技术构思之下可以组成一个系统、组成一个技术体系。

必要技术特征内部各要素之间的关系处理：通过中心词、限定词体现与表达。中心词要注意与本权利要求技术解决问题或者技术效果的对应关系，处于同一层次的优先。限定词可以在中心词之前限定，也可以在中心词之后限定。前一种方式更加简洁，应当优先考虑使用；只有当表达内容过多而使用前一种方式表达不够方便与顺畅时才考虑使用后一种方式。

2. 基于不同技术方案之间的共性的提炼与概括

具有单一性的同名技术主题的并列权利要求应当努力进行共性上位概括，只写成并列独立权利要求在多数情况下将会有损失。只有难以提炼出共同的上位技术特征时才写成并列独立权利要求。

与现有技术共有的技术特征的提炼：以 2002 年全国专利代理人资格考试机械专业专利代理试题为例，如大气侧的连接关系并非第一发明点，但两个实施例有差别，在独立权利要求中需要提炼出共有技术特征。

区别于现有技术的区别技术特征的提炼：以 2004 年全国专利代理人资格考试机械专业专利代理试题为例，见上述已经提炼出的内容。

因此，无论发明点还是非发明点的共性技术特征都可能涉及共性提炼。

3. 基于技术特征自身的可变形性的提炼与概括

前两种概括属于原貌性概括，通常都是使用技术交底书与对比文件中由相关发明人与撰写者直接使用与表达出的技术特征名称。然而，共性提炼之后的技术特征仍然可能具有可变形性。除了位置特征的共性概括之外，其他技术特征实际上都在一定程度上可以变换形态或变更形状。基于技术特征自身的可变形性的提炼与概括则是一种扩展性概括。这种概括比原貌性概括更有意义，实质上是撰写人基于等同替代的认识主动进行的专利申请保护范围的等同扩展。当然这种等同扩展并不当然约束专利申请授权后的保护范围。但这种扩展能够为专利申请授权后的保护提供更加有力的申请文件支持基础。

（1）分析角度：这里所说的技术特征可以是单个技术特征，也可以是技术特征的组合。因为单个技术特征可以有变形，技术特征的组合也可以有变形。后者常常被忽视。从技术特征的组合角度进行概括，需要先行对整个技术方案的技术特征依据功能关系进行适当的分组或者分区。

（2）适用条件：包括技术交底书提示存在并列可选择的技术手段，或者在进行同等功能下的技术手段可替代分析之后认为存在可变形与可变位（对于位置相对独立自由的技术特征）与可变连接关系的技术手段。概括性技术特征在理论上应当与其全部外延相对应，具有周延性，既不扩大也不缩小。实施例与概括性技术特征之间应当具有合理地推理关系。当不能由实施例合理地推理出概括性技术特征时，概括就是不适当的。另外，任何上位概括都不应当超出技术解决问题的范围。

（3）概括方式：有概念上位概括、功能上位概括两种基本也是最常用的方式。

概念上位概括：实际是专业技术术语概括。无论是单个技术特征还是技术特征的组合，都可能涉及进行概念上位概括。有相对应的专业术语时，应当优先考虑使用专业技术术语进行上位概括。如各种活动连接的实施例有必要使用最上位的"活动连接"术语进行概括，而用"连接"概括如果超出技术解决问题的范围，则是不适当的。

功能上位概括：当没有合适的技术术语或者概念可以用于上位概括时，应当考虑进行功能上位概括。因此，功能上位概括是最后一种概括手段。功能上位概括显然是一种顶级概括，但也存在因概括而产生的抽象性限制，不可随意使用。具体使用时应当以所属领域普通技术人员的理解能力为准，具体做法是依据概括的周延性要求与专利说明书的安排确定。在专利说明书中，应当根据支持权利要求的要求安排实施例的数量。另外，功能上位概括以其概括对象仍然可以区分为基础性功能上位概括与限定性功能上位概括，对于基本含义的功能性概括为基础性功能上位概括，对于从属性含义的功能性概括为限定性功能上位概括，注意分别对待，如 2011 年全国专利代理人资格考试试题专利代理实务部分的独立权利要求的撰写。

1）功能上位概括在结构上包括中心词与限定部分

中心词所使用的词语在属种逻辑关系中属于属概念，为获得尽可能宽的保护范围，在不影响技术特征之间相互适配性前提下，应当优先选用尽可能上位的概念。最基本、最常用、最上位的概念在机械电子技术领域微观上有部件、元件、器件等，中观上有结构、机构、构造等，宏观上有装置、仪器、设备等。

限定部分的限定方式有在先限定与在后限定两种。在先限定为中心词之前使用限定词，在后限定是中心词之后单独使用限定句。限定词一般应当为动宾结构，以体现作用方式与作用对象。只有当上下文不致于理解模糊时可以不使用宾词。前者如："挤压牙膏软袋的装置"、"撕开封装袋的撕开部件"、"防故障电路"、"储油构造"等，后者如"封堵件"等。具体限定时应当使用功能类用语（即应当限于技术手段之间的相互作用），不应当使用技术效果类用语。

2）功能性特征概括的条件与尺度

功能性特征概括的下限条件是只要在技术特征中存在相同或者相应功能的技术特征就可以进行功能性技术特征概括。根据《专利审查指南 2010》规定，对支持功能性特征概括的实施例数量在撰写时应当从严要求，通常至少应当有两个以上（包括两个）的实施例才能作为概括的基础。说明书中仅有一个实施例时，除非所属领域的普通技术人员知晓现有技术中也存在同样功能的其他技术手段，否则，不应当使用功能性特征概括。

功能性特征概括的上限条件是以技术解决问题作为总功能，将总功能分解到各个技术特征上，得到各个技术特征应当承担的分功能，扣除其他不需要概括的技术特征的功能，就是需要概括的技术特征的最上位概括的功能性限定。

功能性技术特征概括应当与其全部外延相对应，具有周延性，既不扩大也不缩小。实施例与功能概括性技术特征之间应当具有合理地推理关系。当不能由实施例合理地推理出概括性技术特征时，概括就是不适当的。具体参照专利复审委员会对于第00801877.4号发明专利所作出的第12242号复审请求审查决定。

3）功能性特征概括在方向上分为横向概括与纵向概括

横向概括是着眼于单个技术特征的变形，纵向概括是着眼于技术特征的组合。

4）应对《最高人民法院关于审理侵犯专利权纠纷案件应用法律若干问题的解释》第四条关于功能性特征限于说明书中的实施例及其等同范围的司法解释的办法

国外专利权人的做法是在说明书中尽可能具体化描述各种可能存在的具体技术方案。这种办法很难保证完全达到预期目的。在诉讼实践中，我们总结出了用于说明书中对功能性特征进行定义的办法。实质上是用规定内涵的办法来处理这个问题。如"瓦楞成型装置是指所有在先现有技术中用于制造瓦楞纸、瓦楞纸板的技术"。这样，在侵权诉讼中，法院就必须以特殊限定解释权利要求中的技术特征，专利权人也有了到现有技术中取证证明被控行为构成侵权的权利。当然，按照目前《专利审查指南2010》规定，应当同时在说明书中介绍足够的实施例，即应当适当结合外延种类介绍。

需要注意的是，共性概括、上位概括的负面影响是增加了难以通过专利创造性审查的风险，而且即使没有概括也可能有难以通过专利创造性审查的风险，所以，在共性概括、上位概括的同时，仍然不应当忽略将实施例写进权利要求中。

4. 技术方案内部技术特征的表达关系安排

对于产品权利要求，总分结构优先于流水式顺序结构。

对于方法权利要求，一般不适合使用总分结构，通常只能使用流水式顺序结构。

三、技术方案之间关系的处理

申请专利的技术方案之间关系的处理是对权利要求进行体系化安排。从系统论角度，权利要求的体系化安排涉及单一性关系，具有单一性的技术方案之间的基础与从属关系、并列关系、引用关系，不具有单一性的技术方案之间的分案与表达角度损失问题的避免等。

（一）单一性关系

可以存在于同一专利申请中的各项权利要求之间应当具有内在联系，这种内在联系就是各项权利要求都是属于一个总的发明构思。这是判断单一性的总标准。

什么是发明构思？从发明创造的一般过程认识，构思发明通常是先有一个要解决的技术问题，然后去寻求解决该技术问题的解决手段与解决方法。如果是所属领域的普通技术人员能够想到的解决手段与解决方法，由此而开发的技术并不具有创造性；真正符合创造性标准即具有创造性的解决手段与解决方法才能够称为发明创造。因此，发明构思应当是对发明创造的形成具有创造性贡献的技术设计部分，这部分应当是解决某一技术问题与相应技术手段的特定有机统一。不允许是纯粹的技术特征，因为单纯的技术特征本身体现不出发明构思的具体路线（包括起点、终点以及由起点指向终点的具体路径）。在实际的发明创造中，一个发明的形成过程应当是使用技术手段解决某个预先选定的技术问题的过程，只有技术解决过程的某些具有创造性方面的相同性或相应性，才能体现出不同发明创造之间的相同构思。因此，发明构思必须将特定的技术问题与特定的技术特征结合起来。如解决甲技术问题使用 A＋B 技术手段，解决乙技术问题使用 A＋C 技术手段，尽管第二项技术与第一项技术看上去都有相同的特定的技术特征 A，但相互之间由于解决的技术问题并不相同，所以，不具有单一性。

圆珠笔最早是 1938 年由一位匈牙利人发明的。这种圆珠笔在写到 20000 多字时，由于笔珠长期使用造成磨损，油墨随之流出，为了解决圆珠笔漏油问题，许多国家的圆珠笔厂商都投入了很大力量从事笔珠耐磨性研究，甚至有人试用耐磨性好的宝石和不锈钢做笔珠，但这样做当笔芯头部内侧与笔珠接触的部分被磨损时，仍然会使笔珠蹦出，漏油问题还是没有彻底解决。1950 年，日本发明人中田滕三郎想：既然前面的围绕耐磨性思路的办法都不能彻底解决问题，如果改变笔芯的装油墨量，使笔芯只能写到 15000 字左右，再换一笔芯，不就可以解决漏油的问题了吗？由此，他在这方面作出了一项很有价值的虽然是改进的圆珠笔发明，圆珠笔技术也因为他而终于变得成熟起来。

上述改进不漏油的圆珠笔的两种不同技术开发思路都是为解决同样的技术问题即圆珠笔漏油问题。第一种研究思路是围绕造成圆珠笔漏油的直接原因即笔珠周围耐磨性因素想办法，在改进笔珠耐磨性研究思路上没有能够获得彻底成功，这也是一般技术人员容易想到的思路；在这一思路没有解决问题的条件下，也就是在技术开发遇到前所未有的困难的情况下，中田滕三郎没有受改进笔珠耐磨性研究思路的限制，而是扩展了研究思路，另寻出路，终于在圆珠笔储油量这个并非直接的因素上找到了解决办法。显然，正是这种新的发明构思，这种为解决虽然是同样技术问题的依托于对其他影响因素的改造之新的发明构思，产生了新的发明。前一种思路是围绕"圆珠笔漏油问题—圆珠笔漏油的笔珠周围耐磨性因素"寻找解决办法；后一种思路是围绕"圆珠笔漏油问题—圆珠笔漏油的油量因素"寻找解决办法。两种思路在上位层次上概括起来就是"围绕圆珠笔漏油问题—圆珠笔漏油的因素"寻找解决办法。所以，一个完整的发明构思不仅仅是技术手段，而应当是技术解决问题与技术解决手段的特定的有机统一（本案例是通过圆珠笔漏油问题背后的造成圆珠笔漏油的因素的再次选择将圆珠笔漏油问题与圆珠笔漏油油量因素上的解决手段联系到了一起）。

我国《专利法实施细则》第三十四条对发明构思使用了"相同或者相应的特定技术特征"作为判断单一性即同一发明构思的标准，虽然"特定技术特征是指每一项发明或者实用新型作为整体，对现有技术作出贡献的技术特征"，其中"对现有技术作出贡献"应当理解为对现有技术作出了创造性贡献，而"对现有技术作出了创造性贡献"可以是一个相当宽的概念，实际理解使用时应当广泛的理解为可以是特定功能、特定的技术解决问题、特定的技术效果。实践中撇开技术解决问题而单纯从"作出创造性贡献的"技术手段上把握技术构思的相同性将导致不同的发明构思混在一起，导致同一发明构思范围认定过宽，有可能将属于甲发明构思的技术划到乙发明构思的技术之中，甚至不能客观地描述发明创造的一般过程，也就是不能具体反映发明的基本构思过程，不能反映出一项完整的发明构思。比如多个技术特征的组合，而该多个技术特征的组合只能用于解决一个技术问题，此时就不能用该多个技术特征的组合中的某一个技术特征作为特定技术特征来判断单一性，因为该多个技术特征的组合中的某一个技术特征并不能独立地解决上述特定的技术问题。发明创造的技术构思是要服务于技术解决问题的，所以，只有指向解决相同或者相应技术问题的技术特征才能够反映相同发明构思。

因此，笔者建议按照上述分析修改现行的同一发明构思的定义。

（二）具有单一性的技术方案之间的关系主要涉及保密与公开关系、基础与从属关系、并列关系、引用关系的处理

作为撰写原则，撰写权利要求时不应当遗漏技术交底书中任

何一项具有创造性的技术，应将所有具有创造性的技术全部写进权利要求书中。不具有创造性的技术可写入也可不写入。在这个问题上经常涉及保密与专利之间关系的权衡问题。在希望保密与申请专利之间优先选择时，相比较之下，以技术秘密保密方式保护获得保护的时间将是永久性的。世界著名的可口可乐配方、中国的云南白药、中国的宣纸技术至今以保密方式获得了很好的保护效果。对于难以通过保密方式保护的发明，则只能考虑通过专利保护。在这种情况下，只要有创造性的技术特征原则上都要写进权利要求，当事人不要求保留的原则上应写进权利要求书中。

在希望公开获得专利保护的相对复杂的发明创造技术体系中，各技术方案之间的关系通常涉及基础与从属关系、并列关系、引用关系，并由此形成权利要求的层次体系。在这些关系之中，基础与从属关系最为重要。基础与从属关系，在技术效果、技术解决问题层面上，从属关系表现为从属于上位技术问题、或者从属于上位技术效果、或者从属于上位技术特征，相对独立意义非常明显，在明显具有创造性时毫无疑问应当分解开来作为单独的权利要求项目撰写出单项从属性的权利要求。在这个问题上，国内有专著提出了功能分解的观点（即按照功能层次确定各申请权利要求的技术方案之间的基础与从属关系），笔者不赞成以功能分解体系作为撰写各个相对独立的权利要求项目的首选依据，撰写与确定各个相对独立的权利要求项目的基本依据应当是存在相对独立的具有创造性的下位技术方案，没有创造性的下位技术方案并非必须写入从属权利要求，当然，技术意义相对独立的技术的结构、机构、电路等也可以考虑作为撰写独立的权利要求项目的依据。因为每个技术特征都有自己的功能，但并非每个技术特征都能够为人类带来出乎预料的技术效果。

基础与从属关系在技术特征层面上表现为具体与概括关系（如前面提到的各种提炼与概括）、限定与被限定关系、下位与上位关系、数量范围上的窄范围与宽范围的关系等。除非为创造性考虑，后者作为更基础的权利要求时，前者通常应当写入从属性权利要求中。另外，在先的基础性权利要求与在后的从属性权利要求各有优点与局限性，在先的基础性权利要求保护范围宽，但覆盖在先已有技术的可能性、即被拒绝授权的风险也比较大；在后的从属性权利要求保护范围窄，但覆盖在先已有技术的可能性、即被拒绝授权的风险也比较小。所以，实践中应当注意结合使用。

引用关系依照法律与法规规定应当保证逻辑清晰，符合权利要求应当清楚的规定。从属关系在后者可以引用在先者；并列关系需要界分开来，彼此之间不存在引用关系。受引用关系规则中多项不得引多项的规定限制，在第一个多项出现后，附加技术特征的限定就受到限制与明显的约束，此时，应当考虑从创造性与经济意义上筛选重要的附加技术特征写进从属权利要求，其他次要技术方案可以舍去。

（三）表达角度损失问题及其处理

因为表达而造成的角度损失问题是专利撰写中最容易忽视的问题。从一个角度表达申请的技术方案，经常容易忽视从另一个角度表达的可以申请专利的技术方案，这就是表达角度损失问题。因此，应当高度重视表达角度损失问题。

1. 不具有单一性的技术方案应当考虑另案申请或者分案申请

不具有单一性的技术方案需要考虑另案申请（尚未提出申请时）或者分案申请（已经提出申请时），其实质在于避免表达角度的损失。不具有单一性而另案申请或者分案申请只有从表达角度损失的视角才能够得到深刻、完整、准确的理解与处理。表达角度损失视角虽然是单一性问题的对立面，但只要有在单一性申请中不能作为独立权利要求的发明点的技术，就存在表达角度损失问题，就潜在地存在可能需要另案申请或者分案申请的问题。

因此，作为原则，任何发明点在权利要求撰写中都应当得到同等程度的尊重，除非从经济利益角度对此不予考虑。

全面考虑另案申请或者分案申请必须以避免表达角度损失为基本审查标准。具体可能体现在技术领域、技术问题、技术效果、技术特征各个层面。实践中多表现在进一步所能够取得的技术问题、技术效果的技术方案上，或者进一步的技术特征上。作为在后表达者失去了在先表达地位，成为从属权利要求时，难免就会缩小保护范围。为了适当扩展保护范围，应当在另案申请中给以独立权利要求的表达地位。以1998年全国专利代理人资格考试专利代理实务机械专业试题为例，光滑截头锥面技术手段解决的是自动密封问题，将其混入解决自动润滑的系列技术方案权利要求中作为从属权利要求的技术特征，将大大缩小其单独作为独立权利要求的区别技术特征所具有的保护范围，所以，有必要在另案申请中单独予以保护。

另外，在原始申请文件公开之后不应当允许单纯从说明书中而不是从权利要求书中提出分案申请。分案申请一般应当从权利要求中分出，否则应当按另一新的申请对待。没有进入权利要求保护范围的开发技术，在公开之后，即成为公众可以自由利用的技术，应当理解为向社会的捐献，申请人不得再就此主张权利，否则将构成对社会公共利益的侵犯。也就是说，没有写进权利要求，没有请求保护的技术，不是专利申请技术，在公开之后不具有分案申请的资格。因此不应当再作为享有分案申请的依据，即仅仅写进说明书中而没有写进权利要求中未进入专利法律保护范围的新技术至少在公开之后不应当作为分案申请的基础。

2. 即使具有单一性的技术方案之间也要注意避免表达角度损失

不具有单一性的技术应当考虑另案申请或者分案申请，这或许比较容易发现与处理，最难以发现的应当是在具有单一性的技术方案之间。具有单一性的技术方案之间也要注意避免表达角度损失。

　　具有单一性的技术方案之间考虑避免表达角度损失时，应当优先考虑具有独立技术效果的最基本技术单元（对技术交底书中的全部技术内容充分分割之后不能再分割的技术单元）的挖掘与独立化，如在电池充电技术中开发出具有创造性的防故障电路，专利申请的撰写应当以防故障电路为第一独立权利要求，在电池充电技术中应用防故障电路的技术应当写成并列独立权利要求。如果只按照技术交底书的原始描述，将在电池充电技术中应用防故障电路的技术仅仅写成"一种电池充电技术"独立权利要求，就容易忽略"一种防故障电路"独立权利要求，就会给专利申请人造成相当大损失，这种损失就是一种表达角度损失。

第三节　专利说明书撰写中的专利创造性分析

一、证明专利申请的创造性是专利说明书撰写的第二大任务

　　专利说明书也要用于证明专利的创造性。一般人认为专利说明书就是专利的解释说明性的文件，只是用于满足充分公开的要求。其实不然，实际情况是整个专利说明书都是专利局审查创造性的重要依据。公开充分与创造性论证是两个不同性质的问题，具体任务与执行方式也明显不相同。《专利审查指南2010》第二部分关于说明书应当"完整"的要求中指出说明书撰写的任务之一就是证明专利申请技术的创造性，并且进一步建议在存在克服技术偏见的事实时应当撰写有关克服技术偏见的事实等内容，只是因为这些要求写在说明书公开充分要求部分，不容易引起重视。

　　除"具体实施方式"部分被明确要求是用于满足公开充分要

求之外，《专利法实施细则》第十七条至第二十二条的规定同时也是关于创造性——实质性差别的体现要求的。

专利法对专利创造性的要求决定了证明专利申请的创造性是专利说明书撰写的基本任务。

实践中我们经常发现，独立权利要求由于不具有创造性而被宣告无效，同时伴随而来的是全部专利就都被宣告无效。这种情况反映出，对于从属权利要求或者是原本就没有创造性或者是有创造性但论证工作根本没有做。因此，专利代理人在撰写专利申请文件时就应当向专利申请人讲清楚不论证创造性的可能的法律后果。

在专利法律发展的历史进程中，从专利说明书时代发展到现在的权利要求书与专利说明书并重的时代，我们注意到后来产生的权利要求书本身并不能很好地证明自身的创造性。证明专利申请技术创造性的任务还是要由专利说明书来承担。

从专利创造性分析角度看，专利说明书撰写的第二项重要任务就是证明权利要求的创造性。专利说明书有大量的内容都与论证创造性有关。

所以，证明专利申请的创造性是仅次于满足公开充分要求的专利说明书撰写的两大重要任务之一，虽然通常是第二大重要任务。

二、专利说明书撰写中如何体现专利的创造性

（一）专利说明书前半部分不应当写入任何涉及本专利申请创造性的内容

为表述方便与醒目，这里将说明书的"名称"部分、"技术领域"部分、"背景技术"部分称为说明书的前半部分，将"发明内容"部分、"附图说明"部分、"具体实施方式"部分称为说明书的后半部分。实践中的许多教训提醒我们有必要在说明书中

划清创造性智力技术劳动成果与已有技术的具体分界线，并对于专利说明书前后两部分分别制定不同的撰写规则。

专利说明书前半部分内容是与在先已有技术对接与搭桥接轨部分，并能够起到铺垫与衬托专利申请技术创造性的证明作用，因此，不应当写入任何涉及本专利申请创造性的内容。

说明书的"名称"部分不应当将涉及发明点的技术要素写进发明创造的名称，如发明点在于能够实现水龙头手柄自动清洁，不应当写成"自洁式水龙头"；发明点在于在墨水瓶中增设一吸墨水腔室以防止墨水粘附到笔杆上，不应当写成"带吸墨水腔室的墨水瓶"（引自吴观乐主编《发明和实用新型专利申请文件撰写案例剖析》第二部分实际审查典型案例，知识产权出版社 2004 年 5 月第 2 版）。

说明书的"技术领域"部分在需要具体描述技术领域要素时，不应当将属于发明点的技术要素写进去。

说明书的"背景技术"部分的铺垫与陈述最应当引起警惕。背景技术部分基本任务是描述最接近的现有技术状况。而最接近的现有技术（能够体现出专利检索水平——当审查员检索不到比申请人更高水平的文件时审查结果通常是可想而知的）也是一个因案而异的概念，尤其与检索技术水平有关。所以，严格来说，背景技术部分的撰写应当是以充分的检索为前提，背景技术部分的内容越丰富、越到位，越好。无论对于授权审批、无效对抗、侵权诉讼都很有好处。所以，应当努力提高检索水平，不断积累检索经验，将检索作为一门重要的专业学问对待。当然，背景技术部分内容是简还是繁，应当根据检索结果与专利申请技术之间为论证专利创造性的需要而确定。忽视这个论证关系上的要求而任意的撰写背景技术部分将是脱离论证专利创造性这个重要主题的。

特别值得警惕的是，背景技术部分不是表达自豪的地方，一定要警惕将发明人的贡献写进背景技术部分。背景技术部分的本来含义只是本发明创造的背景，不是本发明创造本身。本发明创造中的任何内容都不应当写进背景技术部分。实践中已经有人注意到因为疏忽将发明创造构思的部分内容写进背景技术部分所造成的不良后果，但由于背景技术与本发明创造构思之间的界限有时不容易划分清楚，加上《专利审查指南2010》要求将最接近的现有技术的问题和缺点写进背景技术部分，所以在实践中造成了许多问题甚至是非常严重的问题。笔者就曾经亲身经历了这样一个案件。这个案件是涉及第03214985.9号、名称为"无压给料三产品重介旋流器"的实用新型专利行政纠纷，专利权人是李智先生。要知道这是一项克服最初由前苏联发明、国内上市公司引进并加以改进的用于解决洗煤核心设备之弊端的重要技术，在国内权威专家现场办公会解决不了的磨损问题之后，李智先生潜心研究终于发现了造成该设备严重磨损的原因，并就此发明了该专利技术。然而，这样一个专利在没有任何证据的条件下却被宣告无效了。具体可以查看最高人民法院（2010）驳回再审申请通知书中的裁定理由。该案中，最高法院将专利申请人的分析结果当成了本领域普通技术人员的认识，认定事实错误。该专利背景技术中记载的相关事实是申请人以自己身份表达的属于申请人的新发现，属于创造性智力劳动成果，不属于现有技术，更无现有技术作为证据。

关键位置没有证据就宣告一个专利无效太可怕，事后诸葛亮的思维方式要不得，何况这是一项具有重大意义的技术。

虽然上述结果是属于证据审查不够谨慎与典型的事后诸葛亮行为造成的，但宣告无效的司法处理依据反映出与专利说明书的撰写方式有直接关系。

李智案的教训还反映出撰写规范与实践研究应该注意的一个问题，即在理论上是如何科学划分创造性智力技术劳动成果与已有技术的具体界线。

《专利审查指南 2010》第二部分第二章第 2.2.3 节关于背景技术部分的撰写提出了下述要求：

> 此外，在说明书背景技术部分中，还要客观地指出背景技术中存在的问题和缺点，但是，仅限于涉及由发明或者实用新型的技术方案所解决的问题和缺点。在可能的情况下，说明存在这种问题和缺点的原因以及解决这些问题时曾经遇到的困难。

通过第一章第二节的分析，我们已经发现，提出技术问题（包括提出概括性技术问题）在发明创造形成过程中的重要地位，技术问题的发现与提出已经是发明创造的重要组成部分，在发明创造之初是创意的组成部分，在专利申请授权之后就成为专利创造性判断的组成部分，所以，上述规定中提到的"背景技术中存在的问题和缺点"即对背景技术的评价与分析实质已经是发明人的智力劳动成果的组成部分，是发明人的慧眼独具。从发明内容角度，将发明人发现的背景技术的问题写进背景技术部分，相当于将发明内容部分的技术解决问题写进了背景技术部分。这显然是不合理的。上述要求写进说明书背景技术部分的内容多数情况下都是发明人的创造性智力劳动的组成部分，发现问题、提出问题、发现问题产生的原因、发现现象的特殊规律（无论是表面上的外在的规律还是深刻的具有理论意义的规律）等通常属于发明人独特的认识与发现，而一旦写进说明书背景技术部分，就摇身一变成为了在先现有技术，经常给专利审查机关以误导，并给专利申请人自己带来不应有的损失。因此，《专利审查指南 2010》不应当要求申请人将对于背景技术的评价与分析写进背景技术部分。正确的写法是写进技术内容部分，并且可以位于技术内容部分中的第一部分。所以，笔者建议再次修改《专利审查指南 2010》时将该段要求迁移到"技术内容"部分。

再一次强调，背景技术部分不是表达自豪的地方，不应当也不允许在这里表达任何的自豪。贬低在先发明法律规章不允许，指出在先技术的缺点与弊端是自找麻烦，甚至导致自己的专利被宣告无效。将"背景技术中存在的问题和缺点"写进背景技术部分内应当是专利说明书撰写最大的忌讳之一。

（二）专利说明书后半部分在涉及专利创造性的内容上应当不吝笔墨

（1）创造性证明与表达有自己特殊的表达要求。专利法对专利说明书的公开充分要求是要使所属领域的普通技术人员确信专利申请能够实施，专利创造性则是要使所属领域的普通技术人员确信专利申请与在先技术在整体上内在联系上存在实质性差异。虽然充分公开专利申请技术也可以构成证明与表达专利创造性的内容，但是公开充分任务的完成不等于完成了证明专利申请创造性的任务，更不能代替证明专利申请创造性的任务。证明专利申请创造性的任务还有许多值得关注的工作，如出乎预料的技术效果、克服技术困难、作为发明基础的重要科学发现等。

（2）不通过表达相关内容以论证创造性的后果。专利法不允许通过事后的修改将证明与表达专利创造性的内容补充进专利说明书，因此，一旦发现遗漏，将无法在本专利申请中补救。提起重新申请如果在专利申请公开之后多是没有多少意义的，在专利申请公开之前需要自己发现，而且在获取申请日方面有延误之损失。

（3）体现专利创造性的事实必须写进说明书，否则就是失误，对于专利代理人来说，就是失职，尤其是如果发明人已经告知了专利代理人的话。

（4）专利说明书在完成公开的任务之外，专利申请人有充分自由的表达专利创造性的权利与表达专利创造性的空间。与国外专利申请相比，我国的专利申请大多太过于节省与吝啬笔墨了。

（三）专利说明书后半部分如何最大限度地拉开和加大创造性智力技术劳动成果与在先已有技术之间的距离

背景技术部分的内容通常不应当压缩，隐瞒背景技术内容只能是侥幸。所以，最大限度地拉开和加大创造性智力技术劳动成果与在先已有技术之间的距离的办法只能是在专利说明书后半部分竭尽全力。

1. 体现与论证专利创造性的基本技术内容

（1）技术问题的表达：技术问题的撰写首先应当阐明背景技术中最接近的现有技术的缺陷与不足（这些内容不应当写到背景技术中），与此相对照，写明本专利所要解决的技术问题。实际上，发明创造通常就是针对在先现有技术的不足进行开发活动的，当然申请专利保护时如果没有检索，则应当通过尽可能充分的检索与分析确定背景技术中最接近的现有技术的缺陷与不足，而不应当冒失地确定拟写进专利说明书中的技术解决问题。

（2）技术特征的表达应当与技术解决问题与技术效果联系起来。

（3）技术效果的表达：出乎预料的技术效果是对创造性论证具有独立决定意义的条件。那些需要用出乎预料的技术效果来证明创造性的专利申请，必须在说明书中写入技术效果。如组合发明、选择发明、新用途发明、要素变更发明等需要用出乎预料的技术效果来证明创造性的专利申请。医药专利中各种活性成分之间的组合物专利，应当考虑组合发明标准的要求，对于各种活性成分之间的作为发明点的特殊协同作用应当由专利权人在说明书作出包含试验数据证明的说明。如果等待争议发生时后补，法律是不允许的，那将违背修改不得超范围规则。

（4）发明过程中的相关证明创造性的因素：包括克服前人难以克服技术困难与技术偏见等。

　　现有的专利说明书中几乎见不到有将实验中克服的实际困难写进专利说明书中的。凡是发明创造，其实都有克服困难的过程，没有这样的过程专利创造性极有可能是要打折扣的。因为不需要克服困难的事，任何人都能够做到，也就不符合创造性的要求。所以，将实验中克服的困难写进专利说明书中才是正常的。这使我联想起当初爱迪生在尖酸刻薄的记者面前承认实际是经过了一千多次试验之后发明了照亮世界的灯泡的故事，我国发明人不愿意在专利说明书中介绍这些艰难的发明创造实际经历可能是为了不留下所谓的笑柄。

　　重要的基础科学研究成果是新技术开发的重要源泉，新的因果关系的发现等作为可以证明创造性的因素都是特别值得关注的。前述李智先生的专利作为核心设备专利技术在洗煤行业具有重大意义，可以并应当申请发明专利，如果将国内权威专家现场办公会解决不了的磨损问题和其本人潜心研究终于发现了造成该设备严重磨损的原因的事实写进专利说明书，对于对抗专利无效申请与行政审查司法审查都将是具有重要意义的。

　　2. 发明类型性质对于撰写的要求

　　通常还应当通过发明点进行定性分析确定发明类型，按照发明类型的要求确定重点展开论证创造性的内容。也就是说要确定好论证方向。偏离方向是大问题，所犯的将是大错误、大失误。例如一个选择类发明是可能有创造性的技术，但没有论证这种选择的出乎预料的技术效果，审查员将无从理解和认识创造性所在。

　　3. 其他一些具体问题的处理

　　（1）关于保密范围的确定与所希望保护的权利要求的创造性分析结果之间的权衡

　　保密范围的确定与所希望保护的权利要求的创造性分析结果之间发生冲突时，适宜通过保密途径处理的优先考虑保密处理，不适宜保密处理的，应当考虑通过专利申请实现保护。一般情况下，不赞成完全为了体现专利申请的创造性或者为了专利公开持有量等名誉而损失保密所能够带来的商业利益。

（2）不得断言技术效果

用于证明专利创造性的出乎预料的技术效果不应当只是断言，应当持有原始的对比试验数据资料与证据或者证据线索。并对原始的对比试验数据及其来源事实通过合法的证据保全方式予以保全封存。尤其是化学生物专利的新技术效果经常需要用试验数据证明技术效果特别是出乎预料的技术效果，机械领域也时有必要。

审查专利创造性时的法律规则是要求申请人对于自己陈述的事实负有举证责任。虽然法律上有鉴定方式可以弥补断言式陈述之不足，但是考虑到鉴定的费用与代价，提前多做一些证据完善工作还是很有实际意义的。

对于依据在先已有技术能够推理出本专利技术效果的，也应当注意保留证据。对于不能依据在先已有技术推理出本专利技术效果的，则应当进行必要的试验，将试验数据写进专利说明书中，并保留原始试验的全部实验内容记录。

（3）与功能性限定技术特征相关撰写问题的特别处理方式

权利要求中的功能性限定技术特征在说明书中应当有足够数量的实施例。这样做本来是为了满足支持权利要求的法律要求，但根据《最高人民法院关于审理侵犯专利权纠纷案件应用法律若干问题的解释》第四条关于功能性特征限于说明书中的实施例及其等同范围的规定，在专利侵权诉讼中只限于具体实施例及其等同的范围。虽然这个规定割裂了在先已有技术与专利申请技术之间的关系，将来应当废除，但在这个问题目前难以及时得到处理的情况之下，应当考虑应对之策。对此，美国专利律师多是在专利说明书中尽可能多地列举具体实施方式，但这种做法常常仍然难以做到非常全面，所以，笔者强烈建议在说明书中使用"所有现有技术中已经介绍的与本技术相同功能的技术手段"作为兜底陈述，最好是结合兜底陈述具体引用某本著作某篇文章中的具体例子。这样可以为以后的等同侵权判定埋下伏笔，也可以很好地避开最高法院上述司法解释规则。当然这样做同时也可以最大限度地扩展专利申请技术创造性的表达范围。

（4）从属权利要求也有论证创造性的必要

应当树立系统概念，建立专利申请技术系统树。尤其是对于技术解决问题与技术效果也应当区分层次，系统阐述，对于从属权利要求在说明书中也应当注意全面陈述与论证专利创造性。

一项专利并非只可以有一个技术解决问题，在存在从属权利要求条件下，应当认为存在多个技术解决问题。许多人依照《专利法实施细则》与《专利审查指南2010》规定，认为每一个专利申请只有一个技术解决问题，这是不正确的。其实只有在存在一项权利要求的专利中才只有一个技术解决问题。

从属权利要求的创造性也需要证明。审查实践表明在许多情况下不是只要在权利要求中写出了从属权利要求，就可以实现在独立权利要求无效的情况下防守之目的。现实的情况多是独立权利要求无效后整个专利基本上都被宣告无效，问题何在？实践中审查专利效力时我们应当关注和看重每一项权利要求各自的创造性论证，如果没有对应的论证内容，我们几乎可以肯定该项从属权利要求的附加技术特征并没有带来专利创造性。可能有的申请人抱侥幸心理，认为可以等到发生无效程序时再弥补，其实，按照《专利法》第三十三条，那是不允许的，《专利审查指南2010》也有具体规定。即使实际上确实有出乎预料的技术效果，也不允许以后以补充证明的方式用于专利具有创造性抗辩的证据与理由。这样似乎很不公平，其实公平的机会已经在申请日之前给予了申请人，申请人不将出乎预料的技术效果写进专利说明书，在法律上是对自己权利的处分行为，同时，法律也禁止反悔。

第四章 专利权属判断中的
专利创造性分析

第一节 创造性贡献分析的基本标准

无论是专利申请文件中权利人、发明人，还是非专利技术成果权利人、发明人的确定，都涉及名义与实质、排列顺序的先后等实际问题，背后的利益争执更是在所难免。国内医药界的两项在国外有影响的三氧化二砷治疗白血病药物发明的发明人之争、青蒿素抗疟疾药物发明的发明人之争，就充分反映出了这方面的问题。这其中一个基础性甚至是核心性的问题就是创造性贡献的分析。而创造性贡献的分析应当有自己的标准。

一、创造性贡献分析的结果尺度

专利发明人以及非专利技术发明人的确定属于发明创造主体的判断与确定。但依照《专利法实施细则》第十三条规定，这个问题实质是要判断对发明创造所作出的创造性贡献。

（一）创造性贡献分析应当以体现在专利中的发明构思为结果要件

《专利法实施细则》第十三条规定："专利法所称发明人或者设计人，是指对发明创造的实质性特点作出创造性贡献的人。"这里的"发明创造的实质性特点"与《专利法》第二十二条第三款含义应当是一致的。《专利审查指南 2010》第二部分第四章第2.2 节在解释创造性审查标准时对于"发明创造的实质性特点"

的相关解释是：

> 发明有突出的实质性特点，是指对所属技术领域的技术人员来说，发明相对于现有技术是非显而易见的。如果发明是所属技术领域的技术人员在现有技术的基础上仅仅通过合乎逻辑的分析、推理或者有限的试验可以得到的，则该发明是显而易见的，也就不具备突出的实质性特点。

对"对发明创造的实质性特点作出创造性贡献"的内容的确定并没有明确定义，根据实践需要应当另行确定其含义。

在专利权利归属分析中，应当以体现在专利中的发明构思为结果要件，即以体现在专利中的发明构思作为因果关系分析的终点。

按照本书第三章第二节的分析，发明构思是指为专利技术作出创造性贡献的技术解决问题与相应技术手段的特定有机统一。其中，技术解决问题的发现与提出有时是创意性的，也可能为后来完成的发明创造带来创造性。当然，面对前人已经提出的技术问题，也可以采用能够带来创造性的技术手段完成发明创造。因此，发明构思的确定具体涉及相关技术问题与技术手段两个技术要素。这样在实际判断中将需要区分三种情况：

（1）技术问题是已知的，所提出的技术解决手段带来了创造性。这种情况最为常见。实际判断时当然应当以提出技术解决手段者为发明人。

（2）技术问题是未知的，不是所提出的技术解决手段带来了创造性（即提出的是所属领域普通技术人员面对此问题提出的常规解决手段），而是提出的技术问题带来了创造性。这种情况比较少见，往往是那些一直在深入研究处于尖端领域的人才容易发现。实际判断时当然应当以提出技术解决问题者为发明人。

（3）技术问题是未知的，所提出的技术解决手段也带来了创造性，即提出的技术问题和技术解决手段也带来了创造性。这种情况最少见，主要集中在前所未有的高端技术领域。实际判断时当然应当以提出技术问题者和提出技术解决手段者均为发明人。

《最高人民法院关于审理技术合同纠纷案件适用法律若干问题的解释》第六条规定：

> 合同法第三百二十六条、第三百二十七条所称完成技术成果的"个人"，包括对技术成果单独或者共同作出创造性贡献的人，也即技术成果的发明人或者设计人。人民法院在对创造性贡献进行认定时，应当分解所涉及技术成果的实质性技术构成。提出实质性技术构成并由此实现技术方案的人，是作出创造性贡献的人。
>
> 提供资金、设备、材料、试验条件，进行组织管理，协助绘制图纸、整理资料、翻译文献等人员，不属于完成技术成果的个人。

对于上述司法解释中"实质性技术构成"与《专利法实施细则》第十三条规定的"对发明创造的实质性特点作出创造性贡献"，都应当理解为本专利技术的发明构思，即为专利技术作出创造性贡献的技术解决问题与相应技术手段的特定有机统一。

注意不应当简单地将专利技术的发明构思理解为实践中所称的发明点。实践中所称的发明点概念容易被理解为权利要求中的区别技术特征，即专利技术与最接近的现有技术的不同点，重点在特定技术特征上。如果只利用俗称的发明点判断对专利技术作出创造性贡献，有可能遗漏前述三种情况中的第二种与第三种类型。换句话说，发明人对在先现有技术所作出的贡献不一定在作为技术解决手段的技术特征上，即不一定在实践中所俗称的发明点上。

如第一章第二节分析，任何发明创造的形成都有一个发现技术问题、提出技术问题、分析技术问题、解决技术问题的过程，其中，对确定发明创造的创造性贡献有意义的是那些在技术开发过程中出现过的后来写进权利要求中为专利带来创造性的技术构思。不能为专利带来创造性的技术内容也不能用来确定发明人对发明创造的创造性贡献。

二、创造性贡献分析的因果关系尺度

创造性贡献分析的因果关系判断实质体现为对于发明创造的发明构思的形成有实质性影响的因素的判断。而对于发明创造的发明构思的形成有实质性影响的因素的判断应当采用逻辑推理上的充分条件性因果关系标准。也就是说指向上述创造性贡献分析结果要件的三种发明构思结果类型中的某一种（实质可以是某一结果的组成要素）时，导致发明创造完成的相关因素应当与这些结果（实质可以是某一结果的组成要素）之间具有充分条件性因果关系。

在实际分析过程中，能够对于发明创造的发明构思（即上述类型中的相关结果要素）的形成有实质性影响的充分条件性因素通常都应当是一些根据性因素。

为分析方便起见，对完成发明创造有意义的因素可以区分为具有实质性影响的因素与无实质性影响的因素。虽然指向发明创造形成的因素中有各种必要性条件（指那些没有此条件也不能完成发明创造的条件），但是这些条件对于作为结果核心的发明构思的形成并非都是具有实质性影响的。所谓具有实质性影响的因素，从哲学角度是指造成结果发生的根据性原因，根据性原因有别于条件性原因，条件性原因自己无论怎样强化都不能独立地导致结果即发明构思的发生与形成，根据性原因在其他条件弱化时经过自身强化可以相对独立地造成结果的发生与形成。通常，根据性原因与作为结果核心的发明构思之间的联系使我们能够看到根据性原因对于结果的指向性，即根据性原因是具有内在的指向结果即发明构思发生的因素。根据性原因在发明创造形成因素分析上就是直接引导出和形成专利发明构思的因素。所以，对于发明创造的实质性技术构成的形成有实质性影响的因素通常都应当是一些根据性因素。

为避免简单地使用充分条件性因果关系标准将条件扩大到条件性原因，造成对真正为发明创造作出创造性贡献的人的不公平，《专利法实施细则》第十三条规定："在完成发明创造过程中，只负责组织工作的人、为物质技术条件的利用提供方便的人或者其他从事辅助工作的人，不是发明人或者设计人。"《最高人民法院关于审理技术合同纠纷案件适用法律若干问题的解释》第六条也有规定："提供资金、设备、材料、试验条件，进行组织管理，协助绘制图纸、整理资料、翻译文献等人员，不属于完成技术成果的个人。"

对于判断发明创造的发明构思的形成有实质性影响的根据性因素，应当理解为直接导致形成发明构思的各种因素。这样理解符合《专利法实施细则》第十三条规定，符合《最高人民法院关于审理技术合同纠纷案件适用法律若干问题的解释》第六条规定精神，也符合国际上通行的发明创造成果确认与评价标准。如为青蒿素抗疟疾药物发明的发明人评选拉斯克奖，拉斯克奖评奖委员会确定的评选标准是：一是谁先把青蒿素带到 523 项目组；二是谁提取出有 100％ 抑制力的青蒿素；三是谁做了第一个临床实验。❶

三、创造性贡献分析的时间尺度

创造性贡献分析的时间尺度包括分析创造性贡献的时间起

---

❶ 雷宇 . "屠呦呦获奖争议" 折射中西文化冲突 ［N］. 中国青年报，2011－10－18（3）

止点。

（一）创造性贡献分析的时间起点

理论上，创造性贡献分析的时间起点一般应当从专利说明书中所确定的技术解决问题提出时开始。如曾经在国内影响很大的陶义与北京市地铁地基工程公司专利权利归属纠纷案，分析专利技术形成的时间起点上溯到了陶义原来工作过的另一个单位（虽然笔者不赞成该案的两审判决结果）。除此之外，有单位任务的也可以以单位下达任务的时间作为创造性贡献分析的时间起点之一。

（二）创造性贡献分析的时间截止点

1. 创造性贡献分析的时间截止点通常应当以符合《专利法》规定的公开充分条件为标准

即只有达到了符合《专利法》规定的公开充分要求的程度，才能认为发明创造技术已经完成。（国外有专利法学者提出专利的实用性是发明创造技术已经完成的标志性条件，虽然由于专利技术都是经过了专利实用性、新颖性、非显而易见性审查的，但从实际意义考虑，一项技术在实际开发过程中达到了《专利法》规定的公开充分条件的程度时，就可以确认已经完成，完成的时间应当以此为基准。）

2. 对于需要验证的发明创造，应当以验证证明技术开发成功为技术完成的时间截止点

以上述陶义专利案为例：尽管陶义先生在其笔记本中认为新设计的技术实施效果可以做到"完无一失"，但由于申请技术是适用于流沙、地下河、坍塌等复杂地质条件下，从所属领域普通技术人员角度看，技术的完成时间应当至少在符合流沙、地下河、坍塌等地质条件之下的试验验证具有可实施性之后，才能视为技术完成。北京市高级人民法院在该案判决中可能是忽视了该发明创造申请技术的实施条件，而实施条件也是该技术的重要组

193

成部分。

因此,《最高人民法院关于审理技术合同纠纷案件适用法律若干问题的解释》第四条关于技术成果完成与利用法人或者其他组织的物质技术条件对技术方案进行验证、测试行为之间在时间上的先后关系规定并不正确。该条规定原文是:

> 合同法第三百二十六条第二款所称"主要利用法人或者其他组织的物质技术条件",包括职工在技术成果的研究开发过程中,全部或者大部分利用了法人或者其他组织的资金、设备、器材或者原材料等物质条件,并且这些物质条件对形成该技术成果具有实质性的影响;还包括该技术成果实质性内容是在法人或者其他组织尚未公开的技术成果、阶段性技术成果基础上完成的情形。但下列情况除外:
>
> (1) 对利用法人或者其他组织提供的物质技术条件,约定返还资金或者交纳使用费的;
>
> (2) 在技术成果完成后利用法人或者其他组织的物质技术条件对技术方案进行验证、测试的。

上述规定最后一项自相矛盾:既然技术成果已经完成,那就不需要再验证、测试了。

3. 在难以确定专利技术完成时间的情况下,可以推定方式确定专利技术完成时间

如有专家鉴定完成时间的,技术内容符合《专利法》规定的公开充分条件的时间也可以作为技术完成时间。实在无其他证据证明技术完成的时间的,法院也可以推定完成于专利申请日之前。如在吴一凡与海南金鼎实业发展股份有限公司专利权权属纠纷案中,法院判决认为:"在本案诉讼过程中,吴一凡与金鼎股份公司双方均未能分别向法庭提供五项专利中每一项专利的技术方案具体完成日方面的直接证据,考虑到技术方案完成日必定早

于申请日，当无直接证据证明这五项专利的技术方案完成日时，应当分别以这五项专利的专利申请日为其技术方案的完成日。"笔者认为，这种推定实际是以该专利符合《专利法》第二十六条第三款为潜在的前提的。由于不存在对所涉专利之涉及《专利法》第二十六条第三款的异议，法院在司法实践中作此推定是合理的。当然，在存在对所涉专利之涉及《专利法》第二十六条第三款的异议以及其他专利有效性异议程序的前提下，专利权属纠纷依法是应当暂缓审理的，此时上述关于专利技术完成时间的推定也应当暂缓作出。

第二节　创造性贡献的因素分析

创造性贡献的因素分析可以分为物质因素、技术因素、构思因素三大方面。在进行这些因素分析时，创造性贡献的因素分析只关注其中的根据性因素。

一、物质因素的创造性贡献分析

物质因素的创造性贡献分析在实践中通常是最困难的，争议也最大，最令人困惑。

物质因素就其本身对技术开发的意义而言，可以分为提供技术调查条件的物质因素与提供技术实验条件的物质因素。

提供技术调查条件的物质因素主要是对新技术问题的发现与提出更具有重要意义。

提供技术实验条件的物质因素的创造性贡献分析应当注意区分物质因素在发明创造完成过程中的两种不同作用方式。即在提供作为技术实验条件的物质因素分析时，需要区分尚未形成发明构思与已经形成发明构思两种情况。前者为开发性试验，后者可称为验证性实验。对于验证性实验，物质因素对于具体发明构思的形成来说，由于具体发明构思的形成在先，所以，这种情况下新提供的物质因素不是具体发明构思的形成因素，对于具体发明构思没有贡献。对于开发性试验，则应当根据其实际影响是否导致发明构思的形成而予以区别对待。对于验证性试验，如果有关联的试验都证明技术构思没有完成包括没有确定，试验就成为技术构思完成过程的必要组成部分。

　　物质因素尤其是试验条件对发明创造的形成可能有决定性影响。对于完全依赖于物质因素所提供的试验条件所取得的具有直接决定意义的技术开发活动，应当考虑物质因素所提供的试验条件的决定性意义。是否具有决定性意义可以通过将该物质因素转化为技术因素后分析，即利用转化后的技术因素对于在发明创造中的地位最容易直接作出分析。通过相当数量的实际案例分析之后，笔者发现，物质因素的创造性贡献在机制上是先形成新的技术信息，再由新的技术信息形成新的发明技术方案，因此，我们可以通过转化方式分析，采用间接因果关系分析方法分析，具体就是先分析物质因素造成了哪些相关的技术信息，这些技术信息在形成新发明中是否起到了实质性作用。能够起到实质性作用的，才是具有创造性贡献的物质因素。杨世基案就是很好的证明。

　　以北京欣路特科技发展有限公司、杨世基与（南非）蓝派压实技术（控股）有限公司专利权权属纠纷一案[1]为例。该案涉及专利号为 98125050.5、名称为"压实路基的施工方法"的发明专利权利归属纠纷。

　　该案判决书所查清的事实中，有两项重要事实引起了笔者的注意。一是收稿日期为 1998 年 7 月 7 日、实际于 1999 年第 1 期《公路交通科技》刊登的杨世基与吴立坚撰写的《冲击压实粗粒

---

　　[1]　参见：北京市高级人民法院（2005）高民终字第 1450 号民事判决书。

土路基》，该文论述冲击压实高速公路路基技术，其中提及在八达岭高速公路采用蓝派公司的冲击压实机对部分路基进行碾压及进行冲击补压。交通部公路科研所对冲击压实效果进行测试。该文根据测试结果，论述冲击压实的技术特性、碾压工艺与检测方法。该文中没有直接显示出与涉案专利权利要求1技术完全相同的内容。第二项重要事实是杨世基后来于1999年3月1日交稿、发表于《公路》杂志1999年第7期的《冲击压实技术在路基工程中的应用》提及使用蓝派公司冲击压实机，再次提及了八达岭高速公路、福建泉州工地、京秦高速公路、宣化大同高速公路、湖南工地等测试情况，文中体现了涉案专利技术的基本内容，从振动压实到冲击压实技术，从分层压实到整体压实技术，直接显示出与该专利权利要求1技术完全相同的内容。可见，两篇文章清楚的证明了技术完全来源于北京八达岭高路的试验检测资料。

　　杨世基对于该专利申请技术的贡献主要体现在他是一个技术资料中新反映出的有价值的新技术的筛选者与专利申请的实际提出者，是在技术开发现场试验资料中显示出的规律的基础上提出了使用专利法律保护的意向并实际申请了专利，进行了专利保护的智力策划劳动与申请费用支出。包括从现场试验资料中提炼出其中有价值的技术也是本领域的普通技术人员能够做到的，也只能说其在这方面有部分常规性的提炼技术的智力劳动。

　　另外，通常在分析提供作为技术调查条件的物质因素与提供作为技术实验条件的物质因素时，应当结合智力劳动中的构思因素（详见本节最后一部分）进行分析。因为物质因素的利用需要人去安排使用，智力劳动中的构思因素有许多是带有方向性或者独特敏感性的发明创造的形成因素。

二、技术因素的创造性贡献分析

（一）技术因素应限于不公开的即专有的处于保密状态的技术资料

《专利法实施细则》第十二条第二款对技术因素有明确限定。因为公开的技术资料属于公众均有权使用的属于全社会的财富，任何人都可以自由使用。对这种技术信息的使用显然不应当计入一方的特有贡献之中。

对是否属于不公开的技术资料及是否采取保密措施进行审查的具体标准应当以《反不正当竞争法》尤其是《最高人民法院关于审理不正当竞争民事案件应用法律若干问题的解释》为依据。《最高人民法院关于审理技术合同纠纷案件适用法律若干问题的解释》第四条对于技术秘密还有更简明的定义："技术秘密，是指不为公众所知悉、具有商业价值并经权利人采取保密措施的技术信息。"

（二）技术因素对于发明构思形成所具有的根据性因果关系审查分类

技术因素对于发明构思形成所具有的根据性因果关系有两种类型。

（1）对于发明构思的形成具有的根据性因果关系完全或者主要取决于技术资料，发明人对技术本身没有付出或者基本没有付出创造性劳动。

（2）对于发明构思的形成具有根据性因果关系部分取决于技术资料，另一部分需要发明人付出创造性劳动。

以广西南宁灵仙药业有限责任公司、刘振松与广西昌弘制药有限公司专利申请权权属纠纷一案❶为例。最高人民法院最后认

---

❶　参见：最高人民法院（2006）民三监字第41－1号民事裁定书。

定涉案专利申请的技术方案是广西昌弘制药有限公司利用了刘振松原中药复方的研究成果并在与刘振松合作之后进行继续研究所取得的研究成果，相对于原中药制备工艺具有实质性的改进，属于双方合作期间的共同研究成果。这一认定等于确认后续开发方广西昌弘制药有限公司也具有创造性贡献。该案需要进一步探讨的是后续开发方广西昌弘制药有限公司在系争专利中的地位。单纯从先后解决两个技术问题之间的关系看，后来申请专利的技术方案是两个技术问题共同解决后的结果，外观上该专利共同承载了先后两方的创造性贡献。但是从技术开发过程角度分析，由于刘振松在先开发的技术是基础性的，贡献也是第一位的，后者是第二位的。广西昌弘制药有限公司虽有创造性贡献，但应当排在第二位。

三、构思因素的创造性贡献分析

人类与技术打交道的智力劳动可以区分为一般性智力劳动与创造性智力劳动。与发明创造有关的智力劳动条件对创造性贡献影响分析主要是对其中的创造性智力劳动贡献的分析，创造性智力劳动体现在发明创造过程中主要是指后来形成的专利技术中与发明构思有关的技术构思，这里称为构思因素。

技术构思在证据中主要表现为分析笔记、设计图纸等，是我们了解发明创造构思过程的重要资料，只是由于出自相关当事人之手，需要认真审查证据的真实性。无可靠证据时，应当运用逻辑排除论证方法。因为，影响发明创造形成的外在的客观的物质条件和技术条件之外的其他因素可以概括为技术构思因素，因此可以将物质条件与技术条件贡献之外的创造性贡献全部推定属于技术构思因素的创造性贡献。这是一种比较方便的分析方法。当然，如果有原始的构思记录等直接证据结合分析，则能够更好地确信这种推定判断结论的正确性。

　　构思因素主要包括研究方向提出者与具体试验方案的具体策划设计者。研究方向越具体越好，尤其是体现于后来形成的专利技术中的技术解决问题提出者应当优先考虑。以癌灵注射液发明专利归属纠纷案即孙鸿德与被申请人哈尔滨医科大学附属第一医院（简称哈医大一院）、张亭栋专利权权属纠纷一案❶为例：立意提出研究利用三氧化二砷治疗白血病可能性的人与取消汞成分的人相比较，第一个人的作用更大，是最基本的方向指挥者。具体试验方案的具体策划设计如果不需要付出创造性智力劳动的则不应当予以考虑。青霉素发现之后，后来的药物发明实验策划人对于该药物发明的最终完成付出了创造性的智力劳动，所以，与弗莱明共同获得了诺贝尔奖。弗莱明虽然最先在实验中发现了青霉素，但对于使用于治疗人类疾病只是做了一种可能性预测，缺少了临床实验验证的行为，也就不能独享诺贝尔奖。

　　构思因素贯穿和体现在发现技术问题、提出技术问题、分析技术问题、解决技术问题的各个环节与方面，意义各有不同。其中，只有直接提出发明构思中的创造性技术要素的事实才有决定性意义。如在江苏优凝舒布洛克建材有限公司与河海大学专利权权属纠纷一案❷中，河海大学研究小组发现技术问题、提出技术问题、分析技术问题、解决技术问题对于发明创造的重要意义。

　　下列影响发明创造的特殊因素有时是决定性的，也不可忽视：

　　（1）第一个发现问题产生的原因：例如第 03214985.9 号、名称为"无压给料三产品重介旋流器"实用新型专利无效行政纠纷，专利权人是李智先生。要知道这是一项克服最初由前苏联发明、国内上市公司引进并加以改进的用于解决洗煤核心设备之弊

---

　　❶　参见：最高人民法院（2009）民申字第 1199 号民事裁定书。

　　❷　参见：江苏省南京市中级人民法院（2008）宁民三初字第 122 号民事判决书和江苏省高级人民法院（2009）苏民三终字第 0031 号民事判决书。

端的重要技术，在国内权威专家现场办公会解决不了的磨损问题的情况下，李智先生潜心研究终于发现了造成该设备严重磨损的原因，并就此发明了该专利技术。笔者分析认为从专利复审委员会的审查决定到北京法院两审判决到最高法院（2010）驳回再审申请通知书都是值得商榷的（见本书第三章第三节分析）。

（2）第一个找到解决问题的条件：杂交水稻的母本的发现或母本培育条件的发现，发现人李必湖对中国杂交水稻技术作出了基础性的也是重要的贡献。

（3）克服研究开发中的技术困难及其困难程度：参考专利审查过程中对克服长期难以克服的技术困难与技术偏见的意义，这些因素有时可以是决定性的。

为青蒿素抗疟疾药物发明的发明人评选拉斯克奖，拉斯克奖评奖委员会确定的评选标准是：一是谁先把青蒿素带到 523 项目组；二是谁提取出有 100％抑制力的青蒿素；三是谁做了第一个临床实验。❶ 直接从关键行为事实角度追踪发明构思核心技术内容的策划人，可以作为特殊构思因素分析的重要参考案例。

第三节　职务发明创造的判断

职务发明创造的判断有区别于一般技术委托开发合同与技术合作开发合同关系上的特殊性，故本节单独分析。

一、职务发明创造的概念

职务发明创造在专利权属判断中是一个特殊角度的类型化的概念，用于表达企业与其员工之间在创造性智力技术劳动成果上

---

❶ 雷宇．"屠呦呦获奖争议"折射中西文化冲突［N］．中国青年报，2011－10－18（3）．

的归属关系问题，具体说就是反映这种劳动成果与单位之间的关系，是应当归属于单位还是应当归属于个人的问题。

企业与其员工之间在创造性智力技术劳动成果上的归属关系实际是指企业与其员工之间在创造性智力技术劳动成果上的贡献大小的划分问题。理论上，应当依照贡献大小合理划分权益。从企业与其员工共同（包括合意与非合意）开发技术的角度，可能会出现应当归企业所有、应当归员工所有、应当共同享有三种情形。因此，企业与其员工之间在创造性智力技术劳动成果上的归属关系问题，实际上在许多情况下并非是一个简单的问题。因此，简单地、一刀切式地将技术开发成果归属于企业或者其员工都是不正确的。有的学者提出建议将职务发明全部规定为企业与员工共有的学说也将是不完全合理的。

依照《专利法》第六条对于职务发明的规定，我国现行的职务发明制度实行约定优先制度。在这种制度下，只有当事人之间没有约定，或者在发明创造完成之后协商时以及协商不成需要诉讼到法院时才能依照第一款处理纠纷。同时，在这种制度下，当事人之间完全可以根据当时的具体情况约定发明后的权利归属，既可以约定归一方享有，也可以约定归双方共有。

在约定归双方共有的情况下，多数情况下符合"共同投资共同享有"原则。

在无约定情况下，适用"共同投资共同享有"实际存在的问题是：作为发明人的企业员工已经享有依照劳动合同约定的员工待遇，在发明创造完成后申请获得专利以及实施专利过程中仍然可以依照合同约定或者《专利法实施细则》规定享有相应的报酬。对于作为发明人的企业员工来说，既不需要承担开发不成功的风险，又可以拿到保底的工资，甚至还可以在发明成功后的实施中获得利益，其为技术开发所付出的智力劳动或者叫作智力投资的待遇已经得到了很好的制度安排。而且这样的安排也符合风险与利益对应原则，应当说是一种比较公平的安排。所以，再让企业员工与企业平等享有对发明创造技术资源的同等待遇，反而会造成对向技术开发领域投资企业的不公平。另一方面，发生纠纷后，有关部门总是要调查技术开发的全过程，依据带有指导性的标准去作出处理意见。因此，在无约定情况下，一个带有指导性的标准将是必要的。我国《专利法》第六条第一款恰恰就是这样一个具有公平指导意义的标准。有学者提出应当取消职务发明创造概念，这种观点显然不应当接受。

我国《专利法》第六条在认可当事人之间意思自治的前提下，在第一款列出了两种职务发明创造可能归属于单位的情况，第一种与单位下达的任务有关，第二种不涉及单位下达的任务，单纯与单位的物质技术条件的利用有关。第一款作为在当事人之间无约定情况下的裁决依据，体现出了法律的完整性。

有多位学者对我国《专利法》关于职务发明创造的规定持有异议，认为不利于调动员工开发技术的积极性。基于以上分析和下文将进行的分析内容，笔者认为《专利法》的上述规定基本上是可取的，目前的问题主要是应当准确理解与公平合理执行法律的问题。

二、职务发明创造的判断标准

（一）意思自治优先原则

意思自治原则是《合同法》的基本原则，将该原则性规范延伸到专利法中不仅保持了法律的一致性与协调性，更重要的是为当事人提供了更多的选择方式，即在不同的实力对比条件下当事人之间可以选择和协商确定适合当时实力对比条件的不同权利归属方式，从而更好地适应市场经济的发展。这是目前世界上关于职务发明创造最宽容、最灵活、最先进的制度安排方式。

根据《专利法》第六条第三款规定，即使对于执行本单位的任务完成的发明创造，由于约定归属于发明人个人，并且不违反国家强制性法律规定，依照作为基本法的《合同法》（《专利法》只是普通法律或者特殊法律）仍然应当确认约定有效，除非存在其他违反法律规定导致约定无效的情形。

应当指出的是，该规定虽然放在《专利法》第六条第一款与第二款之后，但是实质上具有优先于第一款与第二款的地位。第一款与第二款是在无约定情况下的处理方式。

按照意思自治的法律原则，对于企业与其员工之间在创造性智力技术劳动成果上的归属关系问题上已经有共同的民事合意性行为（包括明示的和默示的行为）的，应当实行意思自治制度。只有当无意思自治的依据时，才能考虑依照公平合理的原则实事求是地分析判断权益归属。

对于《专利法》第六条第三款与前两款之间的关系，不同的学者有不同的理解。有的从第一款角度出发理解，有的从第二款角度出发理解，有的从各个角度理解还是感觉与前两款之间的界限不清楚。

从法律适用角度，在后的法律条款属于特别性条款，可以构成对在先条款的限制。根据《立法法》确定的特别法优先于普通法规则，特别性条款也优先于普通性条款，所以，当出现合同约定时，只要不存在违反法律导致合同无效的情形，应当按照有效的合同约定对待，并优先适用。

从民法原理的深层意义上，当事人有对自己享有的权利的处分权。合同约定完全是当事人对自己享有的有关发明创造权利与利益的处分行为，法律没有理由予以限制。在此基础上提炼出的意思自治原则已经在《合同法》中得到了最大限度的贯彻，只要不存在违反《合同法》第五十二条规定的约定都依法有效，应当得到法律的尊重。

这样理解《专利法》第六条第三款对于调动企业单位的职工

积极性应当还是很有利的。应当说，意思自治原则的确立使职务发明创造制度具有了最宽广的适应性与更长远的意义。

依据我国《专利法》，当事人对于执行本单位的技术开发研究任务完成的发明创造与主要是利用本单位的物质技术条件完成的发明创造均可以约定。应该说《专利法》实行的是一种很宽的保护合同自由的制度，应当能够适应各种需要通过约定解决权利归属纠纷的解决方式，具有超前意识与前瞻眼光。比如，科技人员可以根据自己的科研素质及其提高情况自由选择合同方式，刚进单位缺乏实际经验时可以选择保底工资加提成方式，经验成熟后可以选择高风险的权利共有方式；水平特别高的一进单位就可以选择高风险的权利共有方式。

意思自治可以是明示协议行为，也可以是默示协议行为。默示协议行为限于作为默示。发明人的作为默示协议行为比较少见。姚正礼与深圳市康福斯保健用品有限公司专利权属纠纷一案❶。可以作为意思自治中涉及作为默示协议行为的典型案例。主要理由是成立公司时的合同中约定了投资之外的姚正礼的技术开发义务（此时技术领域和技术主题尚不够明确）——但应当区分不同内容与性质的合同义务，后来姚正礼实际参与了相关技术的电脑作图之前在先实质性的开发试制活动，这里的电脑作图只是申请专利之前的一项准备工作行为，这是第一次作为默示行为并明确了技术关联性具备了确权的充分条件；姚正礼还向公司报销了相关专利申请费用，这是第二次作为默示行为，姚正礼以相关费用的处理进一步明示了法律层面上的权利义务对应关系。后来的《专利实施许可协议》约定不明确，不具有改变原约定的意义与效力。广东省高级人民法院在判决中适用《专利法》第六条第一款认定是执行本单位的任务完成的发明创造不如上述论证理

---

❶ 参见：广东省高级人民法院（2006）粤高法民三终字第 169 号民事判决书。

由更有说服力，执行本单位的任务完成的发明创造理由可以作为第二个论证方案。毕竟姚正礼实际参与了相关技术的电脑作图之前在先实质性的开发试制活动（电脑作图只是一个申请专利之前的准备工作行为），这是一个非常硬实的具有特别法律意义的行为。

（二）执行本单位的技术开发任务完成的发明创造

1. 执行本单位的任务完成的发明创造的概念

这里的"任务"应当是指技术开发任务，并非所有任务（建议将来修改法律时对该条款做进一步限定）。一般来说，职工天然不具有利用人类尚未开发出来的技术完成工作任务的义务与职责，所以，从因果关系角度，不应当将技术开发任务之外的工作与工作任务过程中完成的发明创造确定为职务发明创造。包括离职后一年内（动植物的生产方法专利建议参照《植物新品种保护条例实施细则》为三年内）对于技术开发任务之外的工作与工作任务过程中完成的发明创造确定为非职务发明创造。❶

在这样理解条件下，如果确实是执行本单位的任务完成的发明创造，归单位所有，是完全合理的。执行本单位的技术开发任务完成的发明创造实际已经是与单位签订了特殊的合同，单位支付工资，并提供经费等物质技术条件，有时甚至付出技术知识与技术开发能力培训经费，还要承担开发失败的风险。执行本单位的技术开发任务的员工则不需要承担任何风险，所从事的活动完全是一种单位行为，所以，执行本单位的技术开发任务完成的发明创造应当属于职务发明创造。我们注意到，职务发明仅仅是因为比合作开发情况多了一层劳动合同关系，但也正是这层关系使得发明行为及其过程成为一个企业、一个单位的行为，行为活动

---

❶　谭艳红．试论职务发明与非职务发明的权属界定［N］．中国知识产权报，2010－09－03．

的全部支持都来自企业或者单位。所以，在这种情况下，除非另有约定，无论是执行本单位的技术开发任务的工作人员付出了多么大的创造性劳动，都应当毫无疑问地确定为职务发明。这样认识，或许执行本单位的技术开发任务的工作人员对自己付出的巨大劳动感到冤枉，但是，在进行这种活动时该员工已经将自己的劳动通过劳动合同以等价交换的方式交给了企业，已经对自己未来所要付出的劳动进行了合同方式的处分，所以，这种认识也是不合法的，是不正当的。可能有的发明人为此而隐藏自己的发明创造等到离开工作单位一年之后再申请专利，但我们认为这种行为显然是违反合同约定的、不道德的和应当受到谴责的。

2. 执行本单位的任务完成的发明创造的判断

关键是准确确定是否是在执行本单位的技术开发任务过程中完成的发明创造。

最理想的情形是证据能够证明从发明创造的具体技术解决问题的发现与提出到分析技术问题、进行必要的试验研究、获得解决技术问题的办法，都是在执行本单位的技术开发任务过程中进行的。以下节分析的河海大学专利权属纠纷案判决为例，法院围绕作为发明构思要点的特殊问题的发现、实验、技术方案的形成过程，很好地论证了一项技术的开发全过程。

应当注意的是，在发明创造完成的各种因素中，解决技术问题的办法则不一定在单位里构思出来，但只要其他环节全部都是在执行本单位的技术开发任务过程中进行的，就可以确定属于在执行本单位的技术开发任务过程中完成的发明创造。虽然发明构思有时可能是在工作时间之外受某种事物激发联想而产生的，但其实质是前面技术开发行为与过程的自然延伸。如果要求必须是在单位里构思出来，则过于苛求了。

在无充分证据事实条件下也可以进行合理推定。具备以下三个要件，也可以推定为职务发明创造：

（1）本单位确实向该员工下达了技术开发任务；

（2）向该员工下达的技术开发任务覆盖了发明创造的技术解决问题；

（3）发明创造是在劳动合同期间包括解除劳动合同之后一年内完成的。

当然，员工有合理抗辩理由的（如类似于第三部分中的河海大学案中河海大学的抗辩理由、天讯科技公司案中田明雄的抗辩理由等各种合理抗辩理由）除外。

另外，在双方尚无其他证据条件下，可以推定为职务发明。如在吴一凡与海南金鼎实业发展股份有限公司专利权权属纠纷案中，海南省高级人民法院（2002）琼民二终字第 48 号民事判决书的判决理由认为："上诉人完成的发明创造，只要目的在于解决被上诉人生产技术上的问题，内容在被上诉人的业务范围之内就应认定为职务发明。"

（三）主要是利用本单位的物质技术条件完成的发明创造

参照《最高人民法院关于审理技术合同纠纷案件适用法律若干问题的解释》第四条规定，应当将"主要是利用本单位的物质技术条件"理解为是指对完成发明创造具有实质性影响的条件。或者说今后应当修改为对发明创造的形成具有实质性影响的物质技术条件。所谓"具有实质性影响"在判断尺度上应当是这种物质技术条件对发明创造的发明构思的形成具有根据性因果关系。

有人主张取消这个条件。而杨世基案判决有力地证明了不应当取消这个条件。该案涉及专利号为 98125050.5、名称为"压实路基的施工方法"的发明专利，❶ 由上一节的分析可见，该案证明单位的物质技术条件在发明创造形成过程中具有完全实质性影响的作用，所以，主要是利用本单位的物质技术条件不应当

---

❶ 参见：北京市高级人民法院（2005）高民终字第 1450 号民事判决书。

删除。

　　根据本章第二节的分析，技术条件可以直接分析，物质条件分析时则是通过技术资料间接看物质条件作用的性质。

第四节　专利权利归属的交叉关系

一、职务发明创造与非职务发明创造的交叉关系

　　目前发现的职务发明创造与非职务发明创造的交叉关系主要有以下两种类型：

　　（一）企业与本企业员工个人之间完成的发明创造与职务发明的交叉关系

　　这种发明创造往往是企业与本企业非从事技术开发的员工之间在非合意（无合作意图）条件下完成的。特殊情况下，企业与员工之间即使没有约定也可以共享开发技术的权利。由于具体因素的不同，有的专利权利要求中使发明具有创造性的技术特征可以是单位与个人共同完成的，此时，不应当机械地认为只能成立职务发明创造。这种情况一般是单位的技术资料已经在一定程度上反映出某方面的新规律，发明构思的形成不仅来自单位特有的技术资料还包括发明人新构思完成的内容。当由企业提供的物质技术条件对于发明创造的部分发明点具有根据性因果关系时，同时科研人员的技术构思对于技术成果的部分发明点也具有根据性因果关系时，应当作为职务发明与非职务发明共有成果对待。

　　因此，对于职务发明创造判断有时不应当局限于职务发明创造与非职务发明创造之绝对区分。

　　这种情况下在专利共有权利关系内部进一步分析还存在一个主次贡献大小划分的问题。对于这个问题，应当根据本章第一节与第二节的分析方法具体进行。

（二）本企业与外企业员工个人之间完成的发明创造与职务发明的交叉关系

职务发明创造并不排斥与其他单位的参加技术开发者共同享有。

李健民案涉及专利号为94113219.6、名称为"组合式自锁防旋转髓内针"的发明专利的专利权利归属纠纷❶。在该案中职务发明与对外合作开发就交织在一起了。以下是北京市高级人民法院（2004）高民终字第899号民事判决书中记载的该案关键事实：

> 北京军区总医院骨科的工作人员在临床医疗工作中发现，使用梅花髓针治疗股骨骨折在防旋转及防短缩能力方面存在缺陷，遂进行这方面的研究。1989年前后，经过北京军区总医院工作人员胥少汀、李健民等人多次研究、实验及临床应用，在时任河北大学力学系教授的华筑信及此前曾在北京军区总医院骨科进修的李铁防的参与下，"组合式防旋转髓内针"初步研制成功。
>
> 2003年11月15日，李健民声明其并不具有涉案"组合式自锁防旋转髓内针"发明专利发明人的资格，因此放弃对该专利的所有权利以及责任，本事实已经得到其他专利权人的确认。李健民同时对该声明进行了公证。
>
> 李铁防、华筑信为证明其参与了争议专利的研发工作，向本院提交了1996年9月《中华骨科杂志》第16卷第9期《组合式防旋转髓内针的研制及临床应用》一文，该文署名为：李健民、胥少汀、李铁防、于学均、刘树清、邹德威、赵志栋、陈世杰、姜金卫；"摘要"

---

❶ 参见：北京市高级人民法院（2004）高民终字第899号民事判决书。

部分记载："自 1992 年 1 月～1993 年 5 月，应用（"组合式防旋转髓内针"）技术治疗股骨干 45 例（46 侧），除 1 侧由于髓针植入过短失败外，其余 45 侧平均随访 34.5 个月，优良率达 100％。"……"防旋针的临床应用"部分比较系统、全面地分析了上述 45 例（46 侧）病例的情况，"讨论"部分分析了防旋针所存在的缺点，并提出了改进的设想，其中记载："针对以上问题，我们计划做二点改进：其一，在外针上部加自锁装置，使内外针与股骨近端转子部松质骨锁住以加强该针的抗短缩能力，并在器械上做一些改进，使之能用于闭合穿针以提供临床医生选择。……"

1994 年 12 月 28 日，李健民、李铁防、华筑信及案外人邹德威共同向国家专利局申请了"组合式自锁防旋转髓内针"发明专利，该申请于 2002 年 5 月 8 日获得授权，专利号为 ZL94113219.6，李健民、李铁防、华筑信及邹德威为该专利的权利人。涉案专利的专利证书列明的发明人为：李健民、李铁防、华筑信、邹德威。

以上事实表明，北京军区总医院是该专利技术问题的发现者与提出者，技术问题的解决者包括北京军区总医院之外的李铁防（北京安贞医院骨科副主任医师）、华筑信（时任河北大学力学系教授）等同志，结合李健民对所有权利的放弃事实，说明一审北京市第二中级人民法院（2003）二中民初字第 9796 号民事判决的下列认定应当是正确的：

由于李铁防、华筑信均提交了与该发明专利相关的手稿或设计图纸，北京军区总医院也未就此提供相反证据，因此李铁防、华筑信均应为涉案发明专利的设计人。由于李铁防、华筑信并非北京军区总医院的职工，其二人行为并不具有北京军区总医院职务行为性质，北

　　　京军区总医院也未提交证据证明二人参与涉案发明专利

　　　研发工作系受北京军区总医院的委托或存在其他情形，

　　　故二人系以个人身份参与该发明专利的研发工作，应认

　　　定二人均为涉案发明专利的权利人之一。

　　所以，1997 年 1 月提出"组合式自锁髓内针力学行为及临床应用"课题的北京军区总医院与按照自锁功能目的与方向最后具体完成该技术的北京军区总医院之外的李铁防、华筑信等同志共享专利权利的判断是正确的。因此，一审判决是完全正确的，二审判决是存在部分错误的。

　　该案进一步分析需要划分医院与医院外个人之间的权利，具体划分方法可以依据本章第一节与第二节的分析方法具体进行划分。就目前证据所反映的情况看，由于该专利是对在先专利技术上的改进，考虑到发现在先专利技术存在的问题以及希望解决的方向是本领域的普通技术人员都能够很快和比较容易发现的和提出的，如果该专利的创造性是肯定性的，则李铁防、华筑信二同志在该发明创造过程中作出了创造性贡献，其在该专利中享有的权利应当是第一位的。

二、并行开发关系中的交叉关系

　　这种情况比较少见，但也难免发生。江苏优凝舒布洛克建材有限公司与河海大学专利权权属纠纷一案❶就属于这种情况。该案的关键事实是：

　　　江西省水利规划设计院证明王保田于 2007 年 6 月提

　　　供了研究报告，江西省水利规划设计院尚在对其进行修

　　　改整理。江西省水利规划设计院提供的研究报告封面载

---

　　❶　参见：江苏省南京市中级人民法院（2008）宁民三初字第 122 号民事判决书、江苏省高级人民法院（2009）苏民三终字第 0031 号民事判决书。

明："江西省水利厅科技成果重点推广计划项目自嵌式园林挡墙研究"，该研究报告第 32 页第 3.3 节"砌块后缘互锁连接改进后格栅与砌块间的拉拔摩擦强度"记载："……前面的试验结果表明，由于在双向土工格栅与砌块后缘互锁连接接触处双向土工格栅发生直角转折，导致拉拔试验过程中双向土工格栅转折处发生应力集中，双向土工格栅在承受远小于其抗拉强度的拉拔力作用下即在其与砌块后缘互锁连接接触处被拉断。为充分发挥双向土工格栅的抗拉强度，试验过程中对砌块后缘互锁连接进行了改进，改进方法为将砌块后缘互锁连接的直角改为圆弧，如图所示……后缘改进为圆弧后，在同样的法向应力和拉力作用下，砌块后缘互锁连接为圆弧时比为直角时双向土工格栅的应力集中程度小。"

被告方河海大学围绕发明构思的形成很好地分析论证了一项技术开发的全过程包括从发现技术问题到分析技术问题再到解决技术问题——完全对应于专利技术的相关技术内容尤其是发明构思内容。

应当说该案判决是正确的，但也给我们留下了许多思考：

（1）该案被告是胜诉了，但也一定失去了原告这样一个重要的客户。得失寸心知也。

（2）如果原告对于自己证明对象的证明力与被告对于自己证明对象的证明力彼此旗鼓相当，法院应当如何处理此案？笔者斗胆预见有可能出现江西省水利规划设计院与原告共同享有专利权利的判决结果。而共同享有专利权时又会遇到需要在内部进一步划分权利的问题。

（3）受此案教训启发，对于并行开发合同的合同标的即技术开发范围与目标要求，作为受委托开发单位在签订合同时还是应当尽可能区分开来。实践中确实难以区分的，那也应当从对委托开发方负责任角度，在具体履行时分别为各个客户及其合同的履行分别建立与保存好档案。

三、先后开发关系中的交叉关系

（一）广西南宁灵仙药业有限责任公司专利权属纠纷案❶

该案一审被告、二审被上诉人广西昌弘制药有限公司在最初合作开发的基础上后来进行的进一步开发行为具有相对独立性，最高人民法院最后以合作后的研究成果或改进后的技术方案对在先技术提供者的技术作出了实质性改进，维持了前两审关于争议专利权利共有的判决。

应当指出的是，在对该专利的共有权利中，第一权利人应当是第一技术开发人。因为原来的技术是基本技术，后来的是从属技术。

（二）田明雄专利权权属纠纷案❷

上诉人武汉天讯科技股份有限公司与被上诉人田明雄专利权权属纠纷一案，涉及两个重要问题：

1. 王先兰证词的分析与意义

首先，原始记录只要是经得起鉴定的证据就应当采信。这也是其陈述技术来源真实性认定的最重要支持依据。其次，从利害关系角度，已经发生的争执已经告诉王先兰该专利技术的重要价值，即使在这种情况下，其仍然坚持承认是他人发明的主张，即明知该技术如果主张为己有，可能会给自己带来巨大利益的情况下，王先兰没有主张为自己发明，已经表明了其证词的诚实。试想，如果王先兰以该专利的母技术为自己开发，而以第三人身份起诉原告与被告，法院又将如何处理该案？应当认为其陈述是对

---

❶　参见：最高人民法院（2006）民三监字第 41－1 号民事裁定书。

❷　参见：湖北省高级人民法院（2005）鄂民三终字第 23 号民事裁定书。

于与自己有利害关系的重要技术产权的处分（结合上一个理由，这个理由压倒了与后来成立的公司之间存在利害关系的理由）。而且，一般来说，在证据规则适用发生冲突的情况下，书证等原始证据优先。何况在书证形成时，持有人也是原告公司的工作人员。证据持有人后来的身份变动不影响早已形成的证据的真实性。所以，不应当以证据持有人后来与被告有利害关系为理由否定该书证的真实性。所以，王先兰的证词应当予以采信。

王先兰证词的意义在于有力地证明了在先技术的客观存在。那个技术就是田明雄在进入原告公司任职之前研究开发出的技术。

2. 在原告公司中做改进性试验事实的意义

争议专利是田明雄在进入原告公司任职之前研究开发出的技术基础上，后来在原告公司又针对其中个别技术手段进行替换并继续开发试验所完成的技术。后来在原告公司所完成的技术中的构思属于从属性技术构思，后来改进的技术属于从属性技术。

在该案中，原被告双方分别先后投入了创造性智力劳动，争议专利属于承载了多个技术构思的发明，双方都应当是专利权人。

在专利共有权利关系内部还存在一个主次贡献大小划分的问题。对于这个问题，应当根据本章第一节与第二节的分析方法具体进行。该案的特点是田明雄在进入原告公司任职之前研究开发出的技术是基本技术，系争专利为从属专利技术，所以，结论应当是：田明雄应当是该案系争专利的第一发明人与第一专利权利人。

第五章　专利侵权判断中的
专利创造性分析

第一节　权利要求的解释

考虑到权利要求解释与专利侵权诉讼之间的关系非常密切，在专利侵权诉讼这一最后关口上的权利要求解释争议问题表现得最为全面，所以在这里集中分析权利要求的解释问题。当然，并非只有在专利侵权诉讼中才需要解释权利要求，专利授权审查就经常需要解释权利要求（只是受先申请制度影响，专利申请人在审查程序中对权利要求的解释权利在许多情况下被严格限制在专利申请文件的内容范围之内），所以，为防止将视野仅仅局限于在专利有效基础上为在专利侵权诉讼中确定专利保护范围而对权利要求解释，本节的标题仅使用"权利要求解释"，而没有写成"权利要求解释与确定专利保护范围"。这样，即使在专利侵权诉讼中解释权利要求争议过程中发现专利权利要求并不符合专利法所要求的权利要求应当清楚等不符合其他专利授权审查的实质性条件的规定时，被告方仍然可以立即补充提起专利无效诉讼，以寻求应有的公正。

一、权利要求解释学说的缺陷

在《欧洲专利公约》诞生之前，专利法学理论界普遍认为国际上有两种主要的解释权利要求与确定专利保护范围的学说：以英国和美国为代表的周边限定学说，以德国为代表的中心限定学说。他们分别代表了世界两大法系在解释权利要求与确定专利保护范围上存在的重大分歧。

周边限定学说完全以文字内容为准，是一种形式主义的认识态度，割裂了权利要求与在先已有技术之间的关系。因为权利要求是写给所属领域的普通技术人员看的，是以在先已有技术为基础与标准的表达，其内容无疑与在先已有技术之间存在各种各样的联系，人为地割裂这种联系不是唯物主义的态度与要求，直接违反了辩证法关于世界普遍联系的基本观点。

中心限定学说将权利要求的作用理解为定义发明人在现有技术基础上所作出的贡献，这是一种极端意义上的认识，这不仅不符合权利要求书产生与发展的历史背景与历史原因，也不符合在司法实践（包括授权审查实践与诉讼审查实践）中已经形成的以权利要求书确定专利保护范围的历史事实。其实，从技术结构角度，定义发明人在现有技术基础上所作出的贡献仅靠权利要求是不能完成的，至少目前是这样。从权利要求书产生与发展的历史看，权利要求书本身就是发明人在总结过去诉讼教训的基础上自发设置在专利说明书最后位置的新内容，其用意从权利要求首句"本申请的权利要求是……"明显可以看出是请求授权审查机关作为授权审查的基本范围，请求司法机关将其作为确定专利保护范围的基本依据。因此，从法律关系角度看，在专利授权审查机关依法授权之后，权利要求无疑就转化为确定专利保护范围的基本依据。所以，对于权利要求作用的正确理解应当是：在授权审查阶段作为请求授权审查机关进行授权审查的基本范围以及在诉讼审查阶段作为请求司法机关确定专利保护范围的基本依据（虽然笔者不完全赞同"以权利要求为准"的观点）。

欧洲专利公约诞生的同时也产生出了折中限定学说。借用欧洲专利公约的定义，折中限定学说的内容是"专利保护范围以权利要求为准，说明书可以用于解释权利要求"。该学说虽然提醒我们不要走向两个极端（见欧洲专利公约在议定书中为此所作的解释），但过于概括和抽象，导致实践中仍然存在许多含混不清的问题。这是由于该学说只规定方向、没有规定边界的先天局限性所导致。

相比较之下，周边限定学说肯定了上述对于权利要求技术特征部分作用的理解，但正是由于其仍然存在局限性，导致侵权者可以以此为基础，利用在先已有技术所提供的知识进行改头换面式的改造，但实质上仍然利用了专利权利要求技术，并逃避法律制裁。因此，在周边限定学说的基础上，有必要向外做适当的、合理的扩展。中心限定学说则需要合理裁减范围。在合理扩展与合理裁减之后的汇合点上确定专利保护范围的准确边界。折中限定学说没有完成这个任务。找到这个边界，无疑是权利要求解释理论工作最基础、最重要的任务。

二、权利要求各种解释依据的地位及其局限性

（一）专利权利要求书在确定专利保护范围中具有基础与核心性地位

专利权利要求是人类经过数百年的努力赢得的权利主张表达方式，并以法律予以确认，因此，专利权利要求承载了最为重要的专利法律判断价值，无论立法与司法均对其在确定专利保护范围中的基础性地位给予了确认。目前，各国法律均规定在确定专利保护范围时以专利权利要求为基本依据。

既然确定专利保护范围（在授权审查中属于申请的专利保护范围）以专利权利要求为基本依据，我们就应当对专利权利要求给予高度尊重，权利要求中的任何一项限定都应当作为权利要求保护范围的确定依据，不得忽视。发生争议时，应当首先充分利用权利要求书自身对模糊争议技术特征的解释作用，包括对权利要求技术内容上下文的解释作用（如技术特征之间、技术特征与技术主题名称之间的关系等），以及从属权利要求对于独立权利

要求的解释作用等。只有仍然不够清晰时，才向外扩大寻找其他解释依据。

当然，权利要求在确定专利保护范围作用中的局限性在许多情况下也是客观存在的。造成这种局限性的原因是多方面的，主要有：

（1）从技术结构完整性角度看，目前关于权利要求的撰写规定尚待完善。理论上从保护创造性智力劳动成果角度看，专利申请人应当在权利要求中将具有创造性的技术内容全部表达出来。而实际上在许多情况下做得不够，如从自然界提纯出的原始结构的物质的用途、专门用于某个技术领域的技术的用途都应当在权利要求中作出限定（生物技术发明多见），如不加以限定将不仅超出了发明人创造性智力劳动的范围，而且被认定全部无效的风险也将增大。在审查规范中应当根据实践经验进一步作出具体规范。

（2）专利权人有权在专利说明书中对其技术特征作出特别定义（特别定义应当优先对待，就像特别法优先于普通法一样）。这种情况虽然没有写进权利要求书，但实际上应当划归权利要求的内容。所以，只看权利要求书则可能遗漏了专利说明书中应有的内容。

（3）从实践看，也有一些专利权人对专利权利要求撰写所主张的保护范围比较模糊以及与专利说明书存在许多不够协调的地方。需要扩大解释依据范围甚至通过无效诉讼方式调查清楚。

（二）专利说明书在确定专利保护范围中的第一补充性解释作用

虽然权利要求从专利说明书脱胎出来以后，专利说明书的负担大大减少了，但是，由于脱胎出来的权利要求自身具有局限性，所以，权利要求的含义在许多情况下（如含义模糊等）就不得不依赖于专利说明书的说明与帮助。法律也对此作了规定。

同时，我们也应当注意到专利说明书毕竟不是主张保护范围的权利要求，其重要性要次于权利要求，不可喧宾夺主。另外，在理论上专利说明书毕竟不是全部可以用于解释权利要求的相关法律文件与事实文件，仅仅利用专利说明书解释权利要求有时也不能够全面反映应然的专利保护范围。

实践中最容易发生困惑的是专利说明书中的实施例对权利要求的解释作用。虽然实施例处于权利要求的保护范围之中，但专利说明书中的实施例一般不能用于限定权利要求中的技术特征（包括权利要求中的功能限定性技术特征）。就一般意义而言，专利说明书中的实施例主要是用于满足充分公开的要求的。实施例通常属于权利要求中的技术方案的下位概念，一般不能与上位概念的已经被提炼概括后的权利要求中的技术方案画等号。但是，如果专利权人在授权审查程序中依据实施例对于权利要求作了特别限定，专利权人对技术特征的解释也不应当超出实施例中的实质性含义，即不得与实施例发生冲突与矛盾，如美国联邦巡回上诉法院在眼镜框架专利侵权诉讼中关于"弹性"一词的解释——该解释考虑了专利申请审查档案中专利权人的解释，因而也与适用禁止反悔原则有关❶。OBE工厂案中，中国最高人民法院用实施例澄清即解释权利要求，并且将独立权利要求中没有写进的技术特征解释进权利要求之中。这样做，似乎突破了实施例中的技术特征不能解释进权利要求的传统观点。具体分析该判例时，我们也注意到了禁止反悔原则在这里起了决定性作用。另外，专利权人通过具体实施方式排除和舍弃的内容显然也不应当解释进专利保护范围。可见，实施例对权利要求的解释作用主要体现在由于适用禁止反悔原则产生的相关限制与专利权人对某些技术方案的特别排除等限制缩小保护范围的作用上。

---

❶ 尹新天. 专利权的保护［M］. 北京：专利文献出版社，1998：219—227.

（三）专利审查档案在确定专利保护范围中的可能限制作用

作为专利申请文件的延伸，专利审查档案特别是专利无效宣告请求审查决定、法院对专利审查决定作出的行政判决等常常具有补充专利权利要求与专利说明书的重要作用，但这种作用应当不违背法律的基本规定，如禁止超范围修改与禁止反悔原则等。

首先应当注意的是超范围修改的内容不得作为适用禁止反悔原则的事实依据。因为超范围修改性的陈述依照《专利法》第三十三条规定属于无效修改。即不能想当然地认为专利审查档案全部有效，那些超范围修改的内容在法律上是无效的。当然，即使是无效修改也不妨碍根据权利要求与在先已有技术之间的联系进行解释。

专利审查档案在确定专利保护范围中的可能限制作用主要是由于禁止反悔原则的适用。根据专利申请人的行为内容可以将有关情形区分为陈述类行为禁止反悔与放弃类行为禁止反悔原则。需要具体分析，详见本章第四节。

（四）在先已有技术在确定专利保护范围中的后盾作用

过去一般认为在先已有技术对于解释权利要求确定专利保护范围只具有参考作用。等同原则的确立实质上已经将在先已有技术在确定专利保护范围中的作用提高到了必要的地位，只是在司法实践中一般将等同原则作为确定专利保护范围之后的审查程序，所以，对于权利要求进行解释时通常不以等同原则向外扩展（这样可以减少解释权利要求工作的工作量）。值得注意的是，这种解释通常起到一种扩展专利保护范围的作用。

《最高人民法院关于审理侵犯专利权纠纷案件应用法律若干问题的解释》第二条规定："人民法院应当根据权利要求的记载，结合本领域普通技术人员阅读说明书及附图后对权利要求的理解，确定专利法第五十九条第一款规定的权利要求的内容"。该条司法解释就在实质上包含和体现了在先已有技术对权利要求的解释作用。因为专利申请文件本身就是在已有技术基础上以在先已有技术为背景撰写而成的，这是技术发展继承性的正常行为表现，因此也可以说专利申请文件就是写给所属领域的普通技术人员阅读的。只要所属领域的普通技术人员能够看懂，就是表达清楚的权利要求。因此，当不存在特别含义时，应当依据在先已有技术解释与理解权利要求。只有在存在特别含义时，才应当优先使用内部证据（专利说明书与专利审查档案）解释权利要求与确定专利保护范围。另外，就技术领域而言，解释时所属领域的技术知识一般应当优先于其他领域的技术知识。

三、权利要求解释的理论基础

（一）权利要求的实质

准确认识权利要求的实质，无疑是正确解释权利要求的基础。权利要求的实质包括权利要求所承载的各种内在联系与外在联系。

任何人都能够注意到一项权利要求内容中各个技术要素之间的联系。这就是权利要求所承载的内在联系。但是，作为处于技术发展历史阶段上的一项权利要求又总是与在先已有技术联系在一起的，以在先已有技术为背景的。我们不能脱离专利申请的技术背景来认识专利权利要求。从权利要求与在先已有技术的关联关系上看，权利要求中由各个技术特征所组成的技术方案以及基于现有技术可替换的技术特征所构成的整体技术内容都属于专利权利要求所主张的技术保护范围。

正是在这个权利要求及其与在先已有技术关联的整体意义上，我们说，权利要求只是专利申请的保护范围的一个代表。在其背后所代表的是一个更大范围的技术整体，一个更大的保护范围。最高人民法院将权利要求的保护范围解释到等同的范围是合理的，是正确的（虽然司法实践中一般都是将等同原则的适用问题作为权利要求解释之后的另一个单独司法问题对待）。这才是专利的保护范围以权利要求的内容为准的真正含义。以权利要求的内容为准，不能只局限于权利要求的文字内容，而应当放眼于其所代表的全部技术。

权利要求实质性的外在联系应当理解为专利申请人以在先已有技术为依托，用一种特定的表达方式所表达的请求法律予以保护的发明创造技术内容。

要求专利权人将在先已有技术中的各种变形都写进权利要求或者说明书中是有一定的实际困难的，难免挂一漏万与挂万漏一。这是因为，任何语言的表现能力即表达能力都是有限度的，在实际使用中对使用对象的表达常常可以有无数种替代性表达方式，由于在先已有技术的广泛性，可替代性的文字表达形式的无限多样性，专利申请人不可能（不能要求专利申请人承担这样的表达责任）将所有应当列入保护范围的全部等同变化形式全部写进权利要求书。专利申请人在申请文件中通常只能选择一种表达方式（包括上位概括的表达方式）表达自己的权利要求保护范围。这就使得实际表达的权利要求成为一个个例，带有个别性与特殊性。仅仅这种带有个别性与特殊性的表达自身的内容作为专利保护范围显然难以获得专利申请人所希望的带有普遍性的保护范围，因此，实际的专利权利要求书通常只能看作是专利申请人所主张专利保护范围的一种范围有限的代表性的表达，都只是保护范围的一种表达方式、一个代表，并非是对专利保护范围的最理想最全面的表达。因此，从内容与形式辩证关系的角度，专利法应当以内容为准确定权利要求的保护范围，而不应当局限于专利申请人在申请文件中所实际使用的这种特定表达形式，即不应当局限于字面含义。专利发展历史上就曾经出现过局限于权利要求的字面含义解释权利要求的倾向。这种倾向被称为周边限定主义。现在的分析证明了周边限定主义的肤浅与幼稚，属于一种仅仅局限于特定表达形式的解释。

另一方面，本领域的普通技术人员以权利要求以及说明书为基础，将权利要求作出变形是有能力的，这种能力恰恰是在先已有技术所提供的。所以，在法律上将注意避免进入权利要求上述保护范围的义务赋予知识能力上相当于本领域的普通技术人员的社会公众是合理的。应当将权利要求的字面保护范围扩展到在先已有技术所提供的各种可替代、可变形表达形式，而不拘泥于最初的权利要求书中的一种表达形式。由于法律规定的等同原则，专利申请人也不必要完全在各种可能被等同替代的形式上殚精竭虑，绞尽脑汁，去查阅全部现有技术，去完成这种十分困难的表达。所以，实际的权利要求书只能视为专利申请人的一种代表性表达方式，其实质是主张和要求保护在这种代表性表达形式背后的区别于在先技术具有创造性的发明技术构思。实际的权利要求都应当被理解为申请人所主张的专利保护范围的一种代表性表达。

因此，等同原则在专利法上应当具有很高的地位。可以说，没有等同原则，专利法几乎将变成一纸空文。因为企图使用专利技术劳动成果的人能够分析出其中的实质性的发明构思，并利用在先已有技术中功能相同的技术手段，轻而易举地将专利权利要求改变成其他形式。因此，权利要求的解释显然不应当局限于字面上的技术表达内容，并在需要使用等同原则时毫不犹豫地适用等同原则将权利要求的保护范围扩大到适当的程度。当然这种扩展仍然应当以权利要求为基础，不应当脱离权利要求定义所使用的技术要素。

《专利审查指南2010》关于本领域普通技术人员的定义中，实际就包含了通过等同原则所表达的这种对外联系即外在联系。

因此，以内容为基准确定权利要求的保护范围，实质就是基于权利要求所承载的上述内在联系与外在联系对权利要求进行解释，这就使得现代专利法意义上的内容规定性已经具有了更全面的意义。

（二）权利要求所承载的基本联系

根据以上分析，权利要求的解释应当基于权利要求所承载、所依存的下列两种基本联系：

（1）发明创造技术要素的内部联系；

（2）各个技术要素与在先已有技术之间的联系。

按照权利要求目前的通行写法，由于权利要求只包含技术主题名称与技术方案，权利要求似乎并未承载技术解决问题、技术效果与其他技术要素之间的联系。对于这种情况，由于目前尚未发现这种写法本身在实践中存在的不适应问题，写法规则本身尚无修改之必要，可以从权利要求中技术手段对技术主题的限定关系、权利要求各项内容与说明书之间的联系（法律规定说明书可以用于解释权利要求就包括要注意权利要求与说明书之间的联系）以及两者与在先已有技术的联系上，全面认识发明创造技术要素的内部联系以及各个技术要素与在先已有技术之间的外在联系。因此，从全面与整体认识的角度，仍然可以认为权利要求能够通过直接与间接的联系承载起发明创造技术要素的内部联系以及各个技术要素与在先已有技术之间的联系。

正是由于权利要求包含了申请专利保护的发明创造技术要素的内部联系，因此，不应当脱离这种内在联系任意地解释权利要求；正是由于权利要求包含了申请专利保护的发明创造各个技术要素与在先已有技术之间的联系，因此，也不应当脱离这种外在联系将解释局限于权利要求的表述范围之内，应当考虑从所属领域普通技术人员的角度认识权利要求的内容。同时，解释中所使用的各种解释方法如文义解释、目的解释等都应当客观、严格地依照在先已有技术所实际提供的相关技术内容去理解和解释。这是权利要求所承载的基本联系对权利要求解释的主体与解释的方法所提出的基本要求。

（三）基于权利要求解释的侵权判断类型

专利法规定以权利要求的内容为基准确定权利要求的保护范围，根据本书第一章第四节的分析，应当有两个层面上的含义与要求（与专利授权审查的规定性作用基本相反）。以下结合侵权判断说明解释规范：

1. 基于技术特征在数量上的规定性角度

与专利技术相比较，被控技术缺少相应的技术特征时，证明被控技术与专利技术及其他在先已有技术两个整体之间不具有逻辑推理上的充分条件性因果关系，这种差别属于实质性差异。也就是说，解释权利要求时不应当随意减少权利要求的技术特征。

与专利技术及其他在先已有技术这个整体相比较，被控技术增加技术特征时，如果其他技术内容与专利技术完全相同，证明被控技术与专利技术及其他在先已有技术两个整体之间具有逻辑推理上的充分条件性因果关系，则不存在实质性差异，构成专利侵权。也就是说，对权利要求进行解释时只需要覆盖权利要求的全部技术特征。

2. 基于技术特征在质量上的规定性角度

与专利技术相比较，被控技术可以是完全相同的，也可以出现各种变形。对于被控技术特征变形上的规定性，可以区分为不具有新颖性的规定性与不具有非显而易见性的规定性两种类型。完全相同与第一种变形，就是相同侵权；第二种变形，就是等同侵权。上升到第一章第三节所述两种差异的高度，相同侵权就是被控技术与专利技术之间不具有新颖性差异，等同侵权就是被控技术与专利技术及其在先已有技术整体之间不具有非显而易见性差异。

由上分析可见，中心限定主义的解释方法偏离了内容中技术特征数量上的规定性，并且需要等同原则来补充其含义。

四、权利要求中特殊技术特征的解释

权利要求中的特殊技术特征也应当在上述两个联系的范围之内解释，不应当超出上述两个联系的范围，尤其是应当将特殊技术特征置于上述两个联系之中解释，避免孤立地随意地解释。

将特殊技术特征置于上述两个联系之中解释，就是首先要考虑到特殊技术特征与其他技术要素之间的关联关系（包括与技术主题名称之间的关联关系），在必要时还要考虑与在先已有技术之间的关联关系，在相互联系相互制约中寻求协调一致的解释。

（一）功能性限定的技术特征

受美国法院影响，我国最高人民法院也作出了同样的司法解释。《最高人民法院关于审理侵犯专利权纠纷案件应用法律若干问题的解释》第四条规定："对于权利要求中以功能或者效果表述的技术特征，人民法院应当结合说明书和附图描述的该功能或者效果的具体实施方式及其等同的实施方式，确定该技术特征的内容。"而《专利审查指南2010》规定："对于权利要求中所包含的功能性限定的技术特征，应当理解为覆盖了所有能够实现所述功能的实施方式。"由此，引发了两种解释上的重大分歧。

根据前述关于权利要求与在先技术外在联系之分析，结合《专利审查指南2010》对所属领域的技术人员的定义，具有相关知识的所属领域的技术人员能够依据专利申请文件的指引联想到在先已有技术中相关的技术手段。功能性限定的技术特征属于上位概括类技术特征，作为一种技术特征，功能性特征能够指引在先已有技术，由此指引建立起了与在先已有技术的联系。因此功能限定性技术特征作为一种概括后的权利要求中的技术特征，也同时是对在先已有的具有相同功能的技术特征的概括，因此，不应当仅仅解释为专利说明书中的具体实施方式及其等同的技术特征。所以，美国的相关法律规定、中国的前述司法解释都是错误的。因为这样做将在许多情况下会割裂专利技术与在先已有技术之间的关系，不符合唯物主义与辩证法关于世界普遍联系的基本观点。

美国法律规定相互之间潜在的自相矛盾已经在司法实践中造成了不好的影响。

在专利侵权判断司法实践中可以采取由专利权人举证与推定相结合的方式确定功能限定性技术特征的实际范围。即专利权人如果认为在先已有技术中存在相关技术手段，应当承担举证责任，否则可以推定不存在其他可替代技术手段，仅以专利说明书中的技术手段确定可替代内容。这是从证据法角度解决功能性限定的技术特征的解释问题，是实事求是的，能够适应各种复杂的情况，也不与《专利审查指南2010》的相关规则冲突。

（二）间接限定的技术特征

间接限定的技术特征是指非以本类权利要求的直接性技术特征所表达专利技术的技术特征，如产品权利要求中的方法限定的技术特征、用途限定的技术特征、性能限定的技术特征、参数限定的技术特征、材料限定的技术特征等。

权利要求的直接作用是限定专利保护范围，但这种限定在专利侵权判断中实际上暗含一个前提，即专利权人所主张的这个特定保护范围的技术实质是具有创造性的，即包括因此方法限定性特征等间接限定的技术特征在内的技术方案作为整体是具有创造性的，间接限定性特征与其他直接性技术特征一起共同表达与体现了专利技术的创造性，所以，间接限定性特征在专利授权审查与专利侵权判断中均应当作为技术特征之一予以考虑，而不可忽视与忽略（忽略的结果只能是夸大了专利发明人的创造性贡献）。这样做，也符合世界上关于全部技术特征原则的发展趋势。

对于产品权利要求中方法限定性特征而言，同一产品可以有不同的制造方法，从而形成不同的产品结构与产品品质（对产品的内在结构与外在性能都可能产生影响）。所以，产品权利要求中的方法限定的技术特征可能是具有特殊意义的。产生于技术分析条件和不够完善条件下的方法限定性技术特征，本意是希望保护产品权利要求，但实际上其对在先已有技术的贡献中并没有揭示出产品结构，所以，仅仅以产品结构保护并不公平。正确的做法是将方法限定性技术特征作为必要技术特征进行保护。因此，不应当简单地忽视方法限定的技术特征的技术意义与法律意义。

《专利审查指南 2010》第二部分第三章第 3.1.1 节特别强调了特殊技术特征对权利要求技术主题的影响，认为："通常情况下，在确定权利要求的保护范围时，权利要求中的所有特征均应当予以考虑，而每一个特征的实际限定作用应当最终体现在该权利要求所要求保护的主题上。"并将这种影响所及的范围在《专利审查指南 2010》第二部分第三章第 3.2.5 节仅仅指向了对产品组成或结构的影响——分析间接限定的技术特征所对应的产品结构，需要时要求申请人举证，否则推定与在先技术的结构相同。我们知道，产品的组成或结构虽然是技术的核心内容，但也并非全部内容，而且在有些情况下确定方法限定的技术特征下的产品的组成或结构并不那么容易，甚至不必要，如扒猪脸等食品类专利技术，只要产生了出乎预料的技术效果，法律上就没有不授予专利权的理由。而且将间接限定的技术特征所对应的产品结构作为分析要件，等于将专利申请的保护范围人为地扩大，实际上排斥了其他非等同方法技术的开发研究，因此，这样做的结果是一方面在实际上夸大了专利申请人的技术贡献范围，另一方面也对社会公众造成了不公平。

我们始终应当记住的是，专利创造性分析只以专利技术与在先已有技术的差别为分析对象，专利技术与作为比较依据的技术的差别可以表现在产品组成或结构上，也可以表现在技术效果等方面。所以，笔者认为，关于间接限定的技术特征如产品权利要求中的方法限定的技术特征、用途限定的技术特征、性能限定的技术特征、参数限定的技术特征、材料限定的技术特征，在专利侵权诉讼中，从审查被控侵权技术创造性的角度，应当将方法限定性技术特征等间接限定的技术特征应当作为必要技术特征对待。否则将会犯类似于多余指定原则的错误。

五、权利要求不予解释或者终止解释的条件

这个问题似乎是一个伪问题。但实践中还是有意义的。

在专利授权审查程序中，缺少启动实质审查程序的文件时，或者即使开始了实质审查程序但根据权利要求的技术主题名称就可以判断不属于可专利客体时，专利授权审查机关可以不对权利要求进行解释。

在专利侵权诉讼中，只有在穷尽了上述所有可用的解释依据与解释手段之后仍然含义模糊不清的情况下，人民法院可以不再对权利要求进行解释。这种情况目前尚未遇见，只是一种理论角度的假设与猜想。发生上述情况的原因可能是由于发现授予专利的发明创造尚未完成、缺少必要技术特征、表达上不够清楚等原因。提出这个问题的目的之一在于，不能解释时也不要强行解释。此时，人民法院可以建议被告向专利复审委员会提起无效宣告请求；如果被告拒绝向专利复审委员会提起无效宣告请求，可以向专利复审委员会发出启动无效宣告审查程序的司法建议，由专利复审委员会依职权启动无效宣告审查程序。

第二节 全部技术特征原则

一、全部技术特征原则确立之前的司法纷争

全部技术特征原则是通过司法实践逐步确立起来的。在全部

技术特征原则确立之前，与此相关的司法纷争即在其中是否应当暗含全部技术特征的争议竟然像"春秋战国"一样此起彼伏、风起云涌。重温这些发生时间并不太久几乎就在眼前的历史，对于深入理解与认识全部技术特征原则具有重要的意义。

（一）多余指定原则的兴衰

国外也曾经有一些类似含义的学说，传到中国后被称为多余指定原则。国内第一个适用多余指定原则的判决是由北京市高级法院在频谱治疗仪专利侵权案中作出的。该案涉及发明名称为"人体频谱匹配效应场治疗装置及生产方法"的发明专利申请，该专利申请于1990年6月6日被授予专利权，专利号为87103603。据说该案判决当时立即在专利界引起了轩然大波，主要是认为判决违背了当时的《专利法》第五十六条即现在的第五十九条关于专利保护范围以权利要求的内容为准的法律准则。但从专利技术发明点所在的核心内容看，该案判决确实是一个令人兴奋的判决。因为北京市高级法院的保护无疑是实质性的。当然对这个判决专利权人与发明人都是非常欢迎的。

可拆式车把手专利侵权案就没有上述频谱治疗仪专利侵权案那么幸运，浙江高级法院判决构成专利侵权，广东高级法院、上海高级法院则认为不构成专利侵权。相关判决也再一次在全国引起了广泛争论。

最高人民法院对于多余指定原则的第一次公开表态是在薄壁筒体构件专利侵权案判决中❶。在该案判决中，最高人民法院表示不赞成轻率地适用多余指定原则，虽然有点刹车的意思，但仍然没有完全否定多余指定原则的适用。

《最高人民法院关于审理侵犯专利权纠纷案件应用法律若干问题的解释》的颁布，等于在实质上废止了多余指定原则的

---

❶ 参见：最高人民法院（2005）民三提字第1号民事判决书。

适用。

对"多余指定原则"的分析与批评：

（1）从宏观法理层面上看，这个原则背后实质是应当如何正确处理实质保护与形式保护的关系问题。应当说，《专利法》关于专利保护范围以权利要求的内容为准的法律准则是人类几百年司法实践经验的总结，由此奠定了该法律条文实践基础上的合理性。欧洲专利公约及其附件是全部欧洲国家意见的折中、综合，可以说是专利法发展历史上的里程碑。国内专利审判时间短，所以，对人类这个历史积淀比较淡漠，可以理解。实质合理性还要继续追求，但是，个体正义与社会正义之间的关系考虑应当优先于形式公平与实质公平之间关系的考虑，而在个体正义与社会正义之间的关系处理上应当优先考虑社会公平正义。

（2）从中观法律效力层面上看，人民法院严格执法是其本分、职责使然，而且在法律有效期间，没有理由排斥相关法律的适用，即不应当排斥《专利法》中关于专利保护范围以权利要求的内容为准的法律规定的适用。

（3）从微观个人行为层面上看，需要在全部相关行为过程中对行为进行定性分析：申请专利时专利权人应当知道《专利法》中关于专利保护范围以权利要求的内容为准的法律规定，既然法律已经有规定，授权也是依照该法律规定或者说是以该法律规定为前提授予专利权的，而后专利权人却在专利侵权诉讼中反悔是不应当允许的。这也可以说是禁止反悔原则的要求。

因此，多余指定原则不具有合理性与合法性，应当予以废止。

这本是一个从德国学来的原则。在英国曾经称为"省略非实质部分"，在德国也称为"部分侵权"，现在国外已经基本不用。国际上相类似的学说也逐渐消失，取而代之的是现在被称为捐献原则的说法，即应当认为是专利权人对不包含多余指定部分技术的放弃。有人建议参照美国的再版专利制度处理这类问题，但那样做又违背了专利法最基本的先申请原则。

（二）变劣技术等同争议

北京法院对于专利保护最为积极，作为保护专利的先锋，曾经作出了一些比较急进的规定，如北京市高级人民法院京高法发〔2001〕229号《专利侵权判定若干问题的意见（试行）》第41条与第51条的规定：

> 41.对于故意省略专利权利要求中个别必要技术特征，使其技术方案成为在性能和效果上均不如专利技术方案优越的变劣技术方案，而且这一变劣技术方案明显是由于省略该必要技术特征造成的，应当适用等同原则，认定构成侵犯专利权。

> 51.在被控侵权物（产品或方法）中，仅缺少独立权利要求中记载的对解决专利技术问题无关或者不起主要作用、不影响专利性的附加技术特征，使被控侵权物（产品或方法）的技术效果明显劣于专利技术，但又明显优于申请日前的公知技术，不应当适用多余指定原则，而应当适用等同原则，认定侵权物（产品或方法）落入了专利保护范围。

后来最高人民法院通过直连供暖案即张建华与沈阳直连高层供暖技术有限公司、沈阳高联高层供暖联网技术有限公司侵犯实用新型专利纠纷案，判决否定了变劣技术等同的主张。❶

理论上对于变劣技术等同的争议应当否定的理由在于缺少必要技术特征不构成侵权，具体分析意见见本节第三部分。

可见，变劣技术等同的争议也影射到了全部技术特征的对待问题。

---

❶ 参见：最高人民法院（2009）民提字第83号民事判决。

（三）整体等同与全部技术特征等同

在美国，曾经有过整体等同的观点。该观点认为：在采用等同原则时，应当将权利要求所要求保护的发明作为一个整体看待，不要求各个相应部分之间等同。后来美国联邦最高法院在Hilton Davis案中就这个问题作出了明确的表态，指出："包含在独立权利要求中的每一个技术特征对于确定专利保护范围来说都是重要的，因此等同原则应当针对权利要求中的各个技术特征，而不是针对发明作为一个整体。必须强调的是在运用等同原则时，即使对单个的技术特征，也不允许将保护范围扩大到这样的程度，使得实质上是在忽略记载在权利要求中的该技术特征。"❶

从法理上看，主张整体等同，确实是希望从实质上保护专利权，但这种判断因为忽略具体技术特征，容易造成保护范围的扩大。"整体等同"实质保护的是一个上位技术，与世界公认的以权利要求内容确定专利保护范围的制度相矛盾，因而是错误的。所以，后来美国联邦最高法院明确表态：要求不应当忽视任何一个技术特征。美国就此明确了全部技术特征原则。应当说，美国联邦最高法院通过该判决奠定了全部技术特征原则的基础，并产生了世界性的影响。

二、全部技术特征原则的基本内容与认定尺度

最高人民法院在司法解释中对于全部技术特征原则的规范体现在《最高人民法院关于审理侵犯专利权纠纷案件应用法律若干问题的解释》第七条：

> 人民法院判定被诉侵权技术方案是否落入专利权的保护范围，应当审查权利人主张的权利要求所记载的全部技术特征。

---

❶ 尹新天. 专利权的保护 [M]. 北京：专利文献出版社，1998：317.

被诉侵权技术方案包含与权利要求记载的全部技术特征相同或者等同的技术特征的，人民法院应当认定其落入专利权的保护范围；被诉侵权技术方案的技术特征与权利要求记载的全部技术特征相比，缺少权利要求记载的一个以上的技术特征，或者有一个以上技术特征不相同也不等同的，人民法院应当认定其没有落入专利权的保护范围。

全部技术特征原则概括一点说，就是被控技术与原告专利技术之间要一一对应。为什么法律要求被控技术与原告专利技术之间要一一对应？

前面的分析从判例角度已经做了部分实证分析，这里从理论上进行分析：与专利创造性判断不同的是，在专利侵权诉讼中，判断在先技术与在后技术之间的关系时要求以专利技术为基础、为出发点、为分析判断的中心，专利侵权需要判断被控技术是否不正当地使用了专利技术，即是否在实质意义上使用了专利权人的全部劳动成果。只有包含内在要素与外在要素的全部技术特征（包括相同全部技术特征与等同全部技术特征）才能建立起与专利技术的完全对应关系，才能合理地、充分地证明是否使用了专利权人的智力劳动成果。

全部技术特征覆盖又可区分为相同覆盖式、等同覆盖式。相同覆盖式属于不具有新颖性的相同认定判断，等同覆盖式属于不具有非显而易见性的等同认定判断。不具有新颖性判断体现在被控技术与专利技术之间存在逻辑推理上的充分条件性因果关系上是一种单一性的因果关系；不具有非显而易见性判断体现在被控技术与以专利技术为逻辑起点的在先技术整体之间存在逻辑推理上的充分条件性因果关系。

但无论是不具有新颖性判断，还是不具有非显而易见性判断，都应当以全部技术特征覆盖为前提，即都应当关注全部技术特征的对应关系。

相对于专利技术，被控侵权技术中附加的技术特征包括限定的技术特征、增加的技术特征均不影响构成侵权的判断。但不应当否认的是，附加的技术特征包括限定的技术特征、增加的技术特征如果带来创造性，则仍有其他方面的抗辩意义（见本章最后一节）。

三、全部技术特征原则适用的类型化分析

按照上述关于全部技术特征覆盖的不同性质，专利侵权诉讼中的判断区分为相同认定与相同侵权判断、等同认定与等同侵权判断。构成相同认定与相同侵权时，不需要进行等同认定与等同侵权判断。不构成相同认定与相同侵权时，则需要进一步进行等同认定与等同侵权判断。

以下以专利技术与被控技术两者之间的相同认定与等同认定区分四类基本模式（大写字母为专利技术的技术特征，小写字母为被控技术的对应技术特征）做一些比较具体的分析：

1. A、B、C、D 与 a、b、c、d

当上述各项对应的技术特征完全相同，或者上述各项对应的技术特征的功能相同时，被控侵权技术的对应技术特征为下位技术特征，则被控技术构成相同认定。被控侵权技术的对应技术特征不存在属于专利技术相应技术特征的上位技术特征这种情况。被控侵权技术的对应技术特征为邻位或者其他技术特征，则被控技术不构成相同认定，但是，需要进行等同认定与等同侵权判断。

2. A、B、C、D 与 a、b、c

当上述各项对应的技术特征完全相同，或者上述各项对应的技术特征的功能相同时，被控侵权技术的对应技术特征为下位技术特征，被控技术不应当直接确定构成侵权，应具体分析，属于

专用品时则需要上升到主体联合或者落脚到实际使用方式角度认识，不属于专用品时由于缺少对应性技术特征则不构成侵权。被控侵权技术的对应技术特征不存在属于专利技术相应技术特征的上位技术特征这种情况。被控侵权技术的对应技术特征为邻位或者其他技术特征，则被控技术不构成相同侵权。但是，需要进行等同认定与等同侵权判断。

3. A、B、C 与 a、b、c、d

当上述各项对应的技术特征完全相同，或者上述各项对应的技术特征的功能相同时，被控侵权技术增加的对应技术特征为下位技术特征，则被控技术构成相同认定。被控侵权技术的对应技术特征不存在属于专利技术相应技术特征的上位技术特征这种情况。被控侵权技术的对应技术特征为邻位或者其他技术特征，则被控技术不构成相同认定。但是，需要进行等同认定与等同侵权判断。

4. A、B、C、D 与 d、c、b、a

属于结构性技术特征不相同，不构成相同认定，应当直接进入等同认定与等同侵权分析范围。

四、全部技术特征原则的适用范围上的局限性

全部技术特征原则只分析被控技术与专利技术及其在先已有技术整体之间的关系，因此，全部技术特征原则仅适用于侵权的定性。

全部技术特征原则可能（在涉及时应当注意分析）具有的局限性在于：全部技术特征原则没有审查专利技术与在先专利技术之间的差别性质关系；全部技术特征原则没有审查被控技术之间所具有的创造性。这样可能导致在侵权赔偿数额确定上的不公平。全部技术特征原则的这种局限性问题将在本章最后一节专门讨论。

第三节　相同认定与相同侵权判断

相同认定是对应技术特征的相同性认定，相同侵权判断是整体上侵权构成与否的判断。相同认定是事实认定（尚未形成有关法律规范），相同侵权判断是法律判断。

一、相同认定的判断标准

相同认定的判断在理论上作为被控技术与专利技术之间的关系的一种类型，从判断目的即是否使用了专利权人的智力劳动成果出发，是要判断被控技术与专利技术之间是否存在单一因素与结果之间逻辑推理上的充分条件性因果关系，因此，相同认定的判断尺度是不具有新颖性差异，因而，相同认定的判断应当以覆盖专利技术的相同性为基本判断标准。

相同认定判断标准在实践中表现为：

（1）被控技术与专利技术之间对应技术部分技术要素的完全相同或者属于下位概念。

（2）相对于专利技术，被控侵权技术中附加的技术特征包括限定的技术特征、增加的技术特征均不影响构成相同认定的判断。被控侵权技术中附加的技术特征包括限定的技术特征、增加的技术特征如果具有创造性，可以获得专利权。但即使获得了专利权，仍然不影响相同认定（被告无合理抗辩理由时可以判定构成侵权）。对此最高人民法院也有专门的司法解释。

《最高人民法院关于在专利侵权诉讼中当事人均拥有专利权应如何处理问题的批复》（（93）经他字第20号）：

> 在专利侵权诉讼中，人民法院应当依照中国专利局授予的有效专利权作为法律保护的客体，审查其是否受到侵害。至于原告的专利权或者原、被告双方各自拥有

的专利权是否真正符合专利性条件，应当由诉讼当事人通过撤销程序或者无效程序解决；诉讼当事人不向专利复审委员会请示撤销或者宣告对方专利权无效的，人民法院应当认定诉讼当事人拥有的专利权有效。

对于相同或者类似产品，不同的人都拥有专利权的有以下三种情形：一是不同的发明人对该产品所作出的发明创造的发明点不同，他们的技术方案之间有本质区别；二是在后的专利技术是对在先的专利技术的改进或者改良，它比在先的专利技术更先进，但实施该技术有赖于实施前一项专利技术，因而它属于从属专利；三是因实用新型专利未经实质审查，前后两项实用新型专利的技术方案相同或者等同，后一项实用新型专利属于重复授权。

人民法院在审理专利侵权纠纷案件时，根据《中华人民共和国专利法》规定的先申请原则，只要原告先于被告提出专利申请，则应当依据原告的专利权保护范围，审查被告制造的产品主要技术特征是否完全覆盖原告的专利保护范围。在一般情况下，前述第一种情形由于被告发明的技术方案同原告发明的技术方案有本质的区别，故被告不构成侵权。后两种情形或者被告为了实施其从属专利而未经在先专利权人的许可，实施了在先的专利技术；或者由于前后两项实用新型专利的技术方案相同或者等同，被告对后一项重复授权专利技术的实施，均构成对原告专利权的侵犯。因此，人民法院不应当仅以被告拥有专利权为由，不进行是否构成专利侵权的分析判断即驳回原告的诉讼请求，而应当分析被告拥有专利权的具体情况以及与原告专利权的关系，从而判定是否构成侵权。

应当指出的是，附加技术特征无论是否获得了专利权，虽然不影响专利侵权判断，但在判定侵权赔偿数额是要注意分析被控技术是否具有创造性。参见本章第七节。

二、相同侵权判断与专利新颖性判断之间是一种交叉关系

虽然对于技术特征相同认定的判断尺度是不具有新颖性差异，但是，对于相同侵权判断则不能完全采用不具有新颖性差异标准。

粗略地看，相同侵权判断似乎也应当对应于专利新颖性的认定，但是，被控技术属于增加附加技术特征的技术时，只要与原告主张侵权的权利要求的对应部分的技术相同就应当认定构成作为相同侵权的事实基础（被告无合理抗辩理由时就可以判定构成相同侵权）。之所以出现这种差异，在于相同侵权判断是要判断被控技术是否以相同方式使用了原告专利权人的智力劳动成果。因而应当以专利技术为基准，也就是判断在先技术与在后技术之间的充分条件因果关系时要求将在先技术限定为以专利技术为基础和出发点。因此，相同认定与专利新颖性判断呈现为一种交叉关系。

专利新颖性分析以一项在先已有技术为依据，以专利申请技术为对象；而专利相同侵权中的相同性认定判断是以专利技术为中心和基本依据，以被控技术为对象。因此，两者不仅法律判断行为的性质不同，而且分析方向与思路也不相同（甚至可以说完全相反）。当然在一些具体标准方面还是有一些相同性。以下以四种模式（大写字母为专利技术的技术特征，小写字母为被控技术的对应技术特征）做具体分析比较：

1. A、B、C、D 与 a、b、c、d

当上述各项对应的技术特征完全相同，或者上述各项技术特

征的功能相同时，在后者为下位技术特征，则专利申请技术具有新颖性，而被控技术构成相同侵权（被告无合理抗辩理由时）。在后者为上位技术特征，则专利申请技术不具有新颖性，而被控技术不存在这种情况。在后者为邻位技术特征，则专利申请技术具有新颖性，而被控技术不构成相同侵权。但是，若有一项技术特征的功能不同，则专利申请技术具有新颖性，被控技术也不构成相同侵权。

2. A、B、C、D 与 a、b、c

当上述各项对应的技术特征完全相同，或者上述各项对应的技术特征的功能相同时，在后者为下位技术特征，则专利申请技术具有新颖性，而被控技术不能直接确定侵权。是否构成相同侵权，应具体分析，属于专用品时则需要上升到主体联合或者落脚到实际使用方式角度根据实际情形认识和判断，不属于专用品时由于缺少对应性技术特征则不构成侵权。在后者为上位技术特征，则专利申请技术具有新颖性，而被控技术不存在这种情况。在后者为邻位技术特征，则专利申请技术具有新颖性，而被控技术不构成相同侵权。但是，若有一项技术特征的功能不同，则专利申请技术具有新颖性，被控技术不构成相同侵权。

3. A、B、C 与 a、b、c、d

当上述各项对应的技术特征完全相同，或者上述各项对应的技术特征的功能相同时，在后者增加的技术特征为下位技术特征，则专利申请技术具有新颖性，而被控技术构成相同侵权（被告无合理抗辩理由时）。在后者为上位技术特征，则专利申请技术具有新颖性，而被控技术不存在这种情况。在后者为邻位技术特征，则专利申请技术具有新颖性，而被控技术不构成相同侵权。但是，若有一项技术特征的功能不同，则专利申请技术具有新颖性，被控技术不构成相同侵权。

4. A、B、C、D 与 d、c、b、a

专利技术具有新颖性。对于侵权判断则属于结构性技术特征不相同，不构成相同侵权，应当直接进入等同认定与等同侵权分析判断范围。

可见，在对应关系上无多余技术特征的情况下，与判断专利新颖性的标准应当一致。但是，在对应关系上有多余的技术特征在新颖性判断中为具有新颖性，但在专利侵权判断中为相同覆盖式侵权。原因在于判断的出发点或者依据不同，专利新颖性的判断是要判断专利申请技术在整体上与一项在先已有技术相比的差异性，即是否完全使用了前人的劳动成果，专利侵权的判断是要判断是否使用了专利技术，即是否使用了专利权人的全部劳动成果，无须从被控侵权技术的整体考虑。但是，对于被控技术是否具有创造性，在判定侵权赔偿数额是要注意分析区别，参见本章第七节。

三、相同认定、相同侵权及其与其他侵权判断原则之间的关系

相同认定是事实认定，相同侵权判断是法律判断。相同不一定构成侵权，就像等同也不一定构成侵权一样。

专利侵权法律判断是一种合理推定，因此应当允许被告以合理理由抗辩。理论上，现有技术、禁止反悔等各种客体层面上的抗辩理由也都可以用于排除相同侵权抗辩。

不构成相同侵权时也可能构成等同侵权，所以，依法可以进一步分析是否构成等同侵权。

另外，不足以、不适宜以判断相同侵权之处可以放到等同判断中，以等同判断作为相同侵权判断的必要补充。

第四节　等同认定与等同侵权判断

等同认定是对于技术特征而言的，目前主要是事实认定，但

由于其缘起于为限制他人变相使用专利权人的智力技术劳动成果，导致其发展为规范时也就具有了法律性质；等同侵权判断则完全属于法律性质判断，是对于被控侵权行为整体而言的，用于表达和断定专利权人对于他人在法律上的禁止性权利义务关系。

一、等同概念的历史发展及其局限性

等同是美国联邦最高法院发明的概念，最早的概念是"以基本相同的技术手段，实现基本相同的功能，获得基本相同的技术效果"即所谓"三个基本相同"❶。但这"三个基本相同"在逻辑上存在的严重问题是在逻辑上推理不出等同。主要是由于第一个基本相同——基本相同的技术手段，常常决定了也具有能够实现基本相同的功能，获得基本相同的技术效果。反之，基本不同的技术手段，也常常具有能够实现基本不同的功能，获得基本不同的技术效果。如沈其衡诉上海盛懋交通设施工程有限公司专利侵权纠纷案❷这样的等同，与相同认定的含义又非常接近（只有技术上非常惯用的可替换手段才有可能被判定构成等同），导致等同失去了自己存在的空间（至少失去了部分存在空间）。所以，上述标准没有与相同认定划清楚界限。

值得注意的是，后来美国联邦巡回上诉法院明确提出了判定等同的核心标准是看被控技术与专利技术之间是存在非实质性差别。只是没有进一步指出这种非实质性差别的具体标准。但这个观点后来还是遭到了美国联邦最高法院的轻视。从理论上看，这种观点并非一点道理没有，但是，只注重被控技术与专利技术之间是否存在非实质性差别，有可能导致等同侵权判定的范围过

---

❶ 参见：美国联邦最高法院 1950 年 Graver Tank 专利诉讼纠纷案判决，在这个判决中美国联邦最高法院也指出这个标准意味着相对于专利技术，被控技术不需要付出创造性劳动。

❷ 参见：最高人民法院（2009）民申字第 239 号民事裁定书。

宽。例如被控技术中增加的技术特征导致其具有创造性时，不认定构成等同对专利权人来说显然是不公平不合理的。

给许多人的感觉是，日本最高法院对等同认定规则的总结即日本最高法院等同侵权五要件最完整，但是其不仅具有与美国联邦最高法院"三个基本相同"标准存在的同样问题，而且将对应技术特征中排除对于专利技术特征中实质性部分的适用，无疑是将专利权人的蛋糕凭空人为地切割掉了相当大一部分。

其实，德国最高法院 1986 年在 Formstein 案判决中对等同下了一个比较好的定义❶：

> 在判断等同时，需要判断的问题是：一个所属领域的普通技术人员根据权利要求所要求保护的发明，是否能够采用同样有效的技术手段来解决发明所要解决的技术问题，亦即是否能够采用其他的技术手段来获得所期望的结果。普通技术人员从权利要求所要求的技术方案出发，凭据自己的专业知识能够想到的可以达到同样效果的技术方案仍然处于专利权的保护范围之中。

这是笔者目前所见到的关于等同认定与判断标准的最好定义，能够比较好地判断被告是否不正当地使用了专利权利要求技术中所包含的智力劳动。

二、等同认定的逻辑尺度

等同认定主要是事实认定，但是等同认定的目的在于判断被控技术在对应技术特征上的替换是否使用了专利权人的智力劳动成果，所以，在等同认定规范上寄托了应有的法律价值。

从被控技术在对应技术特征上的替换是否使用了专利权人的智力劳动成果角度，等同原则判断的总标准应当是被控技术与专

---

❶ 尹新天：专利权的保护［M］. 北京：专利文献出版社，1998：164.

利技术之间存在逻辑推理上的充分条件性因果关系，也即应当采用非显而易见性标准。

（一）认定构成等同替代应当包括三项因素

1. 被控替代技术特征与专利技术特征之间存在技术结构上的对应关系

被控技术缺少技术特征显然不构成等同，如国内著名的五笔字型专利侵权案（除非属于专用品需要上升到主体联合或者落脚到实际使用方式角度认识）。另外，替代总是对于特定的技术特征而言的，因此认定等同与专利技术的技术特征应当在技术结构上具有对应关系。可以是一个技术特征对应，也可以是多个技术特征对应。这种对应关系应当是在排除相同手段和相同功能的技术特征之后确定的。

2. 被控替代技术特征具有与其所对应的专利技术特征相同的基本功能

这是等同因果联系的最主要联结点与关节点。也是专利侵权中的等同判断与专利审查中的等同判断的最大区别之一。专利法上根据等同认定的分析需要可以区分为基本功能与从属功能。基本功能是技术特征在整个技术方案中为解决技术问题所分担与承担的作用，此外则属于从属功能。相应地，也可以将技术效果区分为基本技术效果与从属技术效果。如用螺栓连接代替焊接，被公认为是"惯用技术手段的直接置换"，在这种替换中，基本功能是连接，至于螺栓连接可以带来的可分离的技术功能以及由于该功能所带来的便于拆卸、便于维修的技术效果，在分析等同替代时则不应予以考虑（被控技术替代具有非显而易见性时可以在赔偿数额诉讼请求争议中抗辩）。从因果联系的角度，即从判断被控技术是否不正当地使用了专利权利要求技术所界定、所包含的智力劳动（成果）角度看，只要基本功能相同，就符合等同认定的要求。因为，从权利要求与在先技术的结合关系上看，权利要求中由各个技术特征所组成的技术方案以及基于这些技术特征的基本功能可替换的技术特征所构成的整体技术内容应当是专利权利要求所主张的技术保护范围。只有用于替换的技术特征的基本功能相同，才能获得依据专利技术方案结构体系所带来的好处，才能属于使用了专利技术的智力劳动。单纯的从属功能、从属效果的替换不能覆盖整个专利技术，不能覆盖权利要求，不构成对专利技术智力劳动的侵占。

因此，需要特别注意的是，本条中的"基本功能"有别于美国联邦最高法院提出的那个"基本相同的功能"。以北京恩菲通用设备科技有限公司、中国有色工程设计研究总院与北京矿迪科技有限公司专利侵权纠纷案❶为例，被告技术由两根相互连接的传动轴改为一根传动轴，传动轴的设计发生了变化，但被告这种替代技术手段的基本功能与专利技术的基本功能相同，即被控技术传动轴的动力传动功能与专利技术传动轴的动力传动功能之间基本功能是相同的，因此，可以认定构成等同。

3. 被控替代技术特征所进行的替代对于所属领域的普通技术人员来说不需要付出创造性劳动（即不具有非显而易见性）

因为等同判断的出发点与分析目的是判断被控技术是否不正当地使用了专利权利要求技术所界定、所包含的智力劳动（成果），使用与未使用之间的分别就是被控技术与专利技术之间是否存在质的差别，这种质的差别完全可以适用评价专利创造性标准：即将在后的被控技术视为后来开发研究出来的技术，以专利技术为最接近的现有技术结合其他在先已有技术看所属领域的普通技术人员是否能够设计出被控技术这样的技术，如果所属领域

---

❶　参见：北京市高级人民法院（2008）高民终字第1号民事判决书。

的普通技术人员能够设计出被控技术这样的技术就不需要付出创造性劳动，就构成等同；如果需要付出创造性劳动，则不构成等同。因为只有这样，所进行的替代手段实际上使用的是在先已有技术，被控技术方案的其他内容全部使用的是专利技术。这里所说的创造性标准，在进行等同分析时就是指非显而易见性的标准，具体说就是，以专利技术为最接近的现有技术结合其他在先已有技术对于被控技术存在逻辑推理上的充分条件性因果关系。另外，仅仅是"基本功能相同，基本效果相同"的尚不足以说明是所属领域的普通技术人员容易做到的，因此，判断等同还需要进一步判断这种替代是否需要所属领域的普通技术人员付出创造性劳动。所以，判断所进行的替代对于所属领域的普通技术人员来说不需要付出创造性劳动，也应当成为等同认定的必要条件。

符合上述三项条件的被控侵权技术，可以证明在对应技术特征的替代上被控技术完全使用了专利权人的专利技术劳动成果。

（二）关于基本条件的其他说明

根据英国上诉法院在 Catnic 案中的分析结果第一个条件与第二个条件关系是：如果不符合第一个条件，则不需要进一步分析第二个条件。第一个条件是在排除其他对应相同性的技术特征之后确定不同技术特征的对应性。该条件中所要求的"技术特征的对应性"也是全部技术特征覆盖原则的要求（因此，笔者不赞成日本最高法院将"发明的本质部分"排除在外的规则）。

第二个条件中所要求的"相同的基本功能"是被控技术特征与其所对应的专利技术特征建立起联系的内在要求。

第三个条件是利用创造性判断标准对是否利用了专利权人的智力劳动成果进行最后的划界。

（三）其他辅助说明

（1）没有使用主观目的条件。即没有考虑被控侵权人的主观因素。我们的分析目的是论证事物之间的必然联系。仅从主观目的出发，容易走到等同的外延范围边界之外去。Hilton Davis 案中美国联邦最高法院的观点是："等同侵权的判断与相同侵权的判断不以被告的主观意图为转移"、"主观意图对等同原则的适用不起作用"。❶ 考虑到实际案件中被告的主观意图多种多样，通过诉讼程序也难以具体查明，笔者认为，由于专利权人的权利要求已经由专利局事先进行了公示，被告对此应当负有谨慎注意义务。在目前法律尚未作出明确规定的情况下，可以理解为当上述等同认定的三个必要条件出现时法院据此对于被告主观内容进行了过错推定。

（2）没有使用基本相同的技术手段。不同是等同分析的前提。概念内部不能自相矛盾。美国创设的"三个基本相同"（基本相同的技术手段、基本相同的技术功能、基本相同的技术效果）与相同侵权难以划清界限，在多数情况下并不属于期待的等同的范畴。

（3）没有使用基本相同的技术效果。"基本功能相同"条件已经包含了对技术效果的考虑。功能，也只有功能，是连接特定技术特征与技术效果的桥梁与中介。相对于技术效果，技术特征在技术方案中所承担的特定技术功能更具有核心性、稳定性、唯一性、客观性。

（4）没有像日本最高法院那样使用禁止反悔原则与公知技术抗辩限制等同认定。等同是对某个技术特征而言的，禁止反悔原则与公知技术抗辩则是对技术方案和被告的行为整体而言的，用以限制等同认定在逻辑上讲不通。

（5）相对于专利技术，被控侵权技术中附加的技术特征包括限定的技术特征、增加的技术特征均不影响构成侵权的判断。

---

❶ 尹新天：专利权的保护［M］．北京：专利文献出版社，1998：319.

三、等同分析过程中被控替代行为的显而易见性分析

在为等同认定而进行的分析过程中，被控侵权人可以对所进行的替代技术手段主张具有创造性（即非显而易见性）抗辩。此时，被控替代技术所进行的替代对于所属领域的普通技术人员来说不需要付出创造性劳动的证明责任由原告承担。被告只需要提出自己的主张作为抗辩的理由。

在证明被控替代技术所进行的替代对于所属领域的普通技术人员来说不需要付出创造性劳动时，需要注意论证的起点必须限定在专利技术上（相当于专利非显而易见性分析中的最接近的现有技术，但具有唯一性，即只有一个"最接近的现有技术"），论证的终点是被控技术。因此，等同判定的时间截止点在理论上就是被控侵权行为发生日。

可与专利技术结合与替代的在先已有技术手段的证明方式值得专利权人注意。英国上诉法院在 Catnic 案中实质是以"任何一个具有一定知识的建筑者都知道……"为事实依据的。这种依据相当于使用了公知常识性技术手段。根据专利非显而易见性的判断标准，还可以有其他内容的技术教导可以构成"所进行的替代对于所属领域的普通技术人员来说不需要付出创造性劳动"的依据，如在其他现有技术中存在与被控技术作用相同的技术教导。从上述论证目的要求出发，用于建立指向等同的上述其他各类技术联系手段可以包括被控专利侵权行为之前的任何技术手段，即等同判断的时间点也应当截止于被控侵权行为发生时间。

具体论证方式有直接证明与间接证明两种方式。目前司法实践中的做法是由专利权人承担举证责任，即由专利权人举证。有证据则寻找证据，没有证据时专利权人可以申请专家鉴定。后者如奏鸣装置专利侵权案中最高人民法院（2001）民三提字第 1 号民事判决书中提到的审理案件时聘请各种不同知识背景的专家共

同组成专家组进行等同鉴定的做法。

但是，即使是由专家鉴定，专家们在分析过程中也要进行推理。司法机关也应当审查这种推理的合理性。而在分析论证过程中最容易引起争议也是最困难的是通过逻辑推理分析所进行的合理推定。

实践中最常见的有两种需要进行合理推定的情形：同类功能技术特征替代与同类概念技术特征替代。所属领域的普通技术人员不需要付出创造性劳动的普通逻辑推理能力主要有两种，一种是根据书面记载的同类功能技术进行替代推理（基于同类功能技术知识；这种知识常常是跨学科——论证时需要相应的在先明示的技术教导指引）；但是，所属领域的普通技术人员也可以直接根据权利要求书中关于某一技术特征的描述所在的同类概念的知识体系进行推理，如形状特征之根据数学形状分类知识、材料特征之根据材料科学知识，前者如机械触发舌的形状为将方舌用圆锥舌替代，后者如将作为机械部件材料特征的钢材部件用塑料部件替代，这种推理（基于同位概念的知识；常常是不跨学科）实质上也是在功能相同的前提下的推理，只是书面记载中常常未明确提到功能要素而已，看上去是单纯从技术要素本身依据同类概念的知识体系进行推理。为了区别上述两种推理，我们可以将前一种推理称为同类功能覆盖式推理，后一种推理称为同类概念覆盖式推理。显然，这两种推理能力都在所属领域的普通技术人员的知识范围内，因而是所属领域的普通技术人员都具有的推理能力；依据这些能力所作出的替代在逻辑推理意义上通常不需要所属领域的普通技术人员付出创造性劳动。

对于前一种推理即同类功能覆盖式推理，通常专利权人能够从有关书面记载中找到证据；而对于后一种同类概念覆盖式推理，要求专利权人能够从有关书面记载中找到连同技术功能描述内容在内的证据常常不是很容易，但依据上述分析又确实是需要考虑的，所以，应当有单独的证据要求，而不能与前一种推理的证据同样要求，应当根据同类概念覆盖式推理的要求去要求证据。比如，将方舌用圆锥舌替代，只需要从数学教科书等公开资料中找到同为形状的各种形状概念即可；再如将钢材部件用塑料部件替代，也只需要从材料科学教科书等公开资料中找到同为材料的各种材料概念即可，而不应当要求这些教科书等公开资料也已经表达出了可以用于同类功能的技术内容。这种推理实质是以专利申请文件中专利权人对于相关技术特征的功能或者效果的描述为代表，以科技知识中的同类概念为中介与纽带进行的推理判断，具有推定性质。这种推理应当允许对立方举反证反驳，如无有力的反证，则可以推定专利权人的主张成立。即如果实际的被控技术中使用的同类概念技术特征的功能不相同，被告可以抗辩，以保证这类替代仍然处于同类功能的范围之内。至于被控技术产生了除基本效果相同之外的其他出乎预料的技术效果的，可以在侵权赔偿环节主张抗辩，具体见本章第七节。

同类概念覆盖式推理的表现形式多种多样，如机械技术特征位置、形状、数量等技术特征的改变，化学物质组成成分、结构、含量、参数等技术特征的改变，方法技术环境条件的数值改变等。对于这类替代情况，如果要求专利权人举证证明，专利权人举证并不方便，甚至相当困难。对此，考虑到在所属领域的普通技术人员看来，由于这类替代通常不会导致技术效果的重大改变，如果基本功能及其基本技术效果相同，可以依法（参照选择发明创造性判断标准）推定构成等同。当然，被控技术产生了除基本功能及其基本技术效果相同之外的其他出乎预料的新的技术效果的可以在侵权赔偿环节主张抗辩，具体见本章第七节。

四、等同替代具体方式分类分析

(一)技术特征分解式等同认定

技术特征分解式等同多发生于一部件多功能条件下，需要结合分解行为进行具体分析。

以最高法院审理的薛胜国专利侵权诉讼案[1]为例，该案裁定所分析的被控技术的最后一项对应技术特征的差别，是将支撑架与揉面锤的固定连接改为活动连接，被控技术实质是对同一技术特征进行的功能分解，利用机械自由度公式与机械运动副常识可以从专利技术推出被控技术，所以等同成立，从而被告侵权成立。然而，笔者认为该裁定的结论是值得商榷的。

(二)技术手段结合式等同认定

1. 内部结合式

内部结合式是将专利技术方案内部两个或者两个以上技术特征合并的方式。对于这类案件的等同认定比较特殊，也比较少见。对此类改变是否构成等同的分析应当非常谨慎。因为技术特征之间的合并往往带来一定程度的创造性，比如节省制造成本、维修成本等。

在重庆嘉陵化学制品有限公司诉邵阳市振华化工有限责任公司、邵阳化工总厂、重庆市若帅物资贸易有限公司专利侵权纠纷一案中，重庆市第一中级人民法院于 2008 年 11 月 17 日作出 (2008) 渝一中民初字第 136 号民事判决，该判决对于被告被控设备中缺少必要技术特征的等同判定理由如下：

> 关于溢流管，根据专利说明书所述"每层筛板空间上部的液体为富集各种杂质的母液，由溢流管排入下层"可知，溢流管的作用在于导流排液，证人岳善文在

---

[1] 参见：最高人民法院（2009）民申字第 1526 号民事裁定书。

证词中陈述被告设备是通过适当加大筛孔及中心通道大小来实现排液且系普通技术人员能够轻易想到的替代方式，该证明符合关于液体流动性的常识判断；更为重要的是，由于原告 2001 年实用新型专利的存在，对于被告 2005 年实施技术时而言，以不含有溢流管及上端面的锥形中空筛盘替代专利技术方案中的锥形中空筛板是现有技术已经披露的、无须创造性劳动即可实现的变化。被告利用了原告自身技术的发展变化，并通过对专利技术方案中的个别技术特征采用了变通的具体实施手段，将专利技术方案中的必要技术特征进行了合并，对该技术方案并无实质性的改造和贡献，二者应属等同的技术方案。据此，被告生产设备在功能、方式、效果上判断，覆盖了原告专利的权利要求 5 所记载的必要技术特征或其等同物。

北京恩菲通用设备科技有限公司、中国有色工程设计研究总院与北京矿迪科技有限公司专利侵权纠纷案❶比较特殊。该案中被告技术将两根相互连接的传动轴改为一根传动轴，传动轴的设计发生了变化，但被告这种替代技术手段的基本功能与专利技术的基本功能相同，即被控技术传动轴的动力传动功能与专利技术传动轴的动力传动功能之间基本功能是相同，因此，判决认定构成等同。

2. 外来结合式

外来结合式是将其他技术中的技术手段结合到本专利技术中，背后的实质是将另一功能结合到本专利的功能中。对此类情况也需要具体分析。

---

❶　参见：北京市高级人民法院（2008）高民终字第 1 号民事判决书。

以最高人民法院审理的顶管专利侵权诉讼案❶为例，根据原告提供的书证证据，被告的技术实质是结合另一公知常识形成的技术，属于最不具有创造性的行为。在专利创造性审查中《专利审查指南 2010》将此列为头号无效理由，这是《专利审查指南 2010》确定的第一条最严重的不具有显而易见性的结合。被控产品中与专利技术对应部分的改变属于适应性改变。该案被控行为成立等同。因此，判断时不要为被控技术上长出新的鲜花与果实而迷惑了双眼，重要的是这种新的嫁接技术是否在所属领域普通技术人员的知识能力范围之内。笔者认为，最高人民法院对该案的裁定结论是值得商榷的。

（三）迂回发明分析

迂回发明是对已经取得专利的方法技术，故意增加一些多余而不必要的步骤，从而达到逃避法律制裁的变更替代手法。

根据本节提出的等同判断标准，更容易看清楚所谓的迂回发明的实质，更容易将迂回发明判为等同。

迂回发明往往降低效率甚至产品质量，目前还没有发现提高效率甚至产品质量的迂回发明。

（四）关于人工替代行为的功能与效果分析

以笔者所代理的梁锦水起诉的专利侵权诉讼案❷为例，该案中出现了对缺少的技术环节的人工替代行为，应当注意分析人工替代的作用方式及其所体现出的功能与效果（连手段的方式都基本相同）。该案人工替代行为构成等同，而且上海市第二中级人民法院第一次开庭笔录第 22 页显示第二被告明确承认原来是一条生产线，后来拆分成为两部分，未能连续的环节只好由人工来完成。因此，笔者认为，最高人民法院对该案的裁定结论是值得

❶ 参见：最高人民法院（2010）民申字第 181 号民事裁定书。
❷ 参见：最高人民法院（2009）民监字第 567 号民事裁定书。

商榷的。而且，功能性限定的司法解释对本案无追溯力（笔者在代理过程中专门为此提交了一份代理词）。

人工替代行为是对技术发展历史的复原，是技术的倒退或者是在某些特殊条件下所做的变形，不能改变其等同利用专利技术的实质。

五、等同认定、等同侵权及其与其他侵权判断原则之间的关系

等同认定主要是事实认定，等同侵权判断是法律判断。法律判断是一种合理推定，因此等同侵权判断应当允许被告抗辩。等同侵权判断是一个推理体系，这个推理体系一方面是由于专利权利本身就是一种推定有效的权利，另一方面是由于等同侵权判断标准本身也应当执行一种推定性的判断尺度。

在等同侵权判断面前，禁止反悔、已有技术抗辩具有优先考虑的地位。更何况，禁止反悔是限定权利保护范围的，是解决等同认定与等同侵权判断的前提性问题的。因为禁止反悔所要排除的是确定有哪些技术方案不属于专利权利要求的保护范围。已有技术抗辩条件也有独立地意义，可以在不分析等同的条件下独立地判断抗辩的合理性，因为在性质上已有技术具有独立性。事实上，禁止反悔、已有技术抗辩条件具有优先适用、一票否决等同侵权判断的意义。

另外，专利无效诉讼在理论上也可以用于对等同侵权判断的抗辩。从民法和民事诉讼法角度看，被控侵权方有无效抗辩权利是正当的，我国在民事诉讼中不直接接纳专利无效抗辩的做法是与民法和民事诉讼法相抵触的。目前的做法应当是与审理专利案件的法院素质相适应的，相信将来应当会改变这种状况。

第五节 禁止反悔原则

禁止反悔原则在专利侵权诉讼中主要涉及在专利审查档案中专利权人的陈述与修改所放弃的专利保护范围。

一、禁止反悔原则的法律性质

1. 禁止反悔原则的实体法律性质

禁止反悔原则涉及在专利侵权诉讼过程中专利权人以与专利审查档案中专利权人的陈述与修改不相同的反悔方式解释权利要求所已经确定的专利保护范围的问题，对专利权人的这种行为通常应当予以禁止。在客观效果上广义说来禁止反悔原则可以构成对相同侵权判断、等同侵权判断的限制。看上去似乎是相同侵权判断、等同侵权判断的一个下属问题，但这个现象丝毫没有影响禁止反悔原则的独立价值，所以，在理论上，应当独立看待禁止反悔原则的价值。这个衍生于证据法律规则的规则（本源在于民法的诚实信用法律原则，在于法律对诉讼当事人所赋予的诚实信用义务），在专利法律中由于与授权审查程序的法律事实联系起来，进而影响到专利侵权实体诉讼，所以，从一个程序规则而跃升成为专利法律中的实体法律规则。

禁止反悔原则与其他专利侵权判断原则之间的关系为：禁止反悔原则限定的是权利要求的保护范围，在逻辑关系上是判断专利侵权的一个前提性问题。司法实践中应当在判断专利侵权之前通过禁止反悔原则将那些专利权人已经放弃的技术排除到权利要求保护范围之外，可以直接依据已经排除在外的事实直接驳回原告方的相关诉讼请求。

另外，适用禁止反悔原则暗含的前提条件是所争议的技术特征修改没有违背不得超范围修改原则。否则，应当使用禁止超范围修改原则对待专利审查档案、专利复审、专利无效审查程序中可能影响相关禁止反悔原则适用的修改与陈述事实。

2. 禁止反悔原则的程序法律性质

禁止反悔原则毕竟是基于专利审查档案包括专利复审、专利无效审查程序以及相关专利行政司法判决而产生的可能需要考虑的关于解释权利要求的因素条件，因而属于权利要求解释的工作范围。由于权利要求解释属于审理专利侵权案件法院的职责范围，所以，在遇到引用禁止反悔原则抗辩（或者法院依职权发现相关事实）的情况下，法院应当考虑禁止反悔原则的审查与适用问题。北京市高级人民法院京高法发〔2001〕229 号《专利侵权判定若干问题的意见（试行）》第 46 条规定："禁止反悔原则的适用应当以被告提出请求为前提，并由被告提供原告反悔的相应证据。"但这并不排除法院在需要时可以依照职权审查专利审查档案、专利复审、专利无效审查程序中可能影响相关禁止反悔原则适用的修改与陈述问题。

二、禁止反悔原则适用标准的分析与评价

北京市高级人民法院京高法发〔2001〕229 号《专利侵权判定若干问题的意见（试行）》第 45 条规定：

适用禁止反悔原则应当符合以下条件：

（1）专利权人对有关技术特征所作的限制承诺或者放弃必须是明示的，而且已经被记录在专利文档中；

（2）限制承诺或者放弃保护的技术内容，必须对专利权的授予或者维持专利权有效产生了实质性作用。

按照目前的专利法律规定与法理分析，北京市高级人民法院上述规定的第二项条件"对专利权的授予或者维持专利权有效产生了实质性作用"范围过宽。

《最高人民法院关于审理侵犯专利权纠纷案件应用法律若干

问题的解释》第六条规定："专利申请人、专利权人在专利授权或者无效宣告程序中，通过对权利要求、说明书的修改或者意见陈述而放弃的技术方案，权利人在侵犯专利权纠纷案件中又将其纳入专利权保护范围的，人民法院不予支持。"这里的"放弃"，如不加限制，其范围将比北京高级人民法院上述规定的范围还要宽。

美国联邦最高法院 2002 年对 Festo 一案判决认为：凡是与授予专利权的实质性条件有关的限制性修改或者意见陈述都可能导致禁止反悔原则的适用，具体应当看专利权人实际放弃了什么。

上述美国司法判例也存在与我国最高人民法院司法解释相同的问题。另外，仅仅以判断专利权人实际放弃的内容作为适用禁止反悔原则的实质性条件也是不正确的。例如，由于不符合专利审查条件包括不属于专利保护的客体，违背了先申请制度，不符合《专利法》第二十六条、缺乏必要技术特征等属于公开不够充分，不具有专利实用性等。这些情况下由专利申请人放弃的技术，由于不能判定是否也不具有创造性，即由于不能最后判定是否属于公知技术范围，因而在许多条件下专利权人实际放弃的内容不应当适用禁止反悔原则。

三、禁止反悔原则适用应有的法律标准

（一）对于技术特征的限制性陈述与修改只影响到对该限制所排除的技术方案适用等同原则，未排除部分不受影响即仍然可以适用等同原则，而且这里的"对于技术特征的限制性陈述与修改"应当仅以专利申请人为论证专利申请技术具有创造性为限定条件

这里的技术特征是指权利要求中的技术特征。

由于专利法对于具有创造性的发明创造才能授予专利权，而不具有创造性的技术属于在先已有公知技术的范围，所以，对于由于不具有创造性而由专利申请人通过对技术特征的限制性陈述与修改所排斥的技术，可以适用禁止反悔原则。

在美国，对于那些由专利申请人放弃的技术，原因难以查明的，尤其是那些符合其他专利审查条件而由专利申请人放弃的技术，可以依据程序法推定与专利创造性有关。1997 年 Hilton Davis 案中美国联邦最高法院在判决书最后以总结性方式指出了禁止反悔的处理总原则："如果专利权人证明在专利审查过程中所进行的修改与新颖性和非显而易见性无关，则法院应当考虑修改的目的，以便确定是否能够排除禁止反悔原则。如果专利权人不能证明其修改的目的，法院就应当推定修改的目的是为了避开现有技术，因而导致禁止反悔原则的适用。"❶

笔者不赞成美国的上述规则中提出的推定规则。因为主张适用禁止反悔原则的通常是被告方，按照谁主张谁举证原则，举证责任一般应当由被告承担，而不是由作为原告的专利权人承担。是否是为了避开现有技术不能完全以所谓的"修改目的"确定。"修改目的"中不是为了避开现有技术也有可能在实际上避开了现有技术。

1. 在专利审查过程中专利权人对技术要素的限制性陈述

多见于在无效审查程序中专利权人的有关限制性陈述以表达相关技术特征所带来的创造性的主张，即专利权人以与专利无效请求所依据的在先已有技术相区别的方式（包括技术特征的排他性限定与技术功能效果的排他性限定两类情况）排除了以该在先已有技术为代表的由专利权人的限制性陈述所表达的部分保护范围，因而可以使用禁止反悔原则。

（1）为肯定专利的创造性对技术特征的进一步限制性也是排他性限定

以沈其衡起诉的专利侵权诉讼案❷为例，该案涉及对第

---

❶　尹新天．专利权的保护［M］．北京：专利文献出版社，1998：322.

❷　参见：最高人民法院（2009）民申字第 239 号民事裁定书。

00263355.8 号、名称为"汽车地桩锁"专利的侵权诉讼。专利权人沈其衡在专利无效诉讼程序中对"活动桩设有供锁具插入的孔"解释为："锁具不是永久固定在孔中，而是根据使用状态呈现两种连接关系，即锁定时位于活动桩的孔中，打开时，从孔中取出，与活动桩的孔分离"。由此被专利复审委员会认定相对于对比文件具有创造性。这种限制性陈述就转化为排他陈述，即排除了那些将锁具永久固定在孔中的汽车地桩锁，因此该限制性陈述所形成的排他性含义在侵权诉讼中应当受到限制，应当受到禁止反悔原则的限制。

　　深圳创格科技实业有限公司、马希光诉美国康柏电脑公司专利侵权纠纷案❶涉及第 90204534.2 号、名称为"具有可替换电池及扩充卡座槽的电脑"的实用新型专利。该案经授权的独立权利要求为"一种具有可替换电池及扩充卡座槽的电脑，包括一电脑主体，一组以上电池组及一组以上的扩充卡组，其特征在于电脑主体的后缘开设两座槽，其尺寸适应于电池组及扩充卡组，以供其容置；各该座槽内具有接点，其位置对应于电池组的接点，用以导通电路；另座槽内部固定一与主线相通的电路连接座，用于与扩充卡组延伸出的特定的线路的 PC 板的连接部相对接。"专利复审委员会在第 2133 号中无效审查决定依据专利权人所作出的进一步限制性陈述并结合 90204534.2 号专利说明书及附图作出解释：技术特征中的"可替换"应理解为"可互换"，技术特征中的"另"应理解为"另外"，从而扩大了相关技术特征的限定范围，由对一个座槽的限定扩展为对所有座槽的限定，导致大大缩小了保护范围。专利权人也在 2000 年 2 月 29 日提交给专利复审委员会的意见陈述中主张，由于具有了两个结构相同、大小一

---

❶　参见：北京市高级人民法院（1998）高知初字第 36 号民事判决书。

样并且可以互换的座槽使得该案专利权利要求 1 具有创造性（这种陈述等于认可了专利复审委员会的上述解释），并且获得了专利复审委员会的支持。专利权人不应当在专利侵权诉讼中对此限制性陈述所排除的对两个座槽的不同设置技术而反悔。

（2）为肯定专利的创造性对相关技术特征的技术效果所作的进一步限制性也是排他性限定

孙守辉起诉的专利侵权诉讼案❶涉及对第 200620115497.2 号、名称为"简易牙膏挤出器"专利的侵权诉讼。专利权人孙守辉在专利无效程序中强调关于该专利中"梯形端面的框架体"形状所带来的好处是"这种梯形端面设计可以最大限度地节约材料"，这种限制性陈述实际上排除了不能最大限度地节约材料的非梯形端面设计，因此该限制性陈述所形成的排他性含义在侵权诉讼中应当受到限制。

在进行这种判断时，前提是专利权人在专利审查档案中所作的有关限定方式的陈述没有违反《专利法》第三十三条以及《专利法实施细则》中此类规范的具体规定。如果违反了这些规定，则由于这样的陈述本身依法为无效陈述，所以，不应当作为判定是否构成侵权的事实依据，当然也不能再适用禁止反悔原则。目前这种类型的侵权诉讼案件尚未见到，但专利权人为了维持专利权有效，在无效程序中发现有违反《专利法》第三十三条以及《专利法实施细则》中此类规范的具体规定的陈述情况，实践中需要引起注意。

2. 专利审查过程中专利权人对技术要素的限制性修改

这种修改可以认为是陈述的一种特殊类型。具体分析方法同上，本书不再展开。

---

❶ 参见：最高人民法院（2009）民申字第 1622 号民事裁定书。

（二）权利要求的删除只影响在该删除部分适用等同原则，不影响在未删除部分适用等同原则

由专利申请人放弃的权利要求，不仅是专利申请人对自己权利的处分，也可以认为是专利申请人是对社会所作的捐献，当然可以适用禁止反悔原则。但实践中也有一些特殊情况需要注意。

1. 专利审查过程中专利权人放弃上位权利要求

放弃上位权利要求，只应当在上位权利要求范围内适用禁止反悔原则，而不应当在下位权利要求上适用禁止反悔原则。

放弃上位权利要求之后利用保留的下位权利要求起诉可区分为以下两种情况分析：

（1）如果保留的下位权利要求与放弃的上位权利要求相比较是附加了新的技术特征（包括附加了限定性的技术特征与增加了新的技术特征），则由于保留的下位权利要求具有创造性，被告对保留的权利要求的任何技术特征的任何形式的等同替代都将使用专利权人在保留的权利要求上的智力劳动成果，因为一项专利的发明构思分布于专利技术各个组成成分及其相互之间的关系上，无论怎样进行等同替代（包括对发明点的替代与非发明点的替代），在替代成分基本功能相同的条件下，替代后的技术都无例外地利用了各个组成成分及其相互之间的关系。由于保留的技术方案是以一个技术方案的整体与特定结构体现其创造性贡献，只要整体结构（指全部技术结构包括全部技术特征之间的关系以及技术特征与技术特征的功能效果之间的关系等）相同，就是使用了专利权人的特有智力劳动成果（组成技术内容的单个技术特征通常不是专利权人的发明创造成果）。所以，对于放弃的上位技术方案，那种认为在逻辑上认为对保留下来的技术方案构成限制，被控侵权方也通常用相减的办法抗辩和判断放弃的内容，从而认为原来没有放弃的技术特征也不能适用等同原则的认识是错误的。

以北京实益拓展科技有限公司提起诉讼的专利侵权案❶为例，在无效审查程序中，专利权人放弃了作为上位权利要求的原独立权利要求与第一从属权利要求。上位权利要求放弃不影响在下位权利要求上适用等同。只要想想下位权利要求为什么没有被无效程序宣告无效就能大体能明白个中道理。进一步分析就是，如果被控技术在非发明构思上使用了替代手段，则等同构成无疑；如果被控技术在发明点上使用了替代手段，根据上一节的分析仍然可以确定构成等同。何况，电动机替代是动力功能相同的替代，是第二次工业技术革命以来就有的替代技术手段。所以，最高人民法院对该案裁定适用禁止反悔原则的理由是值得商榷的。

（2）如果保留的下位权利要求是与放弃的上位权利要求相比较的下位的技术特征所构成的技术方案，则实质上这个保留的下位权利要求是一个在同类多个技术方案中选择出的技术方案。对于这种选择后的技术方案构成的权利要求，不应当适用禁止反悔原则。

这种修改实质上是在同类事物中做了一个选择，选择了一个代表。因为，权利要求的实质是专利申请人以权利要求书形式表达的请求法律保护的发明技术构思的一种代表性表述。由于在先已有技术的广泛性，专利申请人不可能（不能要求专利申请人承担这样的表达责任）将所有应当列入保护范围的全部等同变化形式全部写进权利要求书。由于所属领域的普通技术人员已经具有的知识，由于法律规定的等同原则，专利申请人也不必要完全在各种可能被等同替代的形式上殚精竭虑，绞尽脑汁，去查阅全部现有技术和完成这种十分困难的表达。所以，实际的权利要求书只能视为专利申请人的一种表达方式，一种表达形式。实际的权利要求应当是专利保护范围的一种实际举例，一个代表。一种发

---

❶ 参见：最高人民法院（2010）民申字第 870 号民事裁定书。

明构思通过书面表达形式确定之后，专利保护范围就被确定下来，即无论在同类事物中选择其中哪一个技术特征作为代表，专利权利要求的保护范围都是相同的。而且，如果没有足以影响专利创造性的理由，专利权人不会轻易放弃实际保护范围。

2. 专利审查过程中专利权人在原有并列权利要求与同一权利要求的并列技术方案中选择其中之一，不具有创造性而放弃的，当然不应当再进入专利保护范围。

3. 专利审查过程中专利权人在上位性权利要求放弃之后，在下位并列技术方案（非权利要求）中选择其中之一，不应当适用禁止反悔原则。

（1）概括表达方式与具体表达方式之间的关系：概括表达与具体表达在专利法律意义上只是对同类事物的不同表达方式。因此专利权人的放弃行为只是放弃了概括表达这样一种表达方式。

（2）具体表达方式与作为技术特征的实际表达物之间的关系：在上位性权利要求放弃之后，在下位并列技术方案（非权利要求）中选择其中之一，这种修改实质上是在同类中做了一个选择，选择了一个代表。因为，权利要求本身在实质意义上就是专利申请人以权利要求书形式表达的请求法律保护的发明技术构思的一种代表性表述。等同原则实质上就是对这种认识的肯定。由于在先已有技术的广泛性，专利申请人不可能（不能要求专利申请人承担这样的表达责任）将所有应当列入保护范围的全部等同变化形式全部写进权利要求书。由于所属领域的普通技术人员已经具有的知识，由于法律规定的等同原则，专利申请人也不必要完全在各种可能被等同替代的形式上殚精竭虑，绞尽脑汁，去查阅全部现有技术，去完成这种十分困难的表达。所以，实际的权利要求书只能视为专利申请人的一种表达方式，一种表达形式。实际的权利要求应当是专利保护范围的一种实际举例，一个代表。一种发明构思通过书面表达形式确定之后，专利保护范围就被确定下来，即无论在同类事物中选择其中哪一个技术特征作为代表，专利权利要求的保护范围都是相同的。与概括性表达方式（尤其是最上位的功能性概括方式）相比较，任何具体的选择都是专利申请人的表达权利，其在理论与等同法律规则之下都具有相同的保护范围（在理想状态下都对应于该技术特征的功能所对应的保护范围）。如果认为在同类事物中做了一个选择，选择了一个代表性技术特征所在的技术方案作为权利要求，就是放弃了其他同类技术特征所在的技术方案作为权利要求，那么，就从根本上否定了专利申请人以选择方式表达专利保护范围的权利，否定了等同原则，就否定了专利制度的根本，专利权利要求将形同虚设。而且，没有足以影响专利创造性的理由，专利权人不会轻易放弃实际保护范围。

以活性钙专利侵权诉讼案[1]为例，该案第一项对应技术特征的差别即葡萄糖酸钙代替活性钙构成等同的理由如下：

1）不是由于缺乏创造性而导致的修改，因此不能判断没有写进权利要求中的其他技术已经进入在先已有技术的范围。

2）专利权人只是在同类事物的下位概念中做了一个选择，不影响等同原则的适用，不能适用禁止反悔原则。对葡萄糖酸钙方案不应当认定属于放弃。专利申请人只是从一个下位技术特征中选择了一个代表，是一个在多个技术方案中选择出的技术方案。（如果说放弃，也只是放弃了一种表达方式，具体表达与概括表达在实质意义上的差别通常只是表达方式不同而已）其实，在该专利实质审查之前公布之后，社会上的任何人仅仅根据公布的专利申请文件就已经知道可替代的部分技术手段。对于这种选择后的技术方案构成的权利要求，由于看上去所放弃的是同类事物技术特征，每一个技术都能够代表原始权利要求所合理希望达

---

[1] 参见：最高人民法院（2009）民提字第 20 号民事判决书。

到的那个保护范围，活性钙只是其中的一个代表。考虑到其他钙素来源成分都是已知的，因此，等同范围是专利申请人已经依法圈定了的，保留的权利要求的保护范围应当及于其他所有未选用的成分的保护范围，也就是说，等同原则可以扩展到其他几种在说明书中陈述的成分（包括葡萄糖酸钙）。

第六节 已有技术抗辩

已有技术是一个比法律上的现有技术外延宽广的概念，也是比公知技术外延宽广的概念。所以，为此类抗辩论述的周延性考虑，本文使用已有技术抗辩概念。已有技术抗辩的基本含义是在专利侵权诉讼中使用在先已知技术抗辩，以对抗和排除专利权人的侵权指控。

一、已有技术抗辩的正当性

体现已有技术抗辩实质理由的基本法律依据应当是民法依据，也就是《民法通则》第七条的规定："民事活动不得损害社会公共利益"。也就是说，在与社会公众利益发生冲突时，应当优先保护社会公众利益，专利权人利益的保护应当让位于对社会公众利益的保护，专利权人利益的保护也有"不得损害社会公共利益"这一法律边界。

从法理上看，专利权是一种推定有效的权利。在过去的专利审查过程中，难以做到非常理想的审查程度，难免有遗漏之处。而且随着科学技术的发展，已有技术的概念也可以适当扩张，所以，赋予专利侵权诉讼的被控方以已有技术抗辩权利，才能在实际意义上更好地弥补法律的空白，更好地体现法律公平。

二、已有技术抗辩的独立效力

已有技术抗辩是一个相对独立的问题，即使不影响原告专利的创造性判断也可以独立地对侵权指控主张抗辩。因此，我国现在不实行无效抗辩制度，即使将来增加无效抗辩制度以后，已有技术抗辩范围将缩小，但其仍然具有独立的意义。由于已有技术抗辩所使用的已有技术通常是形成于本专利之前的技术，所以，无须考虑与本专利技术的关系，只要能够证明确实是使用了在先已有技术，就可以用于抗辩。

实际进行抗辩时，有效的已有技术抗辩具有一票否决任何专利侵权指控的效力。已有技术抗辩既可以对抗相同侵权，又可以对抗等同侵权指控。

三、已有技术抗辩原则应有的标准

已有技术抗辩原则的标准应当是被控技术与已有技术之间具有逻辑推理上的充分条件性因果关系。换句话说，就是被控技术与已有技术整体之间不具有非显而易见性差异。

从保护社会公众享有的技术以及保护专利之外其他技术角度看，使用已有技术抗辩应当达到证明被控技术与已有技术整体之间达到逻辑推理上的具有充分条件性因果关系的程度。只有这样，才能表明被控技术来源于已有技术的劳动与劳动成果，而不是来源于原告专利技术的劳动与劳动成果。

国外曾经有一种"接近"标准，即看是接近于专利技术还是已有技术，接近于专利技术构成侵权，接近于已有技术不构成侵权。其实"接近"一词表达含义中更多的是一种外观感觉，不是理性分析与定性的逻辑方法。从理性的逻辑关系角度看，专利技术与抗辩技术之间的关系可能有的情况只有有限种类，应当是可以具体分析确定下来的。从本章的全部内容的分析就可以看到，简单地将被控技术按照接近于专利技术还是已有技术的"二分法"分析标准判断是感性的形式主义的，由此容易造成认识判断上的主观片面性，造成不公平，即使得一方获得不合理的利益，并同时给另一方造成不合理的损失。如施特里克斯有限公司起诉的加热装置专利侵权诉讼案中，虽然被控技术与原告专利完全相同，但证据分析结果表明被控技术来源于已有技术，最高人民法院（2007）民三监在第 51－1 号驳回再审申请通知书判定被告使用已有技术抗辩成立。这在使用"接近"标准判断时，就将是相反的结论。这也证明"接近"标准不是一种理想的判断标准。

"接近"标准的另一种变形是明显相似性标准，即看被控技术是明显相似于专利技术还是已有技术，进而作出判断。与上同样的理由，这样做对被告将是不公平的。

德国最高法院 1986 年在 Formstein 案判决中提出了已有技术抗辩的两类情况，认为："不但在被告实施的技术方案属于现有技术时能够进行上述抗辩，而且在其实施的技术方案相对于现有技术来说是显而易见时也能够进行上述抗辩。"[1]

国内曾经有两篇文章认为已有技术抗辩应当采用新颖性标准。这种认识不符合已有技术抗辩的法理精神。按照《民法通则》第七条规定的精神，只要是来自于已有技术就可以进行抗辩。砍掉基于创造性标准的已有技术组合或者结合抗辩，对被控侵权人是不公平的。

早在最高人民法院（2007）民三监字第 51－1 号案件中，最高人民法院就采用了相同与等同的判断标准。后来的司法解释更进了一步。《最高人民法院关于审理侵犯专利权纠纷案件应用法律若干问题的解释》第十四条规定："被诉落入专利权保护范围的全部技术特征，与一项现有技术方案中的相应技术特征相同或

---

[1]　尹新天：专利权的保护 [M]．北京：专利文献出版社，1998：165.

者无实质性差异的，人民法院应当认定被诉侵权人实施的技术属于专利法第六十二条规定的现有技术。"最高法院在这里所规定的关于现有技术抗辩的"实质性差异"条件应当包括无新颖性和具有显而易见性两种情况。即与已有技术相比，无新颖性和具有显而易见性时，使用已有技术抗辩都是成立的。按照这个标准，还可以将已有技术的简单组合、已有技术与公知常识的有机结合等抗辩方式纳入其中。2010 年第 10 期的《最高人民法院公报》上刊登的苏州工业园区新海宜电信发展股份有限公司诉南京普天通信股份有限公司、苏州工业园区华发科技有限公司侵犯专利权纠纷判例已经表明，最高法院对于已有技术抗辩已经不再限于相同与等同的抗辩，也不限于在先已有技术之间的简单组合抗辩，其可以是一项现有技术与公知常识的有机结合。因为已有技术与公知常识的有机结合也是不需要付出创造性劳动的技术，是具有显而易见性的，仍然位于前述的已有技术抗辩范围。

但是，该条司法解释限于"被诉落入专利权保护范围的全部技术特征"，对被控技术进行了切割，与该条规定中所持的"无实质性差异"标准存在内在矛盾与冲突，更不符合已有技术抗辩的精神实质。因为未落入部分与落入部分组成一个整体的已有技术也可以主张已有技术抗辩。所以，建议依据《专利法》第六十二条从正当性角度对该条司法解释予以修改完善。

德国最高法院的上述已有技术抗辩标准已经扩展到了不具有创造性的范围。美国专利侵权诉讼中在专利无效抗辩中坚持不具有创造性抗辩。我国的现有技术抗辩标准应当与这些标准相对应，这就是：已有技术抗辩原则的标准应当是被控技术与已有技术整体之间具有逻辑推理上的充分条件性因果关系。这样就将已有技术抗辩扩大到了最合理的限度。

四、已有技术抗辩的技术范围

从已有技术抗辩的实质条件看，《专利法》第六十二条的"现有技术"与第二十二条的"现有技术"概念可以有差别。

根据前述关于已有技术抗辩应有标准的分析，可以用于已有技术抗辩的技术包括：

1. 专利申请日之前的已有技术抗辩

可以是单项已有技术抗辩，也可以是多项已有技术结合抗辩。多项已有技术结合抗辩是基于这些技术之间的内在联系，因此，以这些技术之间的内在联系为依据，可以在专利技术之外将多项技术组合或者结合起来，证明被控技术是对已有技术的使用，不属于对专利技术的使用，所以，可以成为抗辩的正当理由。从法理上讲，只要被控技术来源于现有技术就可以抗辩。因此应当可以是现有技术的常识性组合与在有明示技术教导下的有机结合。客观上看，专利文献、文章、著作、技术文件在形式上都是相对独立的，但是不同独立文件中的技术之间是有一定联系的，而这种联系，普通技术人员是能够掌握的，所以，不允许社会公众使用可以组合或者有机结合起来的现有技术抗辩是不公平的。

专利申请日之前的已有技术抗辩所使用的技术也可以是在原告专利申请日之前第三人持有的尚处于专利有效期内的技术。从诉讼抗辩法律关系角度，可以抗辩的已有技术不应当只局限于公知公用技术，即不应当只限于使用进入公有领域的技术进行已有技术抗辩。虽然使用在原告专利申请日之前第三人持有的尚处于专利有效期内的技术抗辩，可能涉及案外第三人参加诉讼的问题，但是作为诉讼策略，毕竟能够为被告多一个选择，并可以协助法院对纠纷作出更加全面、更加合理、更加彻底的处理。

2. 抵触申请抗辩

在先申请在后公开的专利抗辩也可以用于已有技术抗辩。

3. 以已有技术与后来新的技术手段的结合抗辩

随着科学技术的发展，已有技术也可以有新的可替代的技术手段产生出来，这是已有技术的自然延伸与自然发展。使用这样的新的可替代的技术手段与原告专利申请日之前的已有技术结合抗辩，这样的技术实质也是使用了已有技术的智力劳动（当然也可能侵犯后来技术的专利权利）。

第七节　从属技术抗辩

被控侵权人在一定条件下可以享有局部性抗辩权利。局部性抗辩权利主要发生在从属技术中。

从属技术是指在后技术是在在先技术基础上附加了新的技术特征，从而成为前一技术的从属性质的技术，即从属于前一技术的技术。如果在后技术申请了专利，也可以称为从属专利。专利侵权纠纷中所遇到的从属技术有两种类型：一类是原告的专利技术本身为从属技术，另一类是被控技术为原告专利技术的从属技术。

类似于著作权法律中对演绎作品的侵权与演绎作品侵权行为的处理，这里的被控侵权产品也应当享有相应的局部性抗辩权利。

一、原告专利技术为从属技术时的抗辩

原告的专利技术本身是另一在先有效专利技术的从属技术。此时，被控技术涉及对于两个专利的法律关系。相对于另一在先有效的专利技术，作为从属技术的原告的专利技术包括限定与增加技术特征两类情况。无论是哪一种情况，都应当认真审查原告

的专利技术相对于另一在先有效专利技术的创造性。如果原告的专利技术相对于在先专利确实具有创造性，被告仍然构成专利侵权，但赔偿数额应当适当减少，即被告应当考虑在专利侵权诉讼中减少赔偿数额的抗辩，在交涉与抗辩困难时可以考虑追加另一在先有效专利技术的专利权人为第三人。虽然追加第三人将涉及案外第三人参加诉讼的问题（被告的总赔偿数额不会减少），但是作为诉讼策略，毕竟能够为被告多一个选择，并可以协助法院对纠纷作出更加全面、更加合理、更加彻底的处理。

这种情况主要是增加了新技术特征的情况，至今没有引起重视与区别对待，实践中一律按照"属于下位技术，构成专利侵权"简单对待。但是，由于被告的获利不仅与原告的专利技术有关，还与在先更早专利的创造性智力劳动有关，所以，对于原告的赔偿不应当按照目前法律规定的标准完全赔偿，应当适当减少。具体减少的数额可以分析体现新的创造性智力劳动的技术构成部分对于商品销售的影响做具体分析。

二、被控技术为从属技术时的抗辩

被控技术为在原告专利技术基础上由被告或者他人新开发的从属技术，从属于专利技术时包括限定技术特征与增加技术特征。

有人主张对于在原告专利技术基础上由被告或者他人新开发的从属技术实行绝对保护。但这将造成技术垄断，妨碍技术进步。如何处理好这个关系，确实非常重要。

《最高人民法院关于在专利侵权诉讼中当事人均拥有专利权应如何处理问题的批复》（（93）经他字第 20 号）中指出：

> 在专利侵权诉讼中，人民法院应当依照中国专利局授予的有效专利权作为法律保护的客体，审查其是否受到侵害。至于原告的专利权或者原、被告双方各自拥有

的专利权是否真正符合专利性条件，应当由诉讼当事人通过撤销程序或者无效程序解决；诉讼当事人不向专利复审委员会请示撤销或者宣告对方专利权无效的，人民法院应当认定诉讼当事人拥有的专利权有效。

对于相同或者类似产品，不同的人都拥有专利权的有以下三种情形：一是不同的发明人对该产品所作出的发明创造的发明点不同，他们的技术方案之间有本质区别；二是在后的专利技术是对在先的专利技术的改进或者改良，它比在先的专利技术更先进，但实施该技术有赖于实施前一项专利技术，因而它属于从属专利；三是因实用新型专利未经实质审查，前后两项实用新型专利的技术方案相同或者等同，后一项实用新型专利属于重复授权。

人民法院在审理专利侵权纠纷案件时，根据《中华人民共和国专利法》规定的先申请原则，只要原告先于被告提出专利申请，则应当依据原告的专利权保护范围，审查被告制造的产品主要技术特征是否完全覆盖原告的专利保护范围。在一般情况下，前述第一种情形由于被告发明的技术方案同原告发明的技术方案有本质的区别，故被告不构成侵权。后两种情形或者被告为了实施其从属专利而未经在先专利权人的许可，实施了在先的专利技术；或者由于前后两项实用新型专利的技术方案相同或者等同，被告对后一项重复授权专利技术的实施，均构成对原告专利权的侵犯。因此，人民法院不应当仅以被告拥有专利权为由，不进行是否构成专利侵权的分析判断即驳回原告的诉讼请示，而应当分析被告拥有专利权的具体情况以及与原告专利权的关系，从而判定是否构成侵权。

最高法院对此有上述批复。但是该批复仍然没有考虑到被控方可能作出的创造性贡献。

北京市高级人民法院京高法发〔2001〕229 号《专利侵权判定若干问题的意见（试行）》第 29 条规定："被控侵权物（产品或方法）在利用权利要求中全部必要技术特征的基础上，又增加了新的技术特征，仍落入专利权的保护范围。此时，不考虑被控侵权物（产品或方法）的技术效果与专利技术是否相同。"也反映出北京法院在实际处理案件时没有考虑到被控方可能作出的创造性贡献。

判定被告的行为构成侵权没有问题，问题在于如果被控侵权物（产品或方法）是有创造性的，其所造成的影响即所获得的利润不能认为全是由侵犯专利权的行为造成的。

本类抗辩可以享受强制许可中的交叉许可。因此，如果被告注意使用交叉许可谈判，可能取得更好的法律效果。

这种情况主要是增加了新技术特征的情况，至今没有引起重视与区别对待，实践中一律按照"属于下位技术，构成专利侵权"而简单对待。但是，由于被告的获利不仅与原告的专利技术有关，还与新的创造性智力劳动有关，所以，不应当按照目前法律规定的标准完全赔偿，应当适当减少。具体减少的数额可以分析体现新的创造性智力劳动的技术构成部分对于商品销售的影响做具体分析。

从专利法的创造性概念角度看，从属技术使用的创造性技术成果毕竟体现了使用者的创造性智力劳动，所以，虽然构成了对专利技术的侵权，但不应当按照法律规定的总数额全部赔偿，应当适当减少。由于这种减少的比例在理论上与实践上可能达到较高的比例，所以，从属技术抗辩在赔偿数额上的合理对待在专利侵权判断中也是不可忽视的抗辩理由。